Alfred Schoenwald

Geschichte des Thalia-Theaters in Hamburg

Von seiner Gründung bis zum 25jährigen Jubiläum desselben 1843-1868

Alfred Schoenwald

Geschichte des Thalia-Theaters in Hamburg
Von seiner Gründung bis zum 25jährigen Jubiläum desselben 1843-1868

ISBN/EAN: 9783743406445

Printed in Europe, USA, Canada, Australia, Japan

Cover: Foto ©ninafisch / pixelio.de

More available books at **www.hansebooks.com**

Geschichte

des

Thalia-Theaters in Hamburg

von seiner Gründung bis

zum 25jährigen Jubiläum desselben (1843—1868).

Nach authentischen Quellen bearbeitet

von

Alfred Schönwald und Hermann Peist.

Hamburg.
Verlag von Robert Kittler.
1868.

Herrn Chéri Maurice

zur Feier des fünfundzwanzigjährigen Bestehens des
Thalia-Theaters und seiner gleich langen Directionsführung desselben

in aufrichtiger Hochachtung

gewidmet.

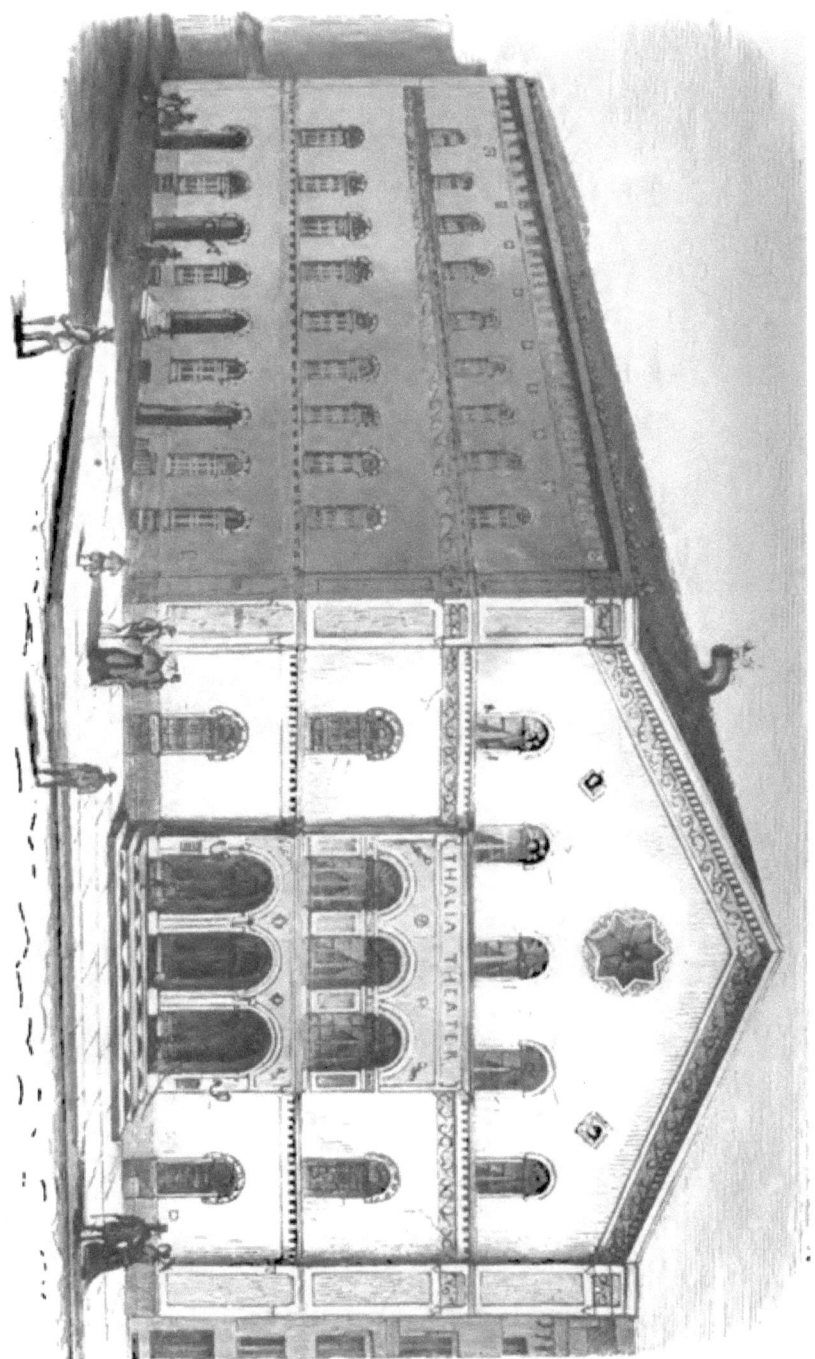

Geschichte des Thalia-Theaters.

Es ist eine rein menschliche Regung und aus dieser entspringend nach und nach zu Gebrauch und Sitte geworden, nach einem zurückgelegten bedeutenderen Zeitabschnitt einen Moment der Muße, des Rückblickes eintreten zu lassen auf das, was wir durchlebt, erkämpft und errungen — dem Wanderer gleich, der mühsam zur Höhe hinanklimmend, nachdem er den ersten freien Punkt erreicht, unwillkührlich stehen bleibt und befriedigt aufathmend hinabblickt auf den eben zurückgelegten Pfad. Ein solcher Blick in die Vergangenheit ist ebenso erhebend, als lehrreich und ermuthigend zu weiterem Vorwärtsstreben und dies nicht allein, wo das einzelne Individuum seine besten Kräfte eingesetzt, Hervorragendes zu erreichen; in bei weitem höheren Grade, wo dieser Rückblick einem Institute gilt, an dem ein Conflux bedeutender Persönlichkeiten und verschiedenartiger Kräfte zusammengewirkt, dasselbe zu Rang und Ansehen und ungeschwächter, kräftiger Thätigkeit und Lebensdauer zu fördern.

Ein solches Institut von hervorragendster Bedeutung ist unstreitig das Thalia-Theater in Hamburg und ein solch' bedeutungsvoller und erhebender Zeitabschnitt für dieses der 9. November 1868, der Tag des fünf und zwanzigjährigen Bestehens desselben.

Dieser Tag ist aber für das Thalia-Theater ein Gedenktag von doppelter Wichtigkeit, denn nicht nur, daß diese Bühne mit demselben das Fest einer fünf und zwanzigjährigen Existenz begeht, es vereinigt an ihm mit diesem die seltenere Feier des gleich langen Jubiläums seines Gründers und seitherigen Leiters und Directors Herrn Cheri Maurice.

Bei der hohen künstlerischen Bedeutung des Hamburger Thalia-Theaters und der hervorragenden Stellung, welche diese Bühne einnimmt; bei dem Umstande, daß das Thalia-Theater von jeher die Pflanzstätte bedeutender Talente und der Boden ist, auf welchem die größten künstlerischen Capacitäten mit Vorliebe als Gäste erschienen; bei dem ferneren Umstande, daß dieses Institut stets und in Wirklichkeit das enfant chéri des hiesigen und fremden Publikums und bei der allseitigen Achtung endlich und dem Ansehen, welches Director Maurice selbst genießt — muß dieser Tag nicht nur für alle Angehörigen, sondern auch für alle Freunde dieser Bühne und der Schauspielkunst im Allgemeinen ein hochwichtiger und erinnerungsreicher bleiben und weit über die Grenzen dieser Stadt hinaus die allseitigste Sensation und Theilnahme finden.

Ein solcher Zeitraum, einem solchen Institute geltend und von solchen Umständen begleitet, muß mehr als je zu einem weitgreifenden Rückblick auffordern und ein solcher kann auch nur in einer vollkommen erschöpfenden „Geschichte des Thalia-Theaters" seinen entsprechenden Ausdruck finden.

Eine derartige Geschichte, verbunden mit einem nach authentischen Quellen streng gesichteten und geordneten Anhange statistischen Materials, enthalten die nachfolgenden Blätter und glauben die Herausgeber mit diesen, zu den mancherlei Ehrengaben des Tages, eine ebenso würdige, als bleibende und werthvolle **Jubiläumsgabe von allseitigstem Interesse** zu bieten.

Dieses Werk soll in erster Linie den **zahlreichen Freunden der Thaliabühne** die verlebten frohen und genußreichen Abende wieder in's Gedächtniß zurückführen, soll sie an Stücke erinnern, denen sie Theilnahme erwiesen, und mancherlei liebgewordene künstlerische Persönlichkeiten in Bild und Wort wieder zu bleibendem Gedächtniß vor ihrem Geiste erstehen lassen.

Einen bleibenderen Werth erhält dieses Werk aber dadurch, daß es bestimmt ist, in seiner Geschichte des Thalia-Theaters, eines Kunstinstituts also, das mit dem öffentlichen Leben unserer Vaterstadt in innigstem, untrennbarstem Zusammenhange steht, gleichzeitig einen nicht zu unterschätzenden Beitrag zur Geschichte Hamburgs zu liefern und somit namentlich allen Freunden vaterstädtischer Geschichte und werthvoller Hamburgensien eine gewiß willkommene Bereicherung ihrer Sammlungen zu bieten.

Einen nicht minder hervorragenden Platz dürfte dieses Buch aber auch als Beitrag zur allgemeinen Kunst- und Theatergeschichte einnehmen und somit auch allen Kunst- und Theaterfreunden überhaupt von hohem Interesse sein.

Ein völlig unentbehrliches Handbuch und von großem praktischen Nutzen dürfte vorliegendes Werk aber auch vor Allem für sämmtliche Bühnenvorstände und Bühnenangehörige werden, da dasselbe diesen in umfassendster Weise Gelegenheit zum Einblick in die künstlerischen Verhältnisse und Leitung einer der ersten deutschen Bühnen bietet und gleichzeitig auch Aufschluß über den theatralischen, wenn auch nicht immer praktischen Werth oder Unwerth dramatischer Stücke, wie auch über die verschiedensten künstlerischen Capacitäten gewährt.

Von speciell persönlichem und daher höchstem Interesse muß diese Geschichte des Thalia-Theaters endlich für sämmtliche jetzigen und ehemaligen Mitglieder dieser Bühne und für alle diejenigen Künstler sein, welche während der fünf und zwanzigjährigen Existenz derselben auf dieser als Gäste erschienen, da sie ihr specielles Wirken an der Thalia im Rahmen des Ganzen historisch verzeichnet und zu bleibender Erinnerung skizzirt finden.

Und somit möge vorliegendes Werk allen Freunden des Thalia-Theaters in Hamburg insbesondere und allen Freunden vaterstädtischer Geschichte, wie auch allen Kunst- und Theaterfreunden und sämmtlichen Bühnenangehörigen bestens empfohlen sein und möge es das seinige zur richtigen Würdigung dieses mustergültigen Kunstinstitutes beitragen, durch klare Darlegung der eben so langen, als reichen und erspießlichen Thätigkeit derselben.

Einleitung.

Hamburg und dessen Bedeutung für Schauspielkunst.

Der praktische Sinn der Hamburger, der, wie bei der Bevölkerung aller Handelsstädte, vorzugsweise auf den Erwerb gerichtet ist, hat oft Anlaß gegeben zu dem, flüchtig betrachtet scheinbar berechtigten Ausspruche, daß hier kein Sinn für das höhere, geistige Leben, für Kunst und Wissenschaft zu finden sei. Gewöhnlich wird dieses beleidigende Wort von Solchen leichtsinnig hingeworfen, die in der Geschichte Hamburgs sich auf einer terra incognita befinden und einen Beweis dadurch zu liefern glauben, daß sie auf die Leistungen anderer Städte, insbesondere auf Residenzen verweisen.

Hamburg, von seinem Entstehen an von mächtigen Nachbarn umgränzt, hat sich seine politische Unabhängigkeit mit den größten Opfern erkämpfen und erhalten müssen, und langsam erst konnten die Blüthen des Friedens sich öffnen. Wenn Schiller singt, daß der deutschen Kunst kein August, kein Mediciär lächelte, so kann Hamburg dieses im vollsten Maße auf sich anwenden. Was es geleistet hat in Kunst und Wissenschaft, hat es sich und seiner Kraft einzig zu verdanken.

Doch es ist nicht die Absicht dieses Buches, eine Geschichte der Künste und Wissenschaften in Hamburg zu liefern, nur ein kurzer Abschnitt aus dem Gebiete der dramatischen Schauspielkunst ist es, der ihm zum Vorwurf liegt. Die deutsche Schauspielkunst aber schreibt den Namen Hammonias mit Stolz auf die ersten Blätter in dieser Kunst, der faßlichsten, für das Leben wirkungsreichsten, tritt Hamburg kühn mit den prunkendsten Nebenbuhlerinnen in die Arena, um den ersten Preis zu ringen. Und wohl zu beachten ist es, daß Hamburgs Bühnen seit jeher durch sich selbst bestanden, was nur erklärt werden kann durch die rege Theilnahme der Bevölkerung. Eine Reihe der ersten Namen steht verzeichnet in den Annalen der Hamburger Theatergeschichte; die Neuber, Eckhof, Ackermann, Friedrich Ludwig Schröder, Lessing, Charlotte Ackermann, Brockmann, Unzelmann, Fleck, Klingemann, Herzfeld, Jacobi, die Bethmann, Lenz, Friedrich Ludwig Schmidt, Lebrun, Costenoble, Baison u. A. gehören zu den Koryphäen, die Hamburg mit reichen Lorbeeren bedeckt und dessen Ruhm in alle Gauen Deutschlands verbreitet haben.

Einen der hervorragendsten Plätze in der deutschen Theatergeschichte der Neuzeit nimmt aber unstreitig das Thalia-Theater in Hamburg ein, und diesen dankt dasselbe einzig und allein seinem Gründer und langjährigen Director Herrn Cheri Maurice.

Maurice und das Thalia-Theater.

Die Bedeutung, welche Maurice, der Gründer und eben so scharfblickende als energievolle und unermüdliche Leiter des Thalia-Theaters für dieses Institut hat und die Stellung, welche er zu demselben einnimmt, geht am besten aus der in Folgendem skizzirten Geschichte seines Lebens hervor, weil diese mit der Geschichte des Thalia-Theaters selbst fast identisch und Maurice diesem ein ganzes erfahrungsreiches Leben und den Inbegriff seiner besten Kräfte gewidmet. Maurice gehört zu den wenigen Glücklichen, die von schmerzlichen äußeren Lebensschicksalen verschont, ihr Streben auch stets belohnt und fortwährend den Erfolg an ihre Bemühungen gekettet sehen. In Maurice begegnen wir aber auch einer seltenen Vereinigung hervorragender Charaktereigenschaften und zeigen uns dieselben diesen Liebling des Geschicks als seiner seltenen Bevorzugung auch vollkommen würdig.

Ein unbeugsamer Muth, ein entschlossener Geist, der sich seines Zieles und der Mittel zur Erreichung desselben klar bewußt ist und beharrlich nach demselben hinstrebt; ein großes Organisationstalent, das Menschen und Dinge auf das Richtigste zu seinen Zwecken zu finden und zu benutzen weiß; ein sicherer Blick für die Tiefe, den Gehalt und die Verwendbarkeit jeder Künstlerindividualität, die ihm entgegentritt; unerschütterliche Kaltblütigkeit und Geistesgegenwart in den schwierigsten Lagen und Verhältnissen; scharfsinniges Erfassen und Ausbeuten des Augenblicks, tiefer Sinn für die strengste Ordnung, rasches, consequentes Handeln, große Erfahrenheit in jedem Zweige seines vielfach verwickelten Geschäftes, liebenswürdige Einfachheit und ein Zug scharfen Witzes und Humors, das sind die Eigenschaften des Mannes, dessen Wirken wir in nachfolgenden Blättern zu schildern haben.

Ist aber das Verdienst, das Maurice um das Theater als Director hat, schon ein sehr großes und anerkennenswerthes, so ist es doch nicht sein größtes. Dieses liegt vielmehr darin, daß er sein Theater zur Pflanzstätte machte, aus welcher der größte Theil jener Talente hervorging, an denen sich das gesammte Deutschland in Begeisterung und Bewunderung erfreute und noch erfreut. Man darf nur die Namen nennen, um die Größe dieses Verdienstes vollständig zu würdigen. Wem dankte Berlin seine Fuhr und seine Wagner? Wem Wien seine Würzburg, Seebach, Boßler, Goßmann, Wolter, Schneeberger, Landvogt? Wem Dresden seinen Dawison, München seinen Lindemann und seine Maximilien, Stuttgart seine Marlow und seinen Schüttky, Frankfurt a. M. seinen Starke und andere bedeutende Bühnen Deutschlands Andere? Wem anders als dem einfachen Director Maurice, der sie hervorzog aus den Massen deutscher Künstler, der ihnen Gelegenheit bot, ihre Talente allseitig auszubilden und sie dann mit wahrhafter Genialität der Resignation nach allen Mühen und Sorgen dem gesammten Vaterlande anheimgab. Diese gefeierten Namen sind der schönste Lorbeerkranz, der ihm überreicht werden kann, kostbarer, als der kostbarste, den man ihm winden mag.

Cheri Maurice ist in Frankreich und zwar in Agen, der Hauptstadt des Departements Lot und Garonne, am 29. Mai 1805 geboren. Es mag sich bei ihm wohl schon früh die Neigung für das Theater entwickelt haben, er spielte auch später mit Glück auf einem Liebhabertheater und war entschlossen, sich ganz der Bühne zu widmen, ein Entschluß, an dessen Ausführung er nur mit Mühe von seinem Vater verhindert wurde. Vielleicht wäre der junge Mann, wenn es ihm gelungen wäre, in späterer Zeit doch den elterlichen Widerstand zu überwinden, in die Reihe der talentbegabten Künstler Frankreichs getreten oder er hätte sich, wenn die Hindernisse unübersteiglich gewesen wären, die sich seinen Wünschen entgegenstellten, einer Lebensbahn gewidmet, auf der er vielleicht mit Glück, aber der Oeffentlichkeit fern, seine Tage verbracht haben würde, wenn nicht ein Ereigniß eingetreten wäre, welches alle Verhältnisse, in denen der damals zwanzigjährige junge Mann lebte, mit einem Male änderte und die Grundlage zu der Stellung wurde, die Maurice nunmehr so lange auf das Ehrenvollste behauptet. Sein Vater beschloß nach Deutschland und namentlich nach Hamburg überzusiedeln und führte dieses wichtige Vorhaben im Jahre 1826 aus. So kam der junge Maurice auf den Schauplatz, welcher ihm bald Gelegenheit geben sollte, seiner tiefgewurzelten Neigung zu leben und seiner neuen Umgebung zu beweisen, daß diese Neigung nicht ein leeres Gelüst, sondern die Folge wahrhaften Berufes und ächten Talentes sei. Zwar Anfangs leistete er seinem Vater in dem Fabrikgeschäfte, welches dieser gegründet hatte, den thätigsten Beistand; allein als der ältere Maurice 1827 das Tivoli-Etablissement übernahm und dort 1829 ein Sommertheater begründete, erhielt der Sohn die Leitung der dort gegebenen Vorstellungen und entwickelte im Verlaufe zweier Jahre so viel Energie, Tact und Geschick, daß sich der Schwiegersohn der Wittwe Handje, welche die Concessions-Inhaberin des zweiten städtischen Theaters war, Herr Caßmann, veranlaßt fand, mit Ch. Maurice vereinigt die Direction des Theaters in der Steinstraße zu führen. Dieses zweite städtische Theater hatte sich, schon bevor Maurice Antheil an seiner Leitung genommen hatte, aus den ersten Stadien des Anfangs herausgearbeitet und einigermaßen an Bedeutsamkeit gewonnen. Ursprünglich befand es sich auf dem Valentinskamp im Hotel de Rome und erfreute sich schon damals einer gewissen Gunst seitens des Publikums, namentlich als sich der Kaufmann Wiese der Leitung annahm und die Localität thunlichst verbesserte. Zwar zersprengte die erste Occupation Hamburgs durch französische Truppen die Anstalt, allein der Kaufmann Wiese, welcher nunmehr der Curator der Wittwe Handje war, begründete das Institut bald von Neuem und wußte seiner Curandin 1809 eine förmliche Concession für das Theater zu erwirken. Die Theilnahme des Publikums an diesem Institute wuchs nach und nach dergestalt, daß es 1814 nach dem früheren französischen Theater auf der großen Drehbahn, dem sogenannten Apollosaale, verlegt wurde und daß man 1818 ein eigenes Theater in der Steinstraße erbauen konnte. Dies wurde am 16. December des eben genannten Jahres unter der Direction eines Herrn Becker eröffnet. Die Leistungen dieser Bühne standen damals auf einer sehr niedrigen Stufe und die Leitung war plan- und tactlos, auch dann noch, als sich die Wittwe Handje veranlaßt fand, die Direction der Bühne in die Hände ihres Schwiegersohnes Caßmann zu legen. So standen die Sachen, als am 1. October 1831 Ch. Maurice als Mitdirector eintrat. Von diesem Augenblicke an wandelte sich das Ganze nach und nach völlig um. Es kam Einheit, Plan und Energie in die Leitung und Verwaltung der Bühne und man spielte nun während des Sommers auf dem Tivoli und im Winter im Steinstraßen-Theater. Der sichere Blick, welcher dem Director Maurice schon damals eigen war, ließ ihn schnell und bestimmt die Künstlerindividualitäten finden, deren Kräfte in die Sphäre paßten, innerhalb welcher sich das zweite Theater zu bewegen hatte, und er schuf sich für die Dramen, welche er aufführte, mit der Zeit ein solches Ensemble, daß die Theilnahme, auch des gebildeten Publikums an den Darstellungen immer höher und höher stieg. Ja, diese Bühne gewann sich im Verlaufe der Jahre so sehr die Gunst der Hamburger Einwohnerschaft und concurrirte mit dem Stadttheater so bedeutend, daß der damalige Director des Letzteren, Friedrich Ludwig Schmidt, einst halb im Ernst, halb im Scherz ausrief: „Der Knabe Carl fängt an mir fürchterlich zu werden." Elf Jahre hatte Maurice mit stets gleicher Energie, Ordnung und Glück im Verein mit Caßmann das zweite Theater geführt, als die Wittwe Handje kurz nach dem großen Brande, der 1842 den fünften Theil Hamburgs einäscherte, verstarb und dadurch die Concession, deren Besitzerin sie war, erledigt wurde. In Folge dieses Todesfalles traten nun die Erben der Wittwe Handje einerseits und andererseits Ch. Maurice als Bewerber um die vacante Concession auf. Der Senat gab, in Betracht der Solidität und des Geschickes, die Maurice während des ganzen verflossenen Zeitraumes bewiesen hatte, diesem die Concession zu einem zweiten Theater, verpflichtete ihn aber, den Erben der Wittwe Handje eine Entschädigungssumme zu zahlen, und fügte als unerläßliche Bedingung den Bau eines neuen Schauspielhauses hinzu. Das Letztere lag vollkommen in den eigenen Wünschen Maurice's, er griff den Bau rasch und energisch an, zahlreiche Gönner und Freunde unterstützten die Sache und bereits am 9. November 1843 wurde das jetzige Thalia-Theater eröffnet. Auch in der neuen Gestaltung der Dinge bewährte sich Maurice als der Mann, welcher den Verhältnissen nach jeder Richtung hin vollkommen gewachsen war. Ohne sich des Glückes, welches ihm lächelte, in irgend einer Weise zu überheben, als Privatmann immer so schlicht und einfach wie zuvor, als Director ein Muster von Ordnung, Solidität und Klarheit in Bezug auf das Nützliche, Vortheilhafte und Nothwendige, leitete er seine Bühne eine Reihe von Jahren hindurch mit Eifer und wunderbar genauer Kenntniß der Sphäre, in welcher er stand, so vortrefflich, daß er die bedeutend erhöhten Anforderungen seines Publikums nicht nur befriedigte, sondern noch bei weitem übertraf und, obwohl sein Repertoir dergestalt beschränkt war, daß ihm weder die Aufführung einer Oper, noch die eines ernsten Dramas gestattet war, dennoch ein äußerst gewichtiger Concurrent dem Stadttheater gegenüber wurde. Er verstand es, mit richtigem Blick aus der Menge der darstellenden Künstler, die seinem Institute zuströmten, immer diejenigen auszuwählen, die genau für den Kreis von Darstellungen paßten, der ihm angewiesen war, und noch viel besser die Ausgewählten stets an den Platz zu stellen und in der Weise zu beschäftigen, daß sie durch ihre Individualität dem Ganzen nach allen Richtungen hin nützen und als Einzelne zugleich in ihrer Wirksamkeit glänzen konnten. Dieses Verfahren, die Collegialität, die zwischen ihm und dem Künstlerkreise stattfand, der ihn umgab, der witzige Humor, durch welchen er zu rechter Zeit und am rechten Orte mißliche Verhältnisse zu ebnen und aufgereizte Stimmungen zu besänftigen wußte, die einfache freundliche Weise, in welcher er ohne alle bureaukratische Schroffheit und Ueberhebung die Geschäfte behandelte, und die humane noble Anerkennung, die er dem Talente, dem Verdienste und dem Fleiße des Einzelnen angedeihen ließ, erwarben ihm die höchste Liebe und festeste Anhänglichkeit seiner Schauspieler, während die strenge Ordnung und die consequente Durchführung seines Willens ihnen die unbedingteste Achtung, den vollständigsten Gehorsam seinen Anordnungen gegenüber einflößten und jeden Uebergriff des Einzelnen zum Nachtheile des Ganzen zur Unmöglichkeit machten. So wird es begreiflich, wie das fast Unglaubliche sehr oft verwirklicht werden konnte, wie sich sämmtlicher Mitglieder des Thalia-Theaters ein Gemeingeist, ein Schwung bemächtigte, der erfrischend und belebend auf die Darstellungen und dadurch wohlthätig erregend auf das Publikum wirken mußte, welches seinerseits dann wieder die Schauspieler trug und hob.

Als nun 1846 die Direction des Stadttheaters vacant und deshalb eine Concurrenz ausgeschrieben wurde, und Maurice sich gemeinsam mit dem damaligen königl. preußischen Hofschauspieler, jetzigem Hofrathe Louis Schneider, als Bewerber meldete, so war es nach dem eben Gesagten wohl ganz natürlich, daß diese Beiden, in denen die Stadttheater-Actionaire die glücklichste Combination für das Institut mit Recht erblicken mußten, mit großer Majorität zu Directoren des Stadttheaters erwählt wurden. Aber kurz nach der Wahl fand sich Louis Schneider veranlaßt, zurückzutreten und es mußte daher von Neuem eine Concurrenz eröffnet werden. Maurice meldete sich im Verein mit dem Schauspieler Baison abermals und ging wiederum als Sieger aus der Wahlurne hervor. Mit dem 1. April 1847 trat er die Mitdirection des Stadttheaters an, fühlte sich aber bereits nach sechs Monaten veranlaßt zurückzutreten, die Mitdirection dem Herrn J. Wurda zu überlassen und seine Kräfte dem Thalia-Theater wieder ausschließlich zu widmen. Aber die gewaltsamen Ereignisse des Jahres 1848, welche das Stadt-Theater an den Rand des Verderbens führten, und der im

Beginne des Jahres 1849 erfolgte Tod des Directors Baison nöthigten Maurice, dem noch des Inventars halber bedeutende Verpflichtungen oblagen, nochmals die Direction des Stadt-Theaters am 1. April 1849 in Gemeinschaft mit J. Wurda zu übernehmen. Dieser Wiedereintritt führte zu der Vereinigung der beiden städtischen Bühnen, welche bis zum 1. August 1854 dauerte, wo sie gewaltsam wieder gelöst ward. Man hatte mit der Katastrophe von 1854 den gordischen Knoten der hiesigen Theaterverhältnisse wohl für den Augenblick zerhauen, aber nicht für immer gelöst, das bewiesen die Ereignisse der folgenden Jahre auf das Klarste. In Folge der angedeuteten Katastrophe trat Wurda ganz in's Privatleben zurück und Maurice abermals an die Spitze des Thalia-Theaters. Er eröffnete dasselbe am 4. November 1854 unter nicht eben sehr günstigen Auspicien, denn man hatte das Repertoir der zweiten städtischen Bühne dergestalt beschränkt, daß ihr als Feld der Thätigkeit nur noch die Posse und das zweiactige Lustspiel blieb. In diesen äußerst schwierigen Verhältnissen zeigten sich das große Talent, die tiefe Erfahrenheit, die unerschütterliche Geistesgegenwart und alle übrigen trefflichen Eigenschaften des Directors Maurice erst recht in ihrem vollsten Glanze und er führte das Bühnenschiff mit solcher kaltblütigen Geschicklichkeit durch die ringsum drohenden Klippen, daß jeder Kenner der Sache ihm Achtung zollen und den tüchtigen Mann bewundern mußte, der ungebeugten Muthes, nach so harten Schlägen und unter so wesentlichen Beschränkungen es dennoch verstand, Ersprießliches zu erzielen, sein Institut auf künstlerischer Höhe zu erhalten, sein Publikum vollkommen zu befriedigen, ja zu enthusiasmiren und sich leicht und frei in dem engen Spielraum zu bewegen, der ihm gelassen war. Als daher im Laufe des Jahres 1856 jene drückende Beschränkung des Thalia-Theaters wieder aufgehoben und der Direction die Posse und das Lustspiel unbeschränkt als Gebiet ihrer Thätigkeit zugewiesen ward, fand dieser Act allgemeine Billigung und Theilnahme, und das Publikum bezeugte bei der Wiedereröffnung der Bühne, die am 16. August 1856, nach ihrer Schlie=

zung während des Sommers, stattfand, seine aufrichtige Freude darüber auf das Unzweideutigste und Wohlwollendste.

Und von diesem Augenblicke an erglänzte der Glücksstern Maurice's in ungetrübter Helle. Die von ihm aufgefundenen und an sein Institut gezogenen künstlerischen Capacitäten, das von ihm streng geleitete und zu musterhafter Ordnung gesteigerte seltene Ensemble seiner Bühne, fanden im Publikum immer mehr Anerkennung und sicherten derselben eine anhängliche Theilnahme, die sich durch die Jahre hindurch bis zur Gegenwart in ungeschwächtestem Maße erhalten, dieselbe zu einer Musteranstalt in des Wortes vollster Bedeutung herangebildet und ihrem Eigenthümer auch die klingenden Früchte seines rastlosen Strebens zu Theil werden ließen. So ward die „Thalia" im Laufe der Zeit der Sammelplatz der Elite des Hamburger kunstsinnigen Publikums und hatte sich dieselbe zu einer der ersten Bühnen Deutschlands emporgeschwungen und dem Namen seines Gründers die allseitigste Anerkennung und Bewunderung, wie auch eine bleibende Stelle in der Geschichte der deutschen Schauspielkunst erworben.

Weniges ist es, was wir obiger Skizze, die wir der s. Z. erschienenen trefflichen Biographie Maurice's aus der geistvollen Feder Dr. Wolfgang Bernhardi's entnahmen, anzufügen haben, da, wie bereits erwähnt, das Leben Maurice's äußerlich, bis auf zwei, wenig hervorragende Momente bot.

Die ferneren Lebensjahre Maurice's zeigen uns denselben in der eben so seltenen als beneidenswerthen Begünstigung des Geschickes, zweimal als ruhm- und ehrgekrönter Jubilar die Huldigungen seiner Freunde und der Freunde der von ihm geschaffenen „Thalia" entgegennehmen zu können. Das erstemal am 1. October 1856 feierte Maurice das Fest seiner fünfundzwanzigjährigen Directionsführung überhaupt und am 9. November 1868 die Feier des viertelhundertjährigen Bestehens seines hochangesehenen Thalia-Theaters und seiner eigenen gleich langen Eigenschaft als Director derselben. Auf diese beiden in der Geschichte des Thalia-Theaters hervorragenden hohen Festtage und deren Feier selbst werden wir später eingehend zurückkommen. Hier wollen wir nur noch dem Wunsche Raum gönnen, daß es dem verdienten und hochgeschatzten Jubilar vergönnt sein möge, sein Institut zur Freude aller Kunstfreunde noch recht lange und mit gleich frischem Sinne und ungeschwächten Kräften wie bisher leiten und dasselbe zur höchsten Stufe der Vollendung bringen zu können!

I. Abtheilung.

Historischer Theil.

Die Vorläufer des Thalia-Theaters.

Die ältesten Anfänge des Theaters in Hamburg bieten uns dasselbe Schauspiel wie in allen anderen deutschen Städten: Fastnachtsspiele und Mummenschanz bilden das Repertoir der umherziehenden Schauspielergesellschaften, an deren Spitze ein sogenannter Principal steht, und an ein künstlerisches Streben ist um so weniger zu denken, als in jener alten guten Zeit der Schauspieler mit dem Vagabunden in dieselbe Kategorie geworfen wurde. Mit der zunehmenden Bildung wurde aber überall auch das Interesse für Kunst und Wissenschaft geweckt, und mit der Blüthezeit der deutschen Literatur stieg auch die Sonne der darstellenden Kunst am Himmel der deutschen Culturgeschichte empor.

Der Raum, der dieser Geschichte des Thalia-Theaters zugewiesen, ist zu gemessen, um eingehender auf die Historie des berühmten Hamburger Theaters unter Ackermann und unter Schröder, deren Namen an der Tafelrunde deutscher Künstler mit den glänzendsten Zügen prangen, zurückzukommen; wir haben hier nur die Aufgabe, den Vorläufern des Thalia-Theaters einen kurzen Rückblick zu widmen.

Schon zu Ende des vorigen Jahrhunderts besaß Hamburg allerdings zu verschiedenen Zeiten zwei Theater, von denen aber das zweite sich nur temporär erhielt. An der Ecke des Gerberhofes auf dem Gänsemarkte hatte von 1796—1798 der Inhaber eines Tanzsalons, Herr Schlüter, in einem kleinen Saal dramatische Vorstellungen gegeben, die, wenn der Saal zu wichtigeren Zwecken benutzt wurde, auch wohl auf dem Boden seines Hauses abgehalten wurden. Mit Herrn Schlüter concurrirte der Tanzlehrer Günther im Concerthofe, der ebenfalls an einigen Wochentagen mimen ließ, bald aber seine Berechtigung einem Wirthe, Namens Borchers, überließ.

Wichtiger als diese beiden Unternehmungen war das „Fransche Theater" auf der großen Drehbahn, nachher unter dem Namen

„Apollosaal" bekannt und gegenwärtig in dem Besitze der Gebrüder Keiling. Hier gaben zur Emigrantenzeit wie in den Tagen der französischen Herrschaften ab und zu französische Schauspielertruppen Vorstellungen. Besonders ward die Oper begünstigt, doch führte man dazwischen auch Lust- und Schauspiele auf: in wiefern wir diese französische Unternehmung mit zu den Vorläufern des Thalia-Theaters zählen, folgt hier.

In jener Zeit, wo die Thorsperre den St. Paulianern den Besuch des Hamburger Theaters sehr erschwerte, besaß diese, damals Hamburger Berg genannte Vorstadt, außer den Policinellikasten mit ihrem urkräftigen Humor Nichts, was einem Theater ähnlich sah. So gingen denn die kunstsinnigen Bürger dieses Quartiers zur Herbst- und Winterzeit in's Altonaer Stadttheater, das zumeist von ihnen gefüllt wurde. Das Theater selbst war näher, das Sperrgeld um die Hälfte niedriger als der niedrigste Ansatz beim Millernthor, und was dem Publikum in Altona unter Albrechts Direction geboten wurde, konnte sich neben den Leistungen des Hamburger Theaters mit gutem Gewissen sehen lassen.

Da starb König Christian VII. von Dänemark und sämmtliche Theater der Monarchie mußten plötzlich geschlossen werden, indem das Landestrauerjahr damals noch strenge innegehalten wurde.

Ein harter Schlag für Direktor Albrecht, der sein treffliches Ensemble jetzt sich in alle Welt zerstreuen sehen mußte! Er bot Alles auf, sich wenigstens den „Stamm" zu erhalten, und es gelang ihm. Er erhielt Erlaubniß vom Hamburger Senat, im „Franschen Theater" einige Vorstellungen zu geben und dann den Winter über auf dem Hamburger Berge zu spielen.

Das erste Theater St. Pauli's befand sich in der „Bacchushalle", in demselben Local, welches später den Namen „Die Dröge" erhielt und auf den Befehl Davoust's zur Zeit der Belagerung dem allgemeinen Loose des Hamburger Berges, den Flammen geopfert zu werden, verfiel. Auch diese Bacchushalle gehört zu den Vorläufern des Thalia-Theaters.

Als das Trauerjahr zu Ende war, hatte Dietrichs die Direction des Altonaer Theaters erhalten und Albrecht's Stamm war wieder der Auflösung nahe. Da erschien eines Tages wie ein rettender Engel der Gastwirth und Autodidact Marr, der Vater unseres berühmten Oberregisseurs. Marr hatte ein Stück geschrieben: „Der Schlachter auf Reisen", welches er in Altona und in St. Georg zur Aufführung einreichte. Der Director des St. Georger Theaters fand nur ein Bedenken: er hatte nicht Personal genug. Da engagirte Marr mit Albrecht's Bewilligung den ganzen Albrecht'schen Stamm für die Aufführung seines „Schlachters auf Reisen" und diese erste Aufführung des Volksstückes ist insofern kunsthistorisch wichtig, als in derselben sich jene Kräfte zusammenfanden, welche später den Stamm des Steinstraßen-Theaters bildeten.

Wichtiger als die genannten Localitäten war aber das Hôtel de Rome auf dem Valentinskamp, welches Dilettanten als Liebhabertheater diente, bis eine Frau Handje, im Besitze eines „Privilegiums" hier theatralische Vorstellungen gab, die sich der Theilnahme des Publikums zu erfreuen hatten. Der Curator der Frau Handje, ein früherer Kaufmann, Namens Wiese, war die rechte Hand derselben und verschaffte ihr im Jahre 1809 eine reelle Theaterconcession. Unter den Zugstücken des Hôtel de Rome wird eine Feenoper, „Die Zaubercither", genannt. Das Theater bestand hier bis zum Jahre 1814, nach kurzer Ruhezeit siedelte Frau Handje nach dem Franschen Theater auf der großen Drehbahn über, das sie im Jahre 1817 dem Herrn Bernhard Wecher überließ, der hier ein „Apollotheater" errichtete, das jedoch nur kurze Zeit bestand. Die letzte derjenigen Bühnen, welche als Vorläufer der Thalia gelten können, finden wir in der Nähe des gegenwärtigen Thalia-Theaters. Es war ein Liebhabertheater in dem Hause eines auf dem Pferdemarkte wohnenden Weinhändlers, unter dessen Mitgliedern namentlich Querfeld und Ritter erwähnt werden. Dieses Theater erfreute sich nur eines kurzen Daseins. Doch finden wir auch von den Mimen dieser Bühne die bedeutenderen, wie z. B. die beiden oben genannten unter dem Stamm des Steinstraßen-Theaters wieder, zu dem wir jetzt übergehen.

Rückblick auf das Steinstraßen-Theater unter den verschiedenen Directionen.

Das Verlangen nach einem zweiten geregelteren Theater war inzwischen ein lauteres geworden, und so wurde ein eigenes Theater in der Steinstraße erbaut, ein enges, winkliges Gebäude mit schmalem Eingang, am Ende eines langen Hofes, in welches nun die Frau Handje einzog, jedoch nicht selbst die Direction führte. Der erste Director war Becker, der die Bühne am 16. December 1818 eröffnete. Ihm folgte bald Müller, den die Professoren Kruse und Sushy ablösten. Ihr Repertoir bestand größtentheils aus Kinderpantomimen, die vorübergehendes Interesse erweckten, bis der schnell entschwundene Reiz der Neuheit eine empfindliche Ebbe in der Einnahme erzeugte. Auf diese Kinderpantomimen folgten die Ritter- und Spektakelstücke, unter der Direction des Schauspielers Ritter vom Pferdemarkt-Theater. Kotzebue, Weissenthurn, Spieß, Zschocke, Arresto bildeten hauptsächlich das Repertoir, das sich auch unter Hoch gleichblieb, dem nächsten Nachfolger Ritters. Auch Hochs Directionsführung des Steinstraßen-Theaters hatte sich keines Metallsegens zu erfreuen; das Publicum war der Blut- und Schauerkomödien müde geworden, und wenn auch Director Borsmann bereits begann, dem Hamburger Localstück einen größeren Raum zu gewähren als seine Vorgänger, so fehlte doch dem Unternehmen eine feste, leitende Hand.

Da wählte Frau Handje den Herrn Stiegmann, Director einer reisenden Gesellschaft, zum Director ihres in Verfall gerathenden Musentempels. Stiegmann, der für zweckmäßige Umgestaltung des Zuschauerraumes sorgte, cultivirte die Berliner Localposse zum Heil der Kasse und starb nach dreijähriger Directionsführung. Ihm folgte sein Sohn, der aber bald von der Direction zurücktrat und die Leitung des Orchesters übernahm, die ihm bis zum Schlusse des Steinstraßen-Theaters blieb und welche er im Thalia-Theater von dessen Gründung an bis auf die Gegenwart fortführte.

Jetzt übertrug die Besitzerin der Concession die Direction ihrem Schwiegersohne Kaßmann, der früher Theatermeister am Hamburger Stadttheater gewesen war. Kaßmann verband sich im Jahre 1831 mit Maurice, dem Sohne des Besitzers des St. Georger-Tivoli, Cheri Maurice. Beide Unternehmungen unterstützten einander, und war das Publicum damals ein leichter zufriedenzustellendes als heute, theilweise auch mehr theaterlustig, da die Café-chantants noch nicht florirten. Man murrte im Steinstraßen-Theater im Winter nicht über die Kälte, die in dem eben nicht gar zu bequem gebauten Hause nur schwer zu besiegen war; man ließ sich im Tivoli, wo die Zuschauer nur den Himmel als Decke betrachten konnten, schreckliche Regenstürme gefallen, denen man durch aufgespannte Regenschirme einen hartnäckigen Widerstand entgegensetzte.

Nach Kaßmann's Tode war es Maurice, der als alleiniger Leiter dem Steinstraßen-Theater eine genauere, festere Richtung gab und dasselbe in kurzer Zeit auf eine Höhe erhob, die zu der Forderung nach einem geeigneteren Theatergebäude führte, worauf denn endlich das Thalia-Theater entstand.

Das Steinstraßen-Theater, fortan „zweites Theater" genannt, erhielt durch Maurice vor allen Dingen ein geeigneteres Repertoir. Oper und Trauerspiel standen damals im Stadt-Theater auf einer stolzem Höhe, das Schauerdrama fand seine Vertretung in St. Pauli, Maurice gab dem Lustspiele und der Posse den geeigneten Boden, ohne dabei das Schauspiel zu vernachlässigen. Die Hamburger Localposse begann zu blühen, und hamburgische Schriftsteller, deren Arbeiten auf dem Stadt-Theater nicht den gewünschten Platz fanden, widmeten dem zweiten, mit dem St. Georger-Tivoli unter einer Direction stehenden Theater ihre Stücke. Unter ihnen sind David, Wollheim, Bolgemann, Bärmann zu nennen.

Während Bärmann mehr das von ihm so getaufte „Buernspill" z. B. „Quatern", „Stadtminschen un Buernlüd" cultivirte, ist J. H. David als Begründer der eigentlichen Localposse und Parodie anzusehen. In letzterem wurden von ihm besonders die localen, momentanen Verhältnisse Hamburgs mit glücklichem Griffe der Parodie einverleibt und ließen diese häufige Wiederholungen erleben. „Guido und Ginevra" und „Gustav" oder „der Maskenball" zeigten sich besonders wirksam. Ungleich bedeutender sind aber Davids Volkspossen „Eine Nacht auf Wache," „No. 23 oder 9, 12, 47" und „Heute! zur Erinnerung an meine Freunde und Gönner."

In Borsmann besaß das zweite Theater um diese Zeit einen vorzüglichen Vertreter für Davids plattdeutsche Charaktere. — In der Zauberposse debütirte Wollheim sehr glücklich mit dem „Fliegenden Holländer", den keine seiner folgenden Zauberpossen wieder erreicht hat. Wilke als Jantje, August Meyer als Kopp, Schrader als Schopf und Borsmann als Steuermann feierten Triumpfe in dieser Posse. Wilke debütirte zuerst in „Baron Martin" am 3. November 1838 und wurde schnell erklärter Liebling der Hamburger und gefährlicher Rival der Komiker am Stadttheater. Gäste von Ruf traten in diesem und den folgenden Jahren auf, wie Kläger, Rottmayer, Wohlbrück, mit denen gut renommirte Concertisten wie Legnani, Saiton, Kressner, Engel abwechselten. Julius Gödemann befand sich damals in der Blüthe seiner komischen Kraft, Gödemann, dessen Heimann Levy in „Paris in Pommern" so oft Theatercassen gefüllt, der dann später sank, bis man ihn auf Dannenbergs Volkstheater mimen sah.

Außer diesen Repertoirpossen waren es hauptsächlich die besseren Wiener, namentlich Nestroy'schen Possen, welche die Beliebtheit des rasch emporblühenden Theaters steigerten. Neben den schon genannten Künstlern sind noch die Herren Laudt,

Meixner, L'Arronge, Butterweck, die Damen Fabricius, Julius, Borsmann, Struwe, Herr und Frau Reinhardt zu nennen. Die Regie führte Maurice größtentheils selbst; doch waren auch Landt und Wille an derselben betheiligt.

Da starb die Wittwe Handje, und deren Erben, wie Herr Maurice, bewarben sich um die erledigte Koncession. Der Senat ertheilte sie im Anerkennung seiner Verdienste um die Hebung des Theaters Herrn Maurice mit der Bedingung, dem Erben der Wittwe Handje eine Entschädigungssumme zu zahlen, deren Größe vom Senat bestimmt wurde. Gleichzeitig, mit Berücksichtigung der Feuergefährlichkeit des von allen Seiten mit Häusern umgebenen, zum großen Theile aus Holz bestehenden Steinstraßen-Theaters, erhielt Maurice die Erlaubniß zum Bau eines größeren Theaters, und innerhalb eines Jahres erstand das neue, solide, geschmackvoll eingerichtete Thalia-Theater am Pferdemarkt.

Das Thalia-Theater von der Gründung bis zur Vereinigung.

Das Thalia-Theater wurde nach den Entwürfen der Architekten Meuron und Stammann von den beiden Gebrüdern Schäfer gebaut, von denen der eine die Maurer-, der andere die Zimmerarbeiten übernahm. Das Haus faßt an ungefähr 1800 Personen, denen von jedem Platze aus ein leichter Ueberblick der Bühne wird. Der Umfang und die Verzierung des Zuschauerraumes wurden von dem französischen Maler Chenilton, die ersten Decorationen von dem Theatermaler Cassmann angefertigt. Die Eröffnung fand Statt am 9. November 1843. Unter den Mitgliedern des neuen Theaters ragten hervor: die Herren Börner, Boy, Fichtmann, Goppe, Landt, Meixner, August Meyer, Schrader, Borsmann, Wille; die Damen Julie Herrmann, Hübsch, Keller, Scheurich, Borsmann, Wille. Unter Leitung des Balletmeisters Kobler war auch ein Ballet engagirt, das aus zwei Solotänzern, vier Solotänzerinnen und acht Figurantinnen bestand. Das, zwanzig Mitglieder zählende Orchester, ward von Herrn C. Stiegmann geleitet; in den ersten Jahren wurden die Nummern der Zwischenactmusik regelmäßig auf dem Theaterzettel angegeben.

Die Eröffnungsvorstellung begann mit einer Fest-Ouvertüre von Stiegmann, der ein humoristisches Zwiegespräch als Prolog folgte. Dieser, von Wollheim verfaßte Prolog, war freilich von einer verzweifelten Naivität. Obgleich der Prolog 142 Verse zählte, war auf des Pudels Kern, die Eröffnung, erst bei'm 31. Verse gekommen. Indessen fand der von Herrn Meixner und Demoiselle Julie Herrmann vorgetragene Prolog reichlichen Beifall; (er findet sich in Lotz' „Originalien" wie in Wolffs „Almanach für Freunde der Schauspielkunst" abgedruckt).

Dann folgten zwei Novitäten. Die erste, ein dreiactiges Lustspiel, war eine von Herrn B. A. Herrmann besorgte Bearbeitung des alten, Jüngerschen Lustspieles „die Entführung," und war betitelt „der Freundschaftsdienst." Im zweiten Acte dieses Stückes brachte das Auftreten des Komikers Meyer durch ein gelungenes Extemporé desselben eine bedeutende Heiterkeit hervor, als er, auf sich zeigend, die Worte sprach: „Ein altes Haus in dem neuen." Die zweite der Novitäten war „Köck und Guste," in welchem Vaudeville namentlich Börner und Demoiselle Julie Herrmann rauschende Anerkennung fanden. Der Bearbeiter dieses Stückes, W. Friedrich, ward namentlich in den ersten Jahren der Thalia, der Hauptautor für das neue Unternehmen; auch B. A. Herrmann ist, gleichfalls mit Bearbeitungen, häufig vertreten. Neue, deutsche Lustspiele gewannen erst nach und nach den Raum, auf dem sie jetzt vorzugsweise das Repertoir bilden.

Der am 10. wiederholten Eröffnungsvorstellung folgte am 11. die Aufführung des Toepferschen Lustspieles „Zurücksetzung," in welchem Madame Hübsch, die gegenwärtig als Frau Petzold ihrem 25jährigen Jubiläum als beliebtes Mitglied einer und derselben Bühne entgegensieht, als Frau von Lobeck mit Glück debütirte. Wie übereifrige Recensentenweisheit sich irren kann, beweist das voreilige Urtheil eines derselben im „Freischütz," welcher, nachdem er der Debütantin alle Befähigung abgesprochen, das Publikum mit der Voraussicht tröstete, es werde hoffentlich Madame Hübsch schneller wieder von Hamburg abreisen, als sie gekommen sei. Die am öftersten wiederholten Stücke des Jahres 1843 waren „Emiliens Herzklopfen," „Köck und Guste," „Lorenz und seine Schwester," „Zwei Herren und ein Diener." Den glücklichsten Griff aber machte Maurice mit dem am 21. Dezember zuerst dargestellten Vaudeville „Mariette und Jeannetton," nach dem Französischen des Alexander Dumas bearbeitet von W. Friedrich. Den Preis der Darstellung errang Demoiselle Julie Herrmann, die durch die Louise erklärter Liebling des Publicums ward; glücklich rang Demoiselle Scheurich als Jeanneton mit der Herrmann um den Beifall. Börner als Spartacus war in seiner steifen, soldatischen Haltung von unwiderstehlicher, komischer Wirkung, besonders in dem Duett mit der Jeanneton. Wilke als Rosatin erhielt selbstverständlich seinen gebührenden Antheil am Applaus.

Der bekannte Ruf der Thalia im Ensemble begründete sich schon damals, wie sich auch schon von Anfang an der richtige Blick Maurice's in Auffindung glücklicher Talente wie geeigneter Repertoirestücke zeigte. Ein solches hatte jede Saison aufzuweisen. Mariette und Jeanneton bildete mit den oben genannten Stücken den anziehenden Magnet auch für das Jahr 1844, und so, des Cassenerfolges sicher, konnte Maurice daran denken, durch das Gastiren berühmter Kunstgrößen seine Bühne ästhetisch zu heben und der Kritik getrosten Muthes in's Auge zu sehen.

Den Reigen der Gäste eröffnete Wallner vom Josephstädter Theater in Wien als Windmüller in Herrmanns „der Vater der Debütantin." So ausgezeichnet der Gast auch in seinen komischen Rollen wirkte, so erhielt seine Vorlesung österreichischer Volkslieder, wie sein Valentin im „Verschwender," von dem er aber nur den dritten Act gab, doch noch ungetheilteren Beifall. Kaum war Wallner mit Lorbeer und reichem Honorar geschieden, so tauchte ein neues Repertoirestück auf, das zuerst zum Benefiz des Herrn Meixner am 15. Februar dieses Jahres gegeben wurde und in dem zum ersten Male das Thalia-Theater mit dem Stadt-Theater um den Preis der besten Aufführung rang, was in den nächsten Jahren oft und selten zum Nachtheil der Thalia geschah. Meixner (Pierrot), Demoiselle Hermann (Marie), Demoiselle Scheurich (Chonchon), Keller (Loustalot), Madame Borsmann (Margarethe) und Wilke (Commandeur), kämpften würdig für die Ehre ihrer Bühne. Als Gäste folgten nun Madame Schreiber-St. Georges vom königlichen Hoftheater zu Hannover, Herr Gustav Raeder vom königlichen Hoftheater zu Dresden, Herr v. Lehmann vom Hamburger und Herr Edmüller vom Altonaer Stadttheater. Die erste Gastrolle der Madame Schreiber-St. Georges war der Vicomte von Létorières, damals eine Lieblingsrolle aller gastirenden Größen. Auch die Peroni-Glaßbrenner trat noch im selben Jahre in dieser Partie auf, die ehre Anziehungskraft bis auf die Gegenwart ausübt, und in der Hamburg in den letzten Jahren wieder zwei erste Künstlerinnen glänzen sah: Pauline Ulrich in der Thalia und Lila v. Bulyovsky im Carl Schultze'schen Theater. Raeder, den Hamburgern von seinem Engagement am Stadttheater her noch ein lieber Bekannter, begann sein Gastspiel mit dem Andreas Pimpernuß in Hopp's „Doctor Faust's Hauskäppchen" am 22. März und brachte seinen „Weltumsegler wider Willen" mit, in dem er als Purzel zuerst zum Benefiz der Demoiselle Herrmann, die den Ludwig gab, auftrat.

Wenn wir im weiteren Verlauf dieser Geschichte die einzelnen Tage von Bedeutung nicht mit dem Datum bezeichnen, so verweisen wir hiermit auf die entsprechende Abtheilung des statistischen Theiles, die die gewünschte Aufklärung geben wird. „Der Weltumsegler wider Willen," in dem das Erscheinen Abd-el-Kaders, der damals gerade en vogue war, so wie ein, von dem betreffenden Schauspieler gerittenes Kameel nicht geringe Sensation erregten, blieb auch nach der Beendigung des Raeder'schen Gastspieles ein beliebtes Zugstück, indem Wilke als Purzel Raeder keineswegs nachstand.

Für die außerordentliche vis comica dieses Komikers par excellence mag der Umstand ein glänzendes Zeugniß ablegen, daß er trotz des Gastspiels der berühmtesten deutschen Komiker aus Wien, Berlin, München, Dresden, Frankfurt u. a. St. von Anfang bis zu Ende der anerkannte Meister blieb. Mit Raeder zu gleicher Zeit bewarben sich von Lehmann, der zuerst als Hypolyte Hyper in „der Enthusiast" auftrat, und der geniale Edmüller um den Beifall des Thaliapublicums, das nachgerade für mustergültig im Bereiche der Kritik über die Söhne der komischen Muse angesehen ward. Edmüllers eigentliche Forcerollen hatten keinen großen Umfang, und glich er darin Gödemann in seiner guten Zeit und Börner. Wie Gödemann als Heymann Levy, Börner als Kluck für unerreichbar gehalten wurden, so Edmüller als Jeremias Klagesanft in Holtei's Lieblingsstück. Diese kleine Partie hat, wenn Edmüller sie spielte, manchem Beneficiaten aus der Noth geholfen. Demoiselle Scheurich verheirathete sich inzwischen, blieb aber als Madame Kißner dem Theater erhalten. Die erste Partie, die sie als solche spielte, war die Salome im „Talismann," in dem sie mit Wilke (Feuerfuchs) und Meixner (Marquis) den Haupttreffer zog.

Für alle Freunde gesunder, volksthümlicher Komik von hohem Interesse, war das Gastspiel des Frankfurters Hassel. Sein famoser Vatel im „Ehrgeiz in der Küche" galt als Prachtleistung, unwiderstehlich aber wirkten die vorzüglichen Volksstücke des Frankfurters Malß, dessen Hampelmanniaden und „der Bürgercopitain" selbst Goethe's unbedingten Beifall erhielten.

Diese Volksstücke, von denen Hassel drei „die Landpartie nach dem Königstein," „Herr Hampelmann im Eilwagen" und „Herr Hampelmann sucht ein Logis" den Hamburgern zur Kenntniß brachte, sollten nicht so ganz vom Repertoir verschwinden! Eine Auffrischung, resp. Umarbeitung des Bürgercapitains namentlich, würde sich gewiß wirksam erweisen. Nachdem das großherzoglich mecklenburgische Hoftheater von Neustrelitz die geistvolle Veroni-Glaßbrenner gesandt hatte, die ihren bedeutenden Ruf besonders als Margarethe Western, im Sololustspiel von Saphir mit dem Epilog, als Mirandolina, Létorières bewährte, executirte der Magier Bosco seine Zauberkünste, von denen die komischen Scenen „der Bär und der Bassa," „Berliner Wachsfiguren in Hamburg," „Paganini's Violine," „die Zigeunerküche" gewaltiges Staunen erregten. Mit Bosco zugleich erschien ein ehemaliges Mitglied des zweiten Theaters, Wilhelm Kläger vom kurfürstlichen Hoftheater zu Cassel und erneute als Robert in „die Leibrente" und „Hans Jürge" die alte Freundschaft mit dem Publicum. Am 13. Juli trat zuerst auf in Beck's „Schachmaschine" Friedrich Gomansky als Carl von Ruf. Gomansky, als talentirter Schauspieler vom Steinstraßen-Theater her beliebt, von angenehmem Aeußern, mit einem schönen kräftigen Organe begabt, voll Lebendigkeit und Feuer, electrisirte das Publikum in seiner ersten Rolle gleich so, daß hier sich vollgültiger Ersatz für den abgehenden Herrn Boy bot. Ebenfalls auf ein Engagement zielte das Gastspiel der Demoiselle Lina Höfer von Pesth ab, die als „Pariser Taugenichts" sofort jene lebhafte Munterkeit entwickelte, die Publikum und Kritik stets so sehr an ihr zu rühmen hatten. Mit ihr zugleich gastirte Herr Ludwig Wollrabe vom Stadttheater zu Pesth als General Morin. Demoiselle Cäsarine Heigel, einer in der Theaterwelt rühmlichst bekannten Familie angehörig, begann am 10. Juli ein Gastspiel als Marie in „Zurücksetzung" mit dem günstigsten Erfolge. Diese Künstlerin, später Gattin Gomansky's und nach dessen für die Kunst zu frühem Scheiden später neu verehelichte Kupfer, ist gegenwärtig wieder Mitglied des Thalia-Theaters. Deutschlands erster Heldenspieler, Wilhelm Kunst, trat am 13. August zuerst im Thalia-Theater als General Morin auf, eine seiner wenigen bürgerlichen Partien. Dem Morin ließ er seinen unerreichten „Otto von Wittelsbach", Rudolf in „Hedwig" und König Wenzel folgen. In „Hedwig" debütirte Herr Anton Feltscher als Julius, den wir später noch einmal in der „Thalia" engagirt finden, und der darauf eine sehr ehren=

volle Carrière machte. Nachdem er als erster Held und Liebhaber an den Hoftheatern von Weimar, Cassel und Braunschweig gewirkt hatte, wurde er Oberregisseur des Schweriner Hoftheaters. Als solcher gastirte er in mehreren Conversationsrollen 1867 wieder am Carl Schultze'schen Theater. Im „Hinko" debütirte der Regisseur Vogel als Jobst, den Hinko hatte Herr Gomansky, die Markitta Demoiselle Heigel inne. Beide Letztgenannten traten als Ernst Hellwald und Ernestine in „Von Sieben die Häßlichste" in die Zahl der engagirten Mitglieder, denen sich, nach kurzer Entfernung, auch Demoiselle Julie Herrmann wieder zugesellt hatte. Als Größen im Gebiete der komischen Darstellungskunst nennen wir von den Gästen noch den Wiener Scholz und den Berliner Gern, Ersterer besonders in Nestroy's Possen berühmt, Letzterer der Raupach'sche Schelle par excellence. Auch eine französische Schauspielergesellschaft aus Berlin unter Delcours Direction gab einen Cyclus von Gastrollen, der am 21. September begann.

Am 3ten November wurde der hundertjährige Geburtstag Schröders durch einen von Bärmann verfaßten, scenischen Prolog und durch die Aufführung des Schröder'schen Lustspieles „Das Porträt der Mutter" gefeiert. Theilweise für die Kasse, theils in dramatischer Beziehung wichtige Novitäten waren in diesem Jahre noch „die weibliche Schildwache" — (Mutter Anton — Mad. Borsmann, Anton — Goppe: Rose — Mad. Kissner; Heip — Wille), „Zopf und Schwert" (König — Kunst a. G.; Wilhelmine — Dem. Heigel; Erbprinz — Gomansky; Hotham — Boy; Eckhoff — Feltscher), „Er muß auf's Land" (Frau von Zimmer — Mad. Hübsch; Coelestine — Dem. Hermann; Ferdinand — Gomansky; Pauline — Dem. Höfer; Cesar — Boy; Rath Presser — Wille; Frau von Flor — Dem. Heigel; Eduard — Fichtmann), „Stadt und Land" „Großhändler Hochfeld — Keller; Eulalia — Mad. Hübsch; Clotilde — Dem. Höfer; Sebastian — Wille; Apollonida — Mad. Borsmann; Regina — Dem Heigel; Robert — Boy; Hupfer — Schraber). Ein Blick auf die Besetzung der letztgenannten Stücke wird die Meinung derjenigen berichtigen, welche in dem irrigen Wahne befangen sind, als ob die Leistungen des Maurice'schen Theaters in den ersten Jahren hinter den späteren so weit zurückständen. Eine bessere Besetzung z. B. wie „Er muß auf's Land" hier zeigt, hat wohl schwerlich je eine Bühne gehabt, wird wohl schwerlich je eine haben. Schließlich erschienen noch gegen Schluß des Jahres zwei Novitäten und in denselben zwei neue Gäste, welche im folgenden Jahre engagirt wurden. Es waren Julius Schramm, vom Hoftheater zu Hannover, der zuerst als „Michel Perin" und Reinhardt, der als „Graf Irun" auftrat. Ganz am Schlusse des Jahres kam noch als Novität Räders „Artesischer Brunnen" zur Aufführung.

Die Reichhaltigkeit des Repertoirs und der Gastspiele, das gute Einschlagen verschiedener Novitäten zeichnete das Jahr 1845 gleichermaßen aus wie seine Vorgänger. Schirmer vom großherzoglichen Hoftheater zu Schwerin, gastirte als König in „Karl XII. auf Rügen", einer der besten Toepferschen Bearbeitungen, die leider selten mehr gegeben wird. Neu war das Birch-Pfeiffersche Schauspiel „Pfeffer-Rösel" hier, das hauptsächlich durch Gomansky als Sonnenberg und Dem. Heigel in der Titelrolle großen Beifall fand. Gomansky, gleich ausgezeichnet im Conversationsstück wie im romantischen Drama war übrigens der Heißsporn des damaligen Personals, wie folgende Episode beweist. Ein unbefugter Recensent erlaubte sich Anspielungen auf Privatverhältnisse des Künstlers, der darauf dem Herrn eine Pistolenforderung schickte, mit welcher der gänsefederschwingende Pamphletist auf das Gericht eilte, wohin dann Gomansky gleichfalls beschieden wurde und Urfehde schwören mußte, das Leben des Bedrohten nimmer zu gefährden. Die Contrahenten verließen das Zimmer. Kaum befanden sie sich aber im Foher, als der Künstler seinem Gegner „die Schmach ins Angesicht prägte, die er verdient." Kurzer Arrest wurde bald vergessen, die Rache war gekühlt. Die Novitäten „Louise Bernard," „Lady Harriet" und „Aus dem Leben zweier Sängerinnen" machten weniger Glück als Holtei's „Weibliche Drillinge," in denen Dem. Höfer brillirte. Am 11. April gastirte zuerst Hermann Hendrichs vom Hoftheater zu Berlin, was die Aufführung verschiedener Novitäten, wie „Werner" von Gutzkow, „Der Sohn der Wildniß", „Dornen und Lorbeer", „Dr. Robin," „Eduard aus der Vorstadt" und „Canova's Jugendliebe" mit zur Folge hatte. Der Beifall, den der Künstler, den eine herrliche Persönlichkeit und ein dem Kunstschen ähnliches Organ zu einer der von der Natur begabtesten Darsteller machten, erhielt, war ein immenser. Garrick und Rolla sind zwei von ihm geschaffene Rollen, in denen er nie erreicht worden ist. Für den Werner wie für alle Conversationsrollen paßte Hendrichs nicht so wie für die feurigeren Charaktere. Von ihm gilt hierin dasselbe, was man von Jacobi erzählt: der Frack scheint ihn, der an dem Rittermantel und anderes romantisches Kostüm gewöhnt ist, zu beengen. Glänzend war sein Erfolg als Ingomar, und trefflich stand ihm Dem. Heigel als Parthenia zur Seite. In „Dornen und Lorbeer" spielte den Stefano, den man gewöhnlich von Damen zu sehen, später gewohnt ward, Gomansky. Jedenfalls ist eine solche Rollenbesetzung empfehlenswerther als die neuerdings aufgekommene Manier, einen Hamlet und Petruchio, nächstens wahrscheinlich auch einen Falstaff und König Lear von einer Dame spielen zu sehen. In der Posse war neu „Doctor und Friseur" mit Geppe und Wilke in den Hauptrollen.

Dem Stadttheater war jetzt das Aufblühen der Thalia zu einer so gefährlichen Concurrenz geworden, daß die dermalige Direction Mühling und Cornet, in der Hoffnung, billigere Bedingungen zu erhalten, den Miethcontract am 1. April 1845 zum 1. April 1847 kündigte. Unter den Bewerbern um die demnächstige Direction des Stadttheaters war jetzt auch Maurice, der Director des rivalisirenden Thalia-Theaters, und sein Associé war der königlich preußische Hofschauspieler Louis Schneider, der sich um diese Zeit in Hamburg befand und zwar als Gast am Thalia-Theater, wo er unter großem Beifall zuerst am 5. Mai als Fritz Flott und Mauser auftrat, an demselben Tage, an dem der bald zu großer Beliebtheit gelangende Birkbaum zum ersten Male in der kleinen Partie des Franz Bernold in „drei Frauen und keine" auf dem Personenzettel in Hamburg genannt ward. Mit der Bewerbung Maurice um die Direction des Stadt-Theaters begann ein langwieriger und unerquicklicher Federkrieg in den Zeitungen, der erst im folgenden Jahre endete. Unterdessen erwarb sich Schneider in seinen Baudevilles und musikalischen Quodlibets, die hier noch neu waren, zugleich mit der Solotänzerin Dem. Schulz vom Berliner Hoftheater vollkommenste Anerkennung. Gäste von Ruf drängten sich in schneller Abwechselung, Maurice bot Alles auf, sein Theater immer mehr zu heben. Der Komiker Peters vom Schweriner Hoftheater aber gefiel nur mäßig; desto glänzender war das Gastspiel des Frl. Charlotte von Hagn und des Herrn Baumeister vom Hoftheater zu Schwerin. Charlotte von Hagn glänzte als Margarethe Western „Schwäbin", Hedwig von Ellerbrunn, Baumeister, damals berühmt im Fache der Bonvivants, als Jacob von Ellerbrunn, Hauptmann Wiese und in ähnlichen Parthieen. Sich auch, bei Beschränkung der Thaliaconcession, wenigstens einigermaßen auf einem andern Felde zu zeigen, spielten Beide in Episoden aus „Egmont" und aus „Romeo und Julie." Henke vom Hoftheater zu Oldenburg begann ein Gastspiel als Elias Krumm und gefiel, desgleichen Dem. Auguste Miller vom deutschen Hoftheater zu St. Petersburg als Capitain Charlotte. Von höherer Kunstbedeutung war La Roche's Gastspiel, das als Novitäten für die

Thalia Kotzebue's „die beiden Klingsberge", Toepfers „der reiche Mann" und Schakespeare's „Kaufmann von Venedig" dem Repertoir zubrachte. Eine englische Schauspielergesellschaft, unter Direction des Herrn A. Davenport, gab eine Reihe von Vorstellungen, für Hamburg mindestens von gleichem Interesse wie französische Gesellschaften. Bei Gelegenheit des Gastspieles der Madame Günther-Bachmann, vom Stadt-Theater zu Leipzig wurde am 29. Juli zum ersten Male „Marie, die Regimentstochter" gegeben. Dann begannen Wiens Dioskurenkomiker Scholz und Grois im Kaiserschen Zigeuner ihr öfter wiederholtes Gastspiel. Glückliche Debütanten dieses Jahres waren die Herren Carl Müller von Schwerin und Ludwig Meyer von Riga, wie Dem. Höfer; die Herren Goppe und Meixner verließen das Engagement. Von Novitäten ragt außer den bereits genannten „Minna von Barnhelm" hervor (Tellheim — Müller; Minna — Dem. Heigel; Franziska — Dem. Herrmann; Just — Schramm; Werner — L. Meyer; Wirth — Wilke; Riccaut — Schrader.)

Als gute theatralische Cassenstücke erwiesen sich „'letzte Fensterl'", „die Gefangenen der Czarin", „der erste Waffengang", „Müller und Miller" und „Wer ißt mit?" Wollheims „Fliegender Holländer" erlebte seine 50. Aufführung. Die Vorstellungen der Pantomimistengesellschaft erklären sich durch die Weihnachtszeit.

Das Jahr 1846 wurde ein verhängnißvolles für das Institut. Der Neujahrstag brachte als Novität „Ein Weib aus dem Volke" mit Dem. Heigel in der Titelrolle, die sie am 7. Januar zuerst als Mad. Jomansky auf dem Zettel zeigte. Am 26. Februar wurden gegen Mühling und Baison Maurice und Schneider als Directoren des Stadt-Theaters gewählt. Zwei Tage später wurden „die Töchter Lucifers" zum ersten Male gegeben, die noch in demselben Jahre ihre 50. Aufführung erlebten und den Herren Schrader und Wilke, den Damen Herrmann und Höfer neuen Beifall brachten. Am 4. April nahm Karl Grunert, der Regisseur des Hamburger Stadt-Theaters, in der Thalia Abschied vom Hamburger Publikum. „Der Essighändler," die Declamation der „Glocke" und Scenen aus „Nathan" machten den Abend zu einem der genußreichsten. Grunert schied aus Hamburg unter den lautesten Beifallsbezeugungen; die Hoffnung, ihn einmal wieder als Gast in Hamburg zu sehen, hat sich bis jetzt nicht erfüllt. Wie im vorigen Jahre Hendrichs, der Vertreter des romantischen Dramas, ein längeres Gastspiel gab, so in diesem Emil Devrient, der große Conversationsspieler. Auch sein Gastspiel hatte das Einstudiren von Novitäten zur Folge, von Novitäten, die bis auf den heutigen Tag dem Theater glänzende Triumpfe brachten. Bolingbroke im „Glas Wasser", Robert in „die Memoiren des Teufels," Bruno in „Mutter und Sohn" Heinrich in „Lorbeerbaum und Bettelstab," Paul von Scharfeneck in „der Majoratserbe" Harleigh in „Sie ist wahnsinnig," Abendstern in „Nach Sonnenuntergang" waren die Rollen, in denen Devrient sich zum ersten Male dem bereits verwöhnten Publicum zeigte und es enthusiasmirte. Keine von seinen Rollen sprach jedoch so an wie der Heinrich in „Lorberbaum und Bettelstab. Die Hauptpartieen des weiblichen Personals hatte in diesem Gastspiel Mad. Gomansky. Auch ein neuer Komiker gastirte, der in Raimunds Zaubermärchen und Carls Staberliaden gefeierte Lang aus München. Auf Beide folgten das Tänzerpaar Gasperini und Dem. Polin, Dem. Baumeister vom königlichen Hoftheater zu Hannover, Carl La Roche, Herr und Mad. Grobecker, Dem. Dambök, Mad. Peroni-Glasbrenner.

Inzwischen war die Directionsfrage über das Hamburger Stadt-Theater in ein neues Stadium getreten. Louis Schneider nämlich, einem hohen Wunsche, in Berlin zu bleiben, folgend, trat, obgleich schon gewählt, von der Bewerbung zurück. Indeß bot sich Herrn Maurice vollständiger Ersatz, durch Association mit Jean Baptiste Baison, dem gefeierten ersten Heldenspieler des Hamburger Stadt-Theaters. Beide wurden denn auch am 16. Mai 1846 von der Versammlung der Actionaire auf zehn Jahre gewählt. Doch wurde am 11. October 1847 der Contract zwischen Maurice und Baison nach gegenseitigem Uebereinkommen wieder gelöst, und für Maurice trat Wurda, der früher so hochberühmte Tenorist, in die Direction des Stadt-Theaters.

Wir kehren zu unseren Gästen zurück. Demoiselle Baumeister wurde in ihren Rollen, unter denen z. B. Franziska in „Mutter und Sohn," Rustica in „die Schule der Verliebten" der wohlverdiente Beifall. La Roche begann diesmal sein Gastspiel als Oberförster in „die Jäger." Da die Concession verbot, Trauerspiele zur Aufführung zu bringen, La Roche aber seine Lieblingsrolle, den Cromwell, spielen wollte, so griff man zu dem Mittel, nach dem Raupach'schen Schauspiel „die Royalisten" die Hauptscenen aus desselben Verfassers Trauerspiel „Cromwells Ende" aufzuführen. Die Novitäten, welche La Roche's Gastspiel sonst noch brachten, waren Benedix „der alte Magister" und „zwei Tage aus dem Leben eines Fürsten" von Deinhardstein. Beide Stücke gefielen; doch stand nur das erstere zuwei-

3

len, und auch stets nur bei Gelegenheit von Gastspielen, auf dem Repertoir. Häufigere Aufführungen hatte hingegen ein anderes Benedix'sches Stück „der Vetter," in welchem zuerst Landt den Siegel spielte. Landt war eine kurze Zeit Director des Actientheaters (gegenwärtig Variététheater in St. Pauli) gewesen und wurde nun wieder von Maurice engagirt. Am 21. November stand zuerst „Ein Stündchen in der Schule" auf dem Theaterzettel, das bekannte einactige Vaudeville, das von allen Stücken im Thalia-Theater am öftersten (201 Mal) wiederholt worden ist. Als Schulmeister Henne bot Wilke ein unerreichtes komisches Characterbild. Das erste Erforderniß eines ächten Komikers, das durch kein Studium zu erwerben, dessen Mangel durch keine noch so pikante Nüancirung zu verdecken ist: ein reiches, tiefes Gemüth, befähigte Wilke gerade zu jenen Rollen, die ein so recht freudiges, aus dem Herzen kommendes Lachen erzeugen. Der alte Dorfschulmeister in seiner komischen Würde konnte nicht anders veranschaulicht werden; das Entsetzen, als er unversehens anstatt auf den ungezogenen Rangen auf den Richter zuschlägt; die zerknirschte Verzweiflung bei der Blamage im Examen und das Erwachen zum neuen Leben bei der Entdeckung, daß der examinirende Landrath taub, muß man von Wilke gesehen haben, um den fast unglaublichen Erfolg dieses Stückchens sich erklären zu können. Dazu kam, daß Dem. Höfer, ein flotter Bäckergesell comme il faut, Demoiselle Feigl eine hübsche Schulmeisterstochter und Schrader so ein ächter Primus einer Dorfschule war. Was aber Episoden wirken können, zeigten Birkbaum (Landrath), Landt (Richter) und Madame Hübsch (Frau Zwetsche); genug: „Ein Stündchen in der Schule" war eine Mustervorstellung und blieb es durchgehends, bis Wilkes Blick zum letzten Mal auf das ihn vergötternde Publicum fiel. Der letzte Monat dieses Jahres sah noch die 50. Aufführung von „Mariette und Jeanneton" und die erste des Carlschmidt'schen „Graf von Monte-Christo," der eine Glanzrolle Gomansky's wurde.

Am 2. Januar 1847 wurde zuerst die Wollheim'sche Zauberposse „Michels Wanderungen" gegeben, die beste nach seinem „Fliegenden Holländer," was freilich nicht so viel sagen will, daß sie all' den Weihrauch verdient, den Wollheim ihr selbst höchst gemüthlich in seiner Geschichte der deutschen Literatur zu Theil werden läßt.

Der 13. Februar sah die ersten Strahlen eines fremden Gestirnes, das bald hell glänzen sollte am Himmel deutscher Schauspielkunst. Bogumil Dawison erschien zum ersten Male vor dem Hamburger Publicum als „Zolky" und „Hans Jürge" und hatte bald eben so viele Bewunderer wie Feinde. Das Fremdartige im Anfang seiner Carrière in Deutschland, das seinen Leistungen eigen war, hatte für beide Parteien noch zu viel Frappirendes, um ein festes, sicheres Urtheil über ihn fällen zu können. So berührten sich eben auch hier die Extreme.

Am 18. März gab Julius Schramm zum Benefiz Shakespeare's „Lustige Weiber von Windsor." Das Lustspiel sprach wenig an und wurde nie wiederholt, ein Beweis, daß auch ein kunstliebendes Publicum oft sehr eigenthümlichen Geschmack entwickelt. Besser gefielen Bergers „Jean Bart am Hofe," Lortzing's „der Pole und sein Kind" und „Kean." In dem ersten Stücke spielte L. Meyer die Hauptrolle, die beiden anderen gaben Dawison Gelegenheit, sich auszuzeichnen.

Außer Gästen, die wie Raeder und die Peroni-Glaßbrenner schon auf gewohntem Boden standen, sah dieses Jahr neue Gäste, neue Coryphäen. Heinrich Marr, der in der Geschichte der Thalia fortan eine so bedeutende Rolle spielen sollte, begann am 9. Mai sein Gastspiel als Lamoignon im „Urbild des Tartüffe" (Molière — Dawison; Armanda — Madame Gomansky; Mädeleine — Demoiselle Herrmann; Matthieu — Wilke). Der Beifall, der Marr gespendet ward, wurde um so williger, als man hier auf den gebornen Hamburger stolz sein konnte. Noch mehr denn als Lamoignon sprach Marr als Brißac in „Rokoko" an. Seine Darstellung machte das Laube'sche Stück bis auf die Gegenwart zum Repertoirestück. Dann folgte der „Tartüffe" und diesem der Benjamin in „die Valentine." Diese ächt Shakespear'sche Figur ist bekanntlich die dankbarste im Stück; doch wußte sich das Gomansky'sche Ehepaar würdig neben dem berühmten Gaste zu behaupten und als Saalfeld und Valentine am Beifall zu anticipiren. Meixner gab gleichfalls einige Gastrollen. Dann kamen vom Wiener Hoftheater Madame Haizinger, Demoiselle Louise Neumann, Wilhelmi und La Roche. Madame Haizinger trat zuerst auf als „Frau im Hause," Demoiselle Neumann als „Junge Pathe," Wilhelmi als Kaufmann Busch in „das Räuschchen," La Roche als „Alter Magister." Am 3. Juli fand bereits die 50. Aufführung von „Ein Stündchen in der Schule" Statt. Während Wilke's Urlaubsreise spielte in diesem Jahre Schrader verschiedene Male den Schulmeister, indessen seinen Part des Peter Lütje Gomansky übernahm. Den Zierden des Wiener Burgtheaters folgten die komischen Größen Wiens, Nestroy, Scholz und Grois. Das Verhältniß zwischen Wien und dem Hamburger Thalia-Theater ward ein immer engeres. Wien gab uns damals seine Größen zu

3*

Gastspielen und Hamburg recrutirte sich theilweise von dort, Wien betrachtete später die „Thalia" als ihre hauptsächlichste Recrutirungsbühne. Otto Bachmann, auch von Wien kommend, verstärkte, zuerst als Freiherr von Emmerling in „Die gefährliche Tante" auftretend, den Stamm der „Thalia"; für Fichtmann ward Feltscher neu engagirt. Fünf größere Novitäten sah noch das letzte Drittel des Jahres, damals an Erfolg mit einander ringend; doch nur eine überdauerte die wogende Fluth der sich drängenden Neuigkeiten, nämlich Laube's „Karlsschüler", die gleichzeitig im Stadttheater gegeben wurden. Dawison spielte den Schiller, L. Meyer den Herzog, Madame Gomansky die Francista, Demoiselle Höfer die Laura, Schramm den General Rieger, Madame Petzold (die frühere Hübsch) die Generalin und Schrader den Koch. Die Stimmen über die bessere Aufführung waren getheilt; doch ward die Concurrenz beider Bühnen eine immer hartnäckigere. Die anderen vier Novitäten waren „Der Lumpensammler von Paris", „Die Tochter des Gefangenen", „Böttcher der Goldmacher" und „Martin der Findling" (Martin — Feltscher). In den drei ersten Stücken fand Dawison gewaltigen Anklang in den Hauptrollen, im „Martin" als Bamboche. Wie sehr blinder Parteihaß verblendet, mag folgender Passus aus einer wüthend gegen Maurice und das Thalia-Theater polemisirenden Schrift darthun: „Bei dem unerhörten Erfolg, den er (Baison im Stadttheater) in diesem Stücke erntete, war es begreiflich, daß auch Maurice dasselbe im Thalia-Theater aufführen ließ, und konnten auch nicht alle Aenderungen und Kürzungen mit hinüber genommen werden, so wurden doch wenigstens die einzelnen Schlaglichter und Effectstellen daraus entwandt; allein der Darsteller konnte darin keine Popularität erringen, und der ganze Erfolg blieb gekünstelt und todtgeboren." Eine harte Anschuldigung gegen den Bearbeiter, den ehrenwerthen Heinrich Smidt, den deutschen Marryat, der wahrlich keine Aehnlichkeit mit einem literarischen Diebe hatte, eine albern aristokratische Manier gegen Dawison, dessen großartige Kraft schnell in Hamburg anerkannt wurde, ein Schlag, der Wahrheit in's Gesicht gegeben, was den Erfolg anbetrifft, den bei so vielen Gastspielen und Novitäten elf Vorstellungen des „Lumpensammlers" in einer Saison sattsam documentiren.

Die erste größere Novität des Jahres 1848 war Rost's „Landgraf Friedrich mit der gebissenen Wange", in dem Dawison im Rittercostume nicht gefiel. Desto mehr gefielen „Einmalhunderttausend Thaler" von Kalisch, der sich hiermit zum ersten Male als Cassenmagnet bewährte. Drei neu engagirte Mitglieder fanden hier zuerst Gelegenheit, sich in dankbaren neuen Rollen dem Publikum zu zeigen. Petzold spielte den Kalau, Demoiselle Schulz die Wilhelmine, die reizende Demoiselle Eisenmenger die Feodora. Das moderne Berliner liederliche Kleeblatt Wandel-Stullmüller-Bullrig war durch Feltscher, Wilke und Schrader besetzt. Der Erfolg war gesichert; 40 Aufführungen folgten noch im selben Jahre, die Berliner Posse ward von jetzt an dominirend. Neue Novitäten folgten, zunächst Schloenbach's „Gustav III.", in dem Dawison als Gustav, Gomansky als Ankarström excellirten, dann „Kunst und Natur" (Bachmann als Agamemnon Pünktlich, Demoiselle Herrmann als Polixena von hervorragendster Bedeutung) und „Dorf und Stadt". Charlotte-Birch-Pfeiffer gab von dieser Vorstellung an mit allen Novitäten dem Thalia-Theater den Vorzug. Obgleich das Stadt-Theater schon vorher eine andere Bearbeitung der Auerbach'schen Novelle von Hesse gebracht hatte, erhielt das Schauspiel doch reichen Beifall. Wilke war ein unübertrefflicher Lindenwirth, wohl schwerlich einen ebenbürtigen Rivalen anerkennend, Dawison als Reinhard, Demoiselle Höfer als Lorle fanden jubelnden Beifall. Devrient und Hendrichs gastirten in diesem Jahre zu gleicher Zeit und ihr Gastspiel hatte verschiedene Novitäten im Gefolge. Außer in ihren früheren Rollen brachte Devrient der Rubens, Landwirth, Bolingbroke (Marquise von Billette), Hendrichs der Don Cesar in „Donna Diana" (eine Meisterpartie!) neuen Applaus. Die Direction kämpfte glücklich mit der Ungunst der politischen Stürme des Jahres 1848. Den beiden Heroen der Schauspielkunst schloß sich würdig Charlotte Birch-Pfeiffer an, deren Darstellungstalent vollständige Würdigung fand. Ihre Gastrollen beschränkten sich auf Madame Brunn in „Eine Familie", Bärbel in „Dorf und Stadt" und Apollonia in „Der Pfarrherr", die beiden letzteren Rollen freilich in häufiger Wiederholung. „Eine Familie" und „Der Pfarrherr" waren neu. In ersterem Stücke theilten sich die Herren Gomansky (Eduard) und Wilke (Amadeus) und Madame Gomansky (Cäcilia), in letzterem die Herren Dawison (Bernhard Martens), Wilke (Martin Meyberger), Schramm (Samuel), die Damen Gomansky (Celestine), Eisenmenger (Julie), Armbrecht (Katharina) mit der Gastin in die Lorbeeren. Demoiselle Armbrecht, erst kurze Zeit engagirt, gefiel besonders als Gesangs-Soubrette. Zu ihren beliebtesten Rollen gehörte die Pauline in Schneider's „Versuche", in welchem musikalischen Quodlibet Birkbaum als Theaterdirector und Wilke als Theaterdiener die Lachlust des Publikums zu gleicher Zeit stets neu wieder anregten. Der Verfasser dieses Quodlibets erfuhr im selben Sommer, was es heißt, den Zorn des Hamburger Publikums zu reizen, das sich stets seine Souverainetät sicherte. Sein Benehmen bei der Stadttheater-Krisis, besonders aber sein hyperloyales Verhalten, den brausenden Zeitideen des Revolutionsjahres gegenüber, veranlaßten, daß er wüthend ausgezischt wurde und nicht im Stande war, sein Gastspiel fortzusetzen. Als Adolfine in „List und Phlegma" zeigte sich mit durchschlagendem Erfolge dem Hamburger Publikum zuerst Louise von Hagn. Von Komikern gastirten nach einander Dolt, Carl und Brüning. Das Ehepaar Schütz vom Hoftheater zu Braunschweig eröffnete einen Gastrollen-Cyclus als Herzog Karl und Gräfin Francisca in den Karlsschülern. Neu war für das Thalia-Theater Raupach's „Vor hundert Jahren" mit Eduard Schütz als Leopold von Dessau. Brüning's Gastspiel ließ die Lücke für's Erste nicht empfinden, die Schrader's Abgang nach dem Stadttheater dem Personal brachte.

Im September kam Marr von Leipzig und trat zuerst als Lamoignon auf. Das von ihm bearbeitete Lustspiel Scribe's „Minister und Seidenhändler" zeigte ihn als Bertrand in einer jener Rollen, in denen Marr unerreicht dasteht. Seine angeborne Künstlerschaft, seine künstlerische Bildung (wie Marr mit künstlerischer Dankbarkeit oft hervorhebt, theilweise F. L. Schmidt's Werk), seine tiefe Kenntniß der französischen Sprache und Literatur machen Marr's französische Charakterrollen zu Typen von genialster Meisterschaft, seine treuherzigen Familienväter und bürgerlichen Charakterrollen wie die seinen Intriguants stehen auf gleicher Höhe. Für tragische Rollen fand er in seiner Wirksamkeit am Thalia-Theater nur selten Gelegenheit. Als Regisseur ist Marr unbestritten eine der ersten Größen. Ein tüchtiges Ensemble galt ihm stets als Hauptaufgabe; vom Vordrängen einer einzelnen Persönlichkeit auf Kosten des Ganzen konnte bei einer Vorstellung, wo Marr die Regie führte, nie die Rede sein. In diesem Streben traf er mit Maurice zusammen und auf dem ineinandergreifenden Wirken beider Persönlichkeiten beruht ein großer Theil des Geheimnisses, dem die neuere Thalia namentlich ihren gewaltigen Ruf verdankt. Gebührt Maurice besonders der Ruhm, im Auffinden neuer Talente auf seinen Kunstreisen selten einen Mißgriff zu thun, so ist der Ruhm Marr's ein nicht geringerer, zur künstlerischen Ausbildung derselben mit höchster Bedeutung zu wirken. Marr wurde von nun ab Oberregisseur des Thalia-Theaters, das jetzt an Dawison, Gomansky, Marr, L. Meyer, Müller, Birlbaum, Bachmann, Wilke und den Damen Eisenmenger, Armbrecht, Höfer, Gomansky, Petzold ausgezeichnete Kräfte hatte, zu denen bald noch Danielson, de Marchion, Nesmüller und Demoiselle Emilie Gerber traten. Letztgenannte talentvolle Soubrette debütirte in „Emilien's Herzklopfen" und „Kurmärker und Picarde", Danielson als Alsdorf in „Das bemooste Haupt", Nesmüller als Jean in „Die schöne Müllerin" und Lorenz in „Zwei Herren und ein Diener". Herr de Marchion, der zu gleicher Zeit mit Georg Starcke (der für Brüning am Stadttheater engagirt wurde) von Wien kam, war ein ausgezeichneter Liedersänger, für Vaudevilles eine Perle und dabei ein achtungswerther Komiker, in letzterem Fache besonders tüchtig als Kurmärker. Holtei's Anwesenheit in Hamburg, die ziemlich lange dauerte, hatte zuerst zur Folge eine am 13. October gehaltene Vorlesung desselben. Er fand hier in Dawison einen beredten Dolmetscher mehrerer seiner Stücke, insbesondere war Dawison bedeutend als Bonjour und Hans Jürge. Am 31. desselben Monats spielte Gomansky die letzte bedeutende neue Rolle, den Reinhold in dem allerliebsten Lustspiel „Badekuren". Die hierauf folgenden Novitäten von Bedeutung waren noch „Farinelli" (mit de Marchion in der Titelrolle), Gutzkow's „Ottfried" (mit Dawison), Töpfer's „Volk und Soldat", Putlitz' „Familienzwist und Frieden" (Bachmann und Birkbaum höchst ergötzlich als Förster Brummer und Jäger Patzig), Elmar's „Unter der Erde" und „Städtische Krankheit und ländliche Kur" (in diesen Elmar'schen Stücken spielten Birkbaum, Nesmüller, Wille und die Damen Eisenmenger und Höfer die Hauptpartien), so wie die Singspiele „Der Spielzeugverkäufer" (Dawison in der Titelrolle, Demoiselle Höfer — Clara) und Gumbert's „Kunst, geliebt zu werden". Die letzte Novität gefiel für die Dauer am besten. Birkbaum als Elsterwitz wurde nicht wieder erreicht, de Marchion als Peter, Demoiselle Armbrecht als Röschen und Demoiselle Gerber als Gretchen wurden ähnlicherweise mit Beifall belohnt. Gomansky hatte am 24. December als Rudolf in „Der Weg durch's Fenster" zum letzten Male die Bühne betreten. Zwei Tage nachher fiel er in eine Krankheit, von der er nicht wieder erstehen sollte.

Das neue Jahr 1849 wurde mit einem von Holtei gedichteten und von Dawison gesprochenen Prologe eröffnet, dem das Stück „Hamburg", Bilder aus der vaterstädtischen Chronik, folgte. Merkwürdigerweise ist dieses Stück, nachdem es sieben gut besuchte Vorstellungen erlebt, ad acta gelegt worden. Besonders sprach das letzte Bild an: „Die gute alte Zeit", in welchem Marr, Müller und Borsmann plattdeutsche Rollen inne hatten. Borsmann's Zeit war vorbei, der einst so beliebte Localkomiker war im Thalia-Theater in den Hintergrund getreten, sein späteres Ende war ein tragisches. Der 13. Januar dieses Jahres war ein Trauertag in der Hamburger Theatergeschichte. Jean Baptiste Baison, einer der größten dramatischen Künstler und in den letzten Jahren Mitdirector des Stadttheaters, starb. Sein Tod hatte eine neue Directionswahl zur Folge und zum zweiten Male ward Maurice zum Director des Stadttheaters erwählt. Im Thalia-Theater indessen erschienen noch im ersten Vierteljahre verschiedene Novitäten: „Anna von Oesterreich" (Anna — Dem. Eisenmenger; König — Müller; d'Artagnan — Dawison; Richelieu — Marr; Bonacieux — Bachmann; Blanche — Demoiselle Höfer), die beiden ersten Theile des „Donauweibchens" (Waldsee — Danielson; Fuchs — Hensel; Larifari — Wilke; Minnewart — de Marchion; Salome — Mad. Petzold; Hulda — Demoiselle Höfer) und „Frauenehre" erhielten Beifall. Mehr jedoch gefiel Gottschall's „Marseillaise"; in diesem Drama feierte Dawison Triumphe als Rouget de l'Isle. Am 18. März wurde zum ersten Male Shakespeare's „Komödie der Irrungen" nach der Holtei'schen Einrichtung gegeben. Die beiden Antipholus wurden von Danielsohn und Müller, die beiden Dromio von Birkbaum und Nesmüller gespielt. Am 22. März wurde die Vereinigung des Stadt- und Thalia-Theaters beschlossen. Dawison und Marr waren schon beim Benefiz Bost's auf dem Stadttheater aufgetreten, Ersterer in „Sie ist wahnsinnig", Letzterer in „Die Vertrauten".

Das Thalia-Theater während der Vereinigung.

Unter ungünstigen Vorzeichen war die Vereinigung geschlossen, das Stadt-Theater hatte Baison durch den Tod verloren, die Thalia Gomansky. Die erste Vorstellung am 1. April 1849 unter der Direction der vereinigten Theater war im Thalia-Theater „Der grüne Baum" von Holtei und „der Polenfeind." Erstgenanntes Stück, schon einmal am 29. März aufgeführt, hatte einen sogenannten Ehrenerfolg; auch der „Polenfeind gefiel nicht besonders. Die nächste Neuigkeit für die Thalia war „Die Schwestern von Prag." Auch sie hatte sich keineswegs sonderlichen Beifalles zu erfreuen. Am 14. April sang der damals zuerst sich versuchende Tenorist Theodor Wachtel mit dem Baritonisten Scharff ein Duett aus „Der Barbier von Sevilla". Derselbe Monat brachte noch zwei Novitäten „Fanchon, das Leiermädchen" mit Dem. Höfer in der Titelrolle und Toepfers „Rosenmüller und Finke." In diesem Stücke betrat der Veteran des Stadt-Theaters Gloy, die Bühne des Thalia-Theaters als Sturr. Als Gast trat zunächst der Affenspieler Klischnig auf. In Halms „Griseldis," in welchem Drama Mad. Nesmüller ohne besonderen Erfolg gastirte sah man in der Thalia von den Mimen des Stadt-Theaters Mad. Lebrün als Königin, Weber als König, Fehringer als Percival und der Veteranen Schäfer als Cedric. Moritz Rott gastirte an beiden Bühnen, in der Thalia u. A. als Danville in „Die Schule der Alten." Mehr als Rott befanden sich in der Thalia Döring von Berlin und Dessoir von Karlsruhe. Döring trat zuerst mit seinem unvergleichlichen Banquier Müller und dem Commissionsrath Frosch vor das Thaliapublikum, das er im Sturm eroberte. Andere Rollen, wie die drei Ferdinande in „die Drillinge" Baron Skarabäus, befestigten ihn in der Gunst des Publicums; doch konnte selbst seine Darstellung des Leier-Kasper das gleichnamige Birch-Pfeiffer'sche Stück (nach Immermanns Münchhausen) nicht vor totalem Fiasco schützen. Weniger denn als Heinrich in „Lorbeerbaum und Bettelstab" gefiel Dessoir als Bolingbroke, dessen bedeutende Leistungen das Stadt-Theater sah. Louise Neumann gastirte wiederum und exaltirte das Publicum besonders als Lorle. Ihre Anwesenheit brachte Shakespeares „Viel Lärm um Nichts" auf die Bühne, in der Holteischen Bearbeitung. Sie spielte die Beatrice, Dawison den Benedikt. Diese, Dawison durchaus nicht zusagende Rolle spielte derselbe mit besonderer Hartnäckigkeit später auf den meisten Bühnen, wo er gastirte. Von Gogh als Claudio, Marr als Leonardo, Dem. Eisenmenger als Hero und Wilke als Ambrosio gefielen. Von Komikern gastirten in diesem Jahre, Carl, Scholz, Grois und Director Pichler. Grabowsky vom Hoftheater zu Wiesbaden begann sein Gastspiel mit dem Baron Ringelstern, die Viereck als Anna von Oesterreich. Auch Fanny Elsler, Koryphäe im Reiche der Terpsichore gastirte im Thalia-Theater. Von Novitäten gefielen „Pantoffel und Degen" (Amtsrath Poll — Birkbaum; Amtsräthin — Mad. Pezold; Peregrinus Brand — L. Meyer); „Die Zillerthaler" (Fritz — Starke, Silberfranzel — Wilke;

Kathel — Dem. Höfer,) „Der Alpenkönig und der Menschenfeind" (Alpenkönig — Birkbaum; Rappelkopf — Wilke; Habakuk — Starke), „Die Rückkehr des Landwehrmanns" (Schulze — de Marchion; Marie — Dem. Gerber), „Rosen im Norden", „Ein weißer Othello" (Mohr — Birkbaum) „Berlin bei Nacht" und die Oper „Die Regimentstochter (Marie und — Mad. Howitz-Steinau; Tonio — Kaps; Sulpiz — Schüttky) und „Die Hochzeitsreise" (Lambert — Müller; Antonie — Mad. Gomansky). Von allen Mitgliedern des Stadt-Theaters, welche durch die Vereinigung der beiden Bühnen auch Mitglieder des Thalia-Theaters wurden, war für dieses Starke die erwünschteste Acquisition. Er war mehr als ein Ersatz für den noch immer nicht vergessenen Schrader und wurde auf eine Stufe mit Brüning gestellt. Er bildete mit Wilke und Birkbaum ein Komikertrifolium, wie später ungefähr Baum, Triebler und Reichenbach. Starke war gleich beliebt als feiner Bonvirant wie als wirksamer Komomiker in der Posse. Auch ernste Rollen gelangen ihm, wie denn z. B. sein schwedischer Hauptmann in „Wallensteins Tod" sehr gerühmt ward. Die Thalia verließen in diesem Jahre, L. Meyer, Danielsonn, Resmüller, de Marchion und — Dawison. Dawison trat am 38. September aus dem Engagement in dreien seiner Glanzrollen: Rouget de l'Isle, Bonjour und Zawieza (das Fenster im ersten Stock), um neuen Ehren in der Wiener Hofburg entgegen zu gehen. Von neuen Kräften traten hinzu, Kökert, Bürde, Hungar und die große Künstlerin Lina Fuhr. Kökert und Bürde debütirten als Richard Wanderer und als Koller in ihren zusagenden Rollen, Hungar, dessen erste Rolle der Richelieu in „Anna von Oesterreich" war, kam erst später in das richtige Fahrwasser.

Die erste Novität von ziemlichem Cassenerfolg des Jahres 1850 war Kaisers „Mönch und Soldat". Laube's „Gottsched und Gellert" mit Weber und Marr in den Titelrollen brachte es nur zu einer einmaligen Aufführung. Desto besser schlugen ein die Posse „Eine Posse als Medicin" und Laube's „Prinz Friedrich." Eine neue erste Liebhaberin, Dem. Emilie Heußer gab die Doris Ritter; den Hauptesfolg hatte Kökert als Friedrich; den König spielte Hungar. Zwei Opern „Der Postillon von Lonjumeau" und „Die Haimonskinder" wollten auf dem ungewohnten Boden nicht recht zusagen. Gutzkow's „Liesli" theilte das Loos von Laube's „Gottsched und Gellert." In diesem Jahre wurden auch im Theater zwei Maskenbälle entrirt. Durschlagenden Erfolg hatten von neuen Stücken „Die Rose von Avignon", „Der Kaufmann" und „Der Zauberschleier." In "Die Rose von Avignon" wurde den Damen Fuhr, Höfer, den Herren Kökert, Bürde und Starke der Hauptbeifall; als Menzinger im "Kaufmann" schuf Marr eine seiner glänzendsten Rollen, glänzend eben ihrer Einfachheit, das Bild eines echten Kaufmannes, wie es in einigen Gestalten dem Hamburger lebend vor Augen steht und Gustav Freitag es im Roman "Soll und Haben" meisterhaft charakterisirt. Hier stand Hungar als Schelle am rechten Platze, während sein Franz Moor, Talbot und ähnliche tragische Partieen im Stadt-Theater nicht genügen konnten. Auch Raupachs Geschwister kamen beifällig zur Aufführung, ohne jedoch im äußerlichen Erfolge mit den vorhergenannten Stücken concurriren zu können. Nachdem Emil Devrient ein neues Gastspiel im "Glas Wasser" begann, wurde Lortzings "Wildschütz" beifällig gegeben (Graf — Carl Becker; Kronthal — Raps; Gräfin — Mad. Marr; Baculus — Lindemann; Gretchen — Dem. Gerber) Anstatt der mittelmäßigen Holbeinschen Bearbeitung "Liebe kann Alles" wurden am 19. Mai zum ersten Male Deinhardsteins Bearbeitung der Shakespeare'schen "Widerspenstigen" gegeben. Emil Devrient gastirte als Petruchio und riß unwiderstehlich hin; dasselbe galt von der Katharina der Dem. Fuhr. Die Behäbigkeit des Baptista ward von Marr treffend gezeichnet, Vincentio von Hungar brav dargestellt. Unübertrefflich gestaltete Gloy die Rolle des Schauspielers, Birkbaum (Grumio) und Starke (Tranio) wetteiferten mit einander und Kronneberg, ein talentvoller Anfänger, spielte die Episode des Schneiders ächt komisch. In dem am 27. Mai zuerst aufg.führten "Käthchen von Heilbronn" gastirte Dem. Vilatta als Käthchen (Wetter von Strahl — Kökert; Friedeborn — Gloy; Gottschalk — Hungar). Von Wien her wurden als liebe Bekannte La Roche, Mad. Haizinger und Dem. Louise Neumann begrüßt. Mit La Roche als Adam ward Kleist's "Zerbrochener Krug" zum ersten Male aufgeführt. Als nächste Novität folgten "Die Lästerschule" und Goethes "Geschwister" (Wilhelm — Bürde; Marianne — Dem. Louise Neuman; Fabrice — Müller). Dem. Mathilde Wildauer trat als Rosel in "'s'letzte Fensterln" auf. Mit dem drolligen Admiral Tom Pouce gastirte zugleich die berühmte Rachel mit ihrer französischen Gesellschaft; sie begann mit Corneille's "Les Horaces". Der Wechsel im Personal wurde bedeutender. Bürde, Birkbaum, Dem. Höfer; Dem. E. Heußer, Dem. P. Heußer, Mad. Gomansky, traten aus dem Engagement, in welches Bachmann nach kurzer Abwesenheit als Brunner in "Familienzwist und Frieden" wieder eintrat. Als tüchtige neue Kraft bewährte sich

Baumeister vom Stadt-Theater zu Breslau. Sein Götze im „deutschen Krieger" sprach mächtig an, Marr bot als Kurfürst eine neue Glanzrolle, Lina Fuhr gab die Frau von La Roche und Starke war als Hans Büttner so recht in seinem Elemente. Neu war auch Müllners Lustspiel „Die Vertrauten" (Herr von Malten — Weber; Sophie von Kraft — Dem. Kral; Lisette — Dem. Liebich; Saar — Marr; Bock — Kölert; Schnell — Starke). Für Birkbaum trat Caspar ein, der als Pfeffer, Fritz Flott und Peter Lütje debütirte. Er hatte mit Birkbaum das Eine gemein, episodenartige Rollen ausgezeichnet zu spielen; weniger gelangen beiden größere Partieen. Die Berliner Posse ward nun noch mehr cultivirt, Herr und Mad. Stotz sowie Herr Butterweck, wurden noch hinzu engagirt, und neu einstudirt thaten ihre Schuldigkeit wieder „Einmalhunderttausend Thaler" und „Köck und Guste." Aeußerst glücklich fiel der erste theatralische Versuch einer Dem. Zeller als Pauline in „Versuche" aus. Für die Thalia neu waren „Der Bräutigam aus „Mexico", „Der Glöckner von Notre-Dame" und „Das Vogelschießen," während an wirklichen Novitäten von Cassenerfolg noch im letzten Vierteljahre „Die Eifersüchtigen," „Einer muß heirathen," „Das Forsthaus," und „Wenn Leute Geld haben" über die Bretter gingen.

Das Jahr 1851 fand Charlotte Birch-Pfeiffer mit derselben Vorliebe auf dem Repertoir vertreten wie das entschwundene. In dem letzten Vierteljahre des verflossenen wie in dem ersten des begonnenen bildeten „der Glöckner," „Hinko," „das Forsthaus," „Pfeffer-Rösel," „Nacht und Morgen," „Scheibentoni" einen ansehnlichen Theil des Repertoirs, auf dem auch namentlich „Wenn Leute Geld haben" oft gesehen wurde. Im Januar waren unter anderen Novitäten „der Rehbock" und „Bajazzo und seine Familie."

Wie in den ersten Jahren der Theaterzettel die Autornamen W. Friedrich, B. A. Herrmann am häufigsten trug, so kamen jetzt die Namen Krüger, Starke, Görner in Gebrauch. Von Krüger wurde am 27. Februar zum ersten Male „der Rehbock," von Starke am 13. März „Wenn Leute kein Geld haben," von Görner am 31. April „Schwarzer Peter" gegeben. Für's Erste schoß Starke den Vogel ab, für die Dauer behauptete sich „Schwarzer Peter" am längsten. Für die abgegangene Demoiselle Heußer, war in Demoiselle Würzburg, die im vorigen Jahre im Stadttheater als Parthenia den ersten theatralischen Versuch gemacht hatte, mehr als Ersatz geworden. Von bedeutenderen Novitäten wurden „Adrienne Lecouvreur" und „Gebrüder Foster" dem Repertoire einverleibt.

Demoiselle Fuhr als Adrienne, Kökert als Marschall von Sachsen, Baumeister als Michonet, Demoiselle Würzburg. als Prinzessin von Bouillon, rangen um den Preis. Die „Gebrüder Foster" fanden in Marr und Baumeister ein Bruderpaar, wie es sich so leicht nicht an einer Bühne vereinigt fand; Demoiselle Würzburg war eine reizende Agnese und Hungar und Caspar (Klingsporn und Lamm) von zündendem Humor. Als Curiosum mag die Aufführung eines Schwankes „Starke überlistet Wille," erwähnt werden, welcher zusammengegeben mit „das Weib des Soldaten" ein überfülltes Haus und getäuschte Erwartung zur Folge hatte; der Schwank war nämlich sehr matt. Nach einem Gastspiele Raeders und Dörings erschien als Gast wieder Wilhelm Kunst als Otto von Wittelsbach. Sein Gastspiel brachte Goethe's „Götz von Berlichingen" mit ihm selbst als Götz auf die Thaliabühne. Die übrigen Hauptrollen waren folgendermaßen besetzt: Elisabeth — Madame Petzold; Marie — Demoiselle Würzburg; Karl — Adele Galster; Weislingen — Baumeister; Adelheid — Demoiselle Höffert; Selbitz — Müller; Sickingen — Fehringer; Lerse — Weber; Franz — von Gogh; Georg — von Fielitz; Bruder Martin — Glov; Hauptmann des Reichsheeres — Hungar; Wirth — A. Meyer. Es war ein Sonntag und das Haus sehr gut besetzt. Den Theaterreferenten eines der bekanntesten Tagesblätter Hamburgs hinderte dies jedoch nicht, später, nach dem Tode Kunst's die pikante Anekdote drucken zu lassen, Kunst habe dieses Stück damals zu seinem Benefiz gegeben und schmerzlich zu dem Referenten gesagt: „Goethe — ein Hamburger Kind — Benefiz — und elf Schillinge!" Der Wirth war August Meyers letzte neue Rolle von einiger Bedeutung. Seine Glanzzeit war in der Steinstraße gewesen, nach und nach war er zum Choristen geworden. Seine beliebteste Leistung war wohl der Kopp im „Fliegenden Holländer." Den für die Thalia neuen Stücken „die Kreuzfahrer" (Balduin — Baumeister; Bohemund — Kökert; Emir — Hungar; Fatime — Demoiselle Höffert; Cölestine — Madame Petzold; Emma — Demoiselle Fuhr) und „der Kammerdiener" von P. A. Wolff, in welchem Starke eine Forcerolle hatte, folgten Gastspiele von Dawison, Brüning, Scholz und Grois. Als Debütanten sind zu nennen Madame Starke (Margarethe Western) und Demoiselle Steinau (Gretchen Lieblich und Sabine in („die Einfalt vom Lande"). Madame Starke ist gegenwärtig im Fache der Anstandsdamen ein beliebtes Mitglied des Carl Schulze'schen Theaters, Demoiselle Steinau am Stuttgarter Hoftheater engagirt. Eine Novität von Werth war Toepfer's „des Königs Befehl." Neben Marr (König), Hungar (Wendel), Demoiselle Steinau (Julie), Demoiselle Höffert (Henriette), Baumeister (Lindeneck) und Starke (de Folly) ist hier zuerst Landvogt zu nennen in der Rolle des Branden. Am selben Abend debütirte als Ersatz für Stotz Börner in der Rolle des Kluck. Das Gastspiel der Demoiselle Höfer brachte neu „Ein Berliner im Schwarzwald"; Wallner begann das seine mit dem Keck in „Doctor und Friseur"; Madame Wallner trat zuerst in „die Stumme von Jegouville" auf. Novitäten waren ferner „Magdala," „der geheime Agent," „des Magisters Perrücke," „das Mädchen aus der Feenwelt," „das Gefängniß," „Ein Damenkampf," „Guten Morgen, Herr Fischer," „Ein Ring," „Einquartierung," „Buch III. Capitel I." und „drei Tage aus dem Leben eines Spielers."

„Der geheime Agent," ein feines, geistreiches Lustspiel, hat stets ausgezeichnete Darstellung an der Thalia gefunden, und haben besonders Marr und Hungar aus den beiden besternten Herren mehr gemacht, als in den Rollen liegt. Raimunds Märchenpossen sind an der Thalia nicht genug gegeben, obgleich sie stets volle Häuser machten. „Das Gefängniß," eines der besseren Stücke Benedix's, war gleicherweise stets brav besetzt, was auch vom „Damenkrieg" zu sagen ist. Ein Doctor Hippe in „Gute Nacht, Herr Fischer" aber wie Wilke, ein Fischer wie Caspar, ein Amandus wie Starke sind sehr schwer zu finden, kaum weniger schwer eine Guste wie Demoiselle Gerber.

Die erste Novität des Jahres 1852 war „Gänschen von Buchenau"; (Agnes — Demoiselle Steinau; Fink — Starke; Silberling — Caspar); sodann kamen „Graf Waltron," „Helene von Seiglière," „die Soldaten," sämmtlich noch im Januar. „Helene von Seiglière" war eine bewunderte Rolle der Demoiselle Fuhr; größer aber noch gestaltete sich der Beifall für Marr, den den Marquis von Seiglière seinen ersten Rollen anreihte. Die Novitäten „die schöne Klosterbäuerin," „Häusliche Wirren," „Herrn Henne's letztes Schulstündlein," „Gustav Adolf's Ehrenschuld," „König Wein," „der alte Musikant" (Wilke in der Titelrolle), übten keine nachhaltige Wirkung. Mit dem März verschwanden die Bezeichnungen „Demoiselle" und „Madame" auf den Theaterzetteln, um den deutschen Benennungen „Frau und Fräulein" Platz zu machen. Interessante einactige Bluetten waren „Er ist nicht eifersüchtig" und „die Rose von Kaukasus." Im Mai gastirten Frau Schusella-Brüning und ein Fräulein Seebach. Auch Hendrichs trat wieder auf, und der Autorname „Schiller" prangte zum ersten Male unter der Bezeichnung „Thalia-Theater." „Kabale und Liebe ward in durchweg vorzüglicher Besetzung gegeben, wie folgt: Präsident — Fehringer; Ferdinand — Hendrichs; Hofmarschall — Starke; Lady — Frau Marr; Miller — Schäfer; Frau Miller — Frau Baumeister; Louise — Frl. Würzburg; Wurm — Marr; Kammerdiener des Fürsten — Gloy. Weiter gastirten Frau Elisabeth Schröder-Schmidt, Fräulein Daun, welche die erste Aufführung von Shakespeares „Was ihr wollt" (Fürst — Kötert; Olivia — Fräulein Höffert; Sebastian und Viola — Fräulein Daun; Tobias — Hungar; Bleichwang — Türkheim; Maria — Fräulein Kowalsky; Malvolio — Gloy; Narr — Marr) brachte und Wentzel, der mit dem „Hans Sachs" begann. Die vereinigten Theater hatten die herrliche Fuhr an das Berliner Hoftheater verloren. Marie Seebach sollte sie ersetzen und gefiel sofort als Lorle in „Dorf und Stadt"; in demselben Stücke hatte auch Lina Fuhr sich zuerst im Thalia-Theater gezeigt. Zwei stolze Namen reihen sich den vorigen an. Am 21. Juli gastirte Fanny Janauschek als Eugenie, am 22. sang Pischek in Wentzels Benefiz „die Fahnenwacht" von Lindpaintner und „die Heimath" von Reißiger. Einen guten Erfolg hatte das Schmidt'sche Lustspiel „der leichtsinnige Lügner." Als Gäste traten noch auf Fräulein Henriette Müller, Treumann aus Wien und Wilhelm Herrmann vom deutschen Stadttheater zu New-York. Weirauch, auf Engagement und zuerst als Stullmüller in „Einmalhunderttausend Thaler" und „Carmagnole" gastirend, trat in den Reigen der Komiker der beiden Bühnen. Die Eintagsnovitäten, welche Treumann und Wilhelm Herrmann brachten, wurden von besseren abgelöst. „Kampl" (Wilke in der tragenden Rolle des Stückes), „das Lügen," „Englisch," „Hans und Hanne" (mit Starke und Fräulein Gerber), „Eine Vergnügungsreise," „Aufgeschoben ist nicht aufgehoben," „Vetter Flausing," „des Teufels Zopf" und Apels „Nähkäthchen," das Fräulein Steinau in einer ihrer besten Rollen zeigte, erhielten sämmtlich anerkennenden Beifall.

Der Januar des Jahres sah noch vier neue Stücke von zweifelhaftem Erfolge („Die Zwillinge," „Mein," „Eine Frau", „Onkel Toms Hütte") und das Benedix'sche Schauspiel „Mathilde", zuerst in Scene gehen. Die Mathilde war eine der ersten neuen Rollen, die den immensen Ruf der Seebach begründeten. Aber auch Kötert (Arnan), Weber (Tannenhof) und Frau Petzold (Frau Geresbach) hatten gebührenden Antheil am Erfolge des Stückes. „Prinz Lieschen", „Undine," „Karls XII. einzige Liebe," „Die Braut des Blinden" und „Lady Tartüffe" kamen und verschwanden; den besten Cassenerfolg von diesen hatte Krügers „Braut des Blinden." Am 17. April tauchte der große Bandit „Abällino" auf, mit Kökert als Flodoardo und wurde einmal wiederholt. Ein neues Gestirn ward Frl. Bossler, die zuerst die Bretter der Thalia als Rosamunde Kronau in „Rosenmüller und Finke" betrat. Marrs Abgang riß eine empfindliche Lücke in's Personal, welche Alexander nicht wieder ausfüllen konnte. Vielen Anklang fanden Kotzebues „Pagenstreiche" mit Frl. Steinau als Pagen. Für Frl. Gerber als Soubrette trat Frl. Chorherr ein, die am 30. April zuerst als Rose in „Die weibliche Schildwache" und Nandl' in „'s' Versprechen hinter'm Herd" auftrat. Dann ward auch Sennora Pepita de Oliva im Thalia-Theater gesehen, und wurden zwei ältere Stücke: „Stille Wasser sind tief" und „Der Mann mit der eisernen Maske" mit Landvogt in der Titelrolle aufgeführt. Der 18. Juni brachte endlich ein wirkliches Cassenstück. Hermann Hendrichs begann sein dermaliges Gastspiel mit dem Rochester in der „Waise von Lowood" und Marie Seebach zeigte als Jane Eyre die vollendete Meisterschaft, die von nun an ihr allgemein zuerkannt wurde. Hendrichs' Verdienst ist es auch, zwei unsterbliche Meisterwerke der dramatischen Literatur in diesem Jahre den in der Thalia gegebenen Stücken anzureihen. Am 3. Juli wurde zum ersten Male Calderon's „Leben ein Traum" (Sigismund — Hendrichs; Rosaura — Frl. Würzburg; Clarin — Hungar) gegeben, am 10. Juli Göthe's „Egmont" (Egmont — Hendrichs; Oranien — Schwiemer; Alba — Alexander; Ferdinand — von Gogh; Klärchen — Frl. Würzburg; Brackenburg — Landvogt; Schneider — Caspar; Vansen — Hungar). Dem Gastspiele des Herrn La Roche und dem des Herrn Treumann folgte das des Frl. Antonie Wilhelmi, des früher so beliebten Mitgliedes des Stadttheaters. Sie trat zuerst als Pompadour in „Keine Jesuiten mehr" auf. Am 11. August gastirte zuerst die berühmte Frau Frieb-Blumauer vom königlichen Hoftheater zu Berlin als Madame Leipziger in „Luftschlösser". Ihr Gastspiel führte auch die Aufnahme von Kotzebue's Schauspiel „Die Stricknadeln" mit sich. Der an Fehringer's Stelle neu engagirte Heldenväterspieler trat im Thalia-Theater zuerst als General Morin auf. Die Reihe der eigentlichen Theatervorstellungen wurde einmal unterbrochen durch eine Vorlesung des bekannten Humoristen Saphir. Einer der späteren Lieblinge der Hamburger, Emil Hahn, debütirte mit gutem Erfolge als Jobst in „Die Schule der Verliebten". Dem Birch-Pfeiffer'schen Schauspiele „Rosa und Röschen", in welchem die

Damen Boßler und Steinau sich auszeichneten, folgten die Possen „Ferdinand Raimund" (Treumann als Gast in der Titelrolle) und „Münchhausen". Bedeutenden Erfolg hatte Krüger's „Mädchen vom Dorfe", das nicht allein in Hamburg Repertoirstück wurde. Neben Starke (Friedel) und Frl. Seebach (Elise), die in diesen Rollen mustergültig waren, spielten auch Wilke (Rohr) und Frl. Chorherr (Grete) mit rechtem Aufgehen in ihre Rollen. Gegen Ende des Jahres fand Alexander in der getreuen Maske des alten Fritz lebhafte Anerkennung in Boas' „Der alte Fritz und die Jesuiten". So kam das verhängnißvolle Jahr 1854 heran, das letzte der Vereinigung beider Bühnen. Die wichtigste Acquisition letzter Zeit war Auguste Burggraf gewesen. Eine von ihr geschaffene Partie für Hamburg war die Monica im „Sonnwendhof", mit welchem Stücke Mosenthal zuerst auf dem Personenzettel des Thalia-Theaters stand. „Der Sonnwendhof" ward am 16. März zum ersten Male gegeben. Die schlaffen Liebhabergestalten Mosenthal's sind sprüchwörtlich geworden. Demzufolge konnte weder Kökert's Valentin noch des Frl. Seebach Anna so ansprechen, wie die scharf gezeichneten Figuren des Matthias, den Alexander gab, und des Kesselflickers, einer der drastischsten Zeichnungen Hungar's. Die in diesem Stücke genannten Personen waren auch mit Landvogt die Hauptträger des Birch-Pfeifferschen Schauspieles „Die Günstlinge" (Katharina — Frau Burggraf; Potemkin — Kökert; Agraffine — Frl. Seebach; Alexander Mamanoff — Landvogt). Am 29. April nahm Wilke von der Bühne Abschied unter den lebhaftesten Acclamationen des Publikums. Kränklichkeit bewog ihn, sich vom Theater auf ein kleines Landhaus in Langenfelde zurückzuziehen. Zuweilen gastirte er noch in den folgenden Jahren. Seine Abschiedsrolle war der „Alte Seemann" von Krüger. Wilke ist bis jetzt nicht vollständig wieder ersetzt worden. Am nächsten kam ihm Triebler später; doch war Wärme des Gefühls, Charakteristik und die ungezwungene vis comica, die ihn im Lustspiel wie in der Posse auszeichneten, bei keinem Komiker so wieder zu finden. Auch ernstere Charakterrollen gelangen ihm gut. Auch Raeder, einer seiner glücklichsten Rivalen, sollte in diesem Jahre zuletzt dem Hamburger Publikum, das ihm sonst jubelnd zugelacht, seine charakteristisch durchgeführten Possenfiguren bieten. Von neuen Gästen machte Frl. Rudloff Glück. Den Schluß der Gäste bildeten Marr vom großherzoglichen Hof-Theater zu Weimar und Carl La Roche, zwei ebenbürtige Rivalen. Während Letzterer in seinen bekannten Rollen brillirte, fügte Marr ein neues Blatt seinem Lorbeerkranze hinzu durch die Meisterleistung des Obersten Berg in Freitag's „Journalisten", dem besten Lustspiel Deutschlands nächst Lessing's „Minna von Barnhelm". Der erste Bolz war Starke, Bellmaus L. Günther, Schmock Caspar, Piepenbrink Hungar und Korb Gloy. Den Schmock verdarb Caspar nicht allein für diese Saison, sondern auch für die übrigen, da seine Auffassung leider traditionell wurde. Man muß den Wiener Meixner oder den Münchner Lang gesehen haben, um zu wissen, was aus dem Schmock gemacht werden kann. Die Scene, wo sich in dem getretenen Penny-à-Liner ein schönes, edles Gefühl regt dem Obersten gegenüber, ergreift bei den beiden Komikern gewaltig und erzeugt tiefe Rührung. Caspar trat in der Maske eines heruntergekommenen, traurigen Referenten auf, diesen dem Fluche der Lächerlichkeit auszusetzen. Daß er der Dichtung, um Gelächter zu erregen, damit schadete, daß er sich zum dramatischen Pasquillanten herabwürdigte, begriff er zum Unglück nicht. Auch sein späterer, geistreicher Nachfolger in dieser Partie, Anton Reichenbach, karikirt den Schmock, freilich ohne bestimmte, persönliche Absichten zu haben. Mit der Rolle des Piepenbrink ist es eigenthümlich. Bekanntlich behauptet jede größere Bühne, den besten Piepenbrink zu besitzen; einer der besten ist Hungar gewiß.

Die Aufführung der „Journalisten" war das letzte Ereigniß von Bedeutung während der Vereinigung. Diese hatte zur Folge, daß beide Bühnen, in den politisch aufgeregten Jahren 1848—1850 mit großen Schwierigkeiten kämpfend, nur durch übermäßige Anstrengungen das immer Neues, immer Kostspieligeres verlangende Publikum heranziehen konnten, was denn auch in den ruhigeren Folgejahren nothgedrungener Weise fortgesetzt werden mußte. Beide Bühnen, anstatt einander zu fördern, waren einander eher hinderlich, da sie ja, mit Ausnahme der Oper, ungefähr das Gleiche boten. mindestens das Gleiche bieten konnten und durften. An finanzielle Unterstützung von Seiten des Staates war bei der mercantilischen Engherzigkeit, die von einem Theile der Presse (jammervoll genug!) gut geheißen wurde, nicht zu denken; kurz und gut: verfehlte Speculation führte endlich zu einer finanziellen Krisis und eine kurze Zeit waren beide Theater geschlossen. Die letzte Vorstellung unter der Direction der vereinigten Theater bot im Thalia-Theater den „Bräutigam aus Mexiko" und „Eine Nacht auf Wache".

Das Thalia-Theater nach der Vereinigung bis zur Erweiterung der Concession.

Nur unter beengenden Bedingungen wurde Herrn Maurice die Concessionen zur Wiedereröffnung des Thalia-Theaters zurückgegeben. Die einzig eines Staates würdige Art, durch Subvention die materielle Lage des Stadt-Theaters zu heben, verschmähte man zum Hohn des ganzen Deutschlands und glaubte der Kunst aufzuhelfen, dem Concurenten des Stadt-Theaters die Flügel zu stutzen. Nicht allein Oper und Trauerspiel wurden vom Repertoir des Thalia-Theaters ausgeschlossen, auch das Schauspiel ward verboten, ja, der Kunsteifer ging so weit, daß nur höchstens zweiactige Lustspiele gegeben werden sollten; letztere Bestimmung wurde jedoch zurück genommen.

Chéri Maurice hatte aber Nutzen gezogen aus der harten Lehre der jüngsten Vergangenheit, und die Beschränkung der Concession gereichte dem künstlerischen Werthe seiner Bühne nicht zum Schaden. In Lustspiel und Posse bildete sich vielmehr jetzt noch mehr als früher ein in ganz Deutschland anerkanntes Ensemble, und selbstverständlich wandte sich die Presse in ihrer großen Majorität dem unterdrückten Institut zu. So konnte die Direction mit fester Hand und sicherem Blick den Kampf mit der wankelmüthigen Gunst des Publicums wieder aufnehmen, und unbeirrt durch die Hemmungen, welche ihm die Eifersucht des rivalisirenden Stadt-Theaters entgegenstellte, führte Maurice seine Bühne wieder auf den alten Standpunkt zurück. Die Saison umfaßte von jetzt an zehn Monate. Im Juni und Juli ist die Bühne geschlossen. Am 1. September 1855 fand die erste Vorstellung im wiedereröffneten Theater Statt. Der berühmte Gropius aus Berlin hatte den Zuschauerraum neu decorirt und den neuen Vorhang gemalt. Gegeben wurden: „Die Geschwister" (von Göthe), „Das goldene Kreuz" und „Ein Berliner im Schwarzwalde." Der brave Charakteristiker Isoart trat auf als Gautier im zweiten Stücke, einer seine Forcepartieen. Von den drei an diesem Abende debütirenden Damen Frl. Goßmann, Frl. Hardtmann und Frl. Kratz wurde Frl. Friederike Goßmann der verzogene Liebling des Publicums. Am 2. September debütirte Frl. Auguste Miller als Baronin in „Christophe und Renate" und als Antoinette in dem

Benedixschen Lustspiele „die Dienstboten", dem, was Charakteristik anbetrifft, besten Stücke des piècenreichen Autors. Der folgende Abend machte Triebler als Fuchs in „des Pudels Kern" mit dem Publicum bekannt, das ihn schnell lieb gewann. Noch im selben Monat ward Görners „Eine kleine Erzählung ohne Namen" zum ersten Male gegeben. Am 3. October machte ein Frl. Doris Krempien als Walpurgis in „des Goldschmids Töchterlein" ihren ersten, theatralischen Versuch. Die ziemlich oft wiederholte Posse „Theatralischer Unsinn" trägt ihren Namen mit dem vollkommensten Rechte. Am 13. October tanzte Miß Lydia Tompsoe vom Drurylane-Theater zu London. Der 9. December sah zwei Novitäten von bestem Erfolge. In den „Virtuosen" bewegte sich als Katzmeier der neu engagirte Bonvivant Zimmermann mit einer eleganten und doch ungezwungenen Tournüre, die an den zu früh verstorbenen Gomansky erinnerte. Frl. Goßmann als Miranda und Herr Triebler als Brause standen ihm nicht nach. Noch einen größeren Applaus erhielt „Sachsen in Preußen," und unter den Autoren dieser Bühnen wird jetzt der Name des Verfassers dieser an sich ziemlich faden Burleske bald häufiger genannt. Emil Pohl fand für den sächsischen Schulmeister an Caspar einen Dollmetscher, der diese kleine Partie eben so drastisch zu einem komischen Kunstwerk gestaltete wie ehemals Birkbaum den Landrath in „Stündchen in der Schule." Als Weihnachtsmärchen gefiel Görners „Sneewittchen und die Zwerge", später auch im St. Georger Winter-Theater mit Beifall gegeben. Am 17. Januar 1856 erschienen Herr Levasseur und Mademoiselle Tessiere von Paris. Von mehreren Novitäten nennen wir „Uebers Meer", „die Frau Wirthin," „die Zugvögel" und „Robert und Betrand". Letztere Posse ward Zugstück; Zimmermann und Triebler ergötzten in den Hauptrollen. Die letzte Novität von Bedeutung war das, von Gassmann aus dem Französischen übersetzte, allerliebste Lustspiel „Plauderstunden," in dem Zimmermann ein liebenswürdiger Arthur von Norden, Frl. Hintz eine genügende Hortense war. — Die Saison ging zu Ende. Mit verhältnißmäßig kleinen Mitteln war Großes erreicht worden, die Direction hatte sich wieder festen Grund gewonnen. Außer den genannten Mitgliedern, erfreute sich noch der Gunst des Publikums in hohem Grade Herr Eichenwald in dieser, wie in den beiden folgenden Saisons als jugendlicher Gesangskomiker und Bonvivant.

Der Eröffnungsabend der Saison 56/57. brachte Görners „Ein glücklicher Familienvater", der gefiel. Gleiches ist von „Appel contra Schwiegersohn" zu sagen. Dem Gastspiel der

Sennora Pypita de Oliva, folgte das Debüt des Frl. Bruck-
bräu als „Tantchen Unverzagt." Kalisch' „Actienbudiker" ward
Cassenstück. Frl. Geistinger debütirte als Clementine in „die
Braut aus Pommern." Am 4. December trat Wilke als
Doctor Hippe auf, am 16. gastirten die Kinder des Herrn
W. Rottmayer und traten im Verlaufe ihres Gastspieles in
Körners „Vetter aus Bremen" und Anton Wall's „die beiden
Billette" auf. Diese Idee, Kinder in für Erwachsene geschriebenen
Partieen auftreten zu lassen, später auch von den sogenannten
„Schwarzblattern" nachgeahmt, kann weder von ästhetischer noch von
moralischer Seite gebilligt werden; das gewaltsame Hinausdrän-
gen aus dem Kindesstand ist ein Eingriff in heilige Naturrechte
und sollte nie geschehen.

Am 25. December wurde zum ersten Male „die Grille" gegeben, als „Ländliches Charaktergemälde" auf dem Theaterzettel
genannt. Dieses Stück wurde von der dermaligen Direction
des Stadt-Theaters als Schauspiel angesehen, und sie bewirkte
denn auch ein Verbot, welches vorläufig nach neun Aufführungen der weiteren Darstellung dieses Stückes ein Ende machte.
Einen über alle Erwartungen großartigen Erfolg hatte aber
Friederike Goßmann als „Grille". So viele Bühnen auch
behaupteten, die Mustergrille zu besitzen, Friederike Goßmann war es doch. Das Trotzköpfige, Uebermüthige, mit einer
tiefen Empfindung Verwebte, dieses George-Sand'schen Charakters gab Frl. Goßmann mit der ungebundensten Natürlich-
keit. Neben ihr trat freilich Alles, was in diesem Stücke wirkte,
stets zurück; aber auch die Besetzung der übrigen Rollen (Jean
Barbaud — Bachmann; Landry — Zimmermann; Didier
— Hanisch; Madelon — Frl. Krempien; Fadet — Frl.
Bruckbräu), war eine tüchtige.

Im Januar 1857 trat Wilke wieder als Gast auf und
gefiel wie in früheren Zeiten als Desperrières in „Der Vicomte
von Létorières." Novitäten waren u. A. „Prinz Honigschnabel,"
„Weibliche Seeleute," „der Doppelgänger," „der Untergang der
Welt," letztere Posse von Julius Stettenheim verfaßt, dem
bekannten hamburgischen Humoristen. Dawison gastirte. Von
älteren Rollen waren es Harleigh und Bonjour, von neueren,
das Kunststückchen der drei „Unglücklichen" von Schneider und
Thorane. Mit dem „Königslieutenant" enthusiasmirte Dawison
das Publicum, das mit reichem Beifall auch den Wolfgang Goethe
des Frl. Goßmann bedachte. Caspar (Mittler), Eichenwald (Mark) und Frl. Geistinger (Gretel) waren in ihren
secundären Partieen wacker am Platze. Im April begann
Marie Seebach ein Gastspiel mit der Valérie und dem Lorle

(erste Abtheilung von „Dorf und Stadt") Frl. Lanner, Herr Franz Fenzel, und Herr Levasseur tanzten und führten die Ballets „Sitala, die Gauklerin" und „Saltarello" auf. Am 30. April trat Frl. Goßmann, nachdem sie noch in Reichenbachs „Barfüßler" eine neue Rolle geschaffen, als Julie in „Sie schreibt an sich selbst" und „Margarethe Western" zum letzten Male auf, um an die Wiener Burg zu gehen, die uns früher auch Dawison und dann die Boßler genommen. Caspar erblindete und war für die Bühne verloren. Anton Ascher kam von der Friedrich-Wilhelmstadt und brachte verschiedene Novitäten mit, unter denen „Otto Bellmann" und „Doctor Peschke" am meisten ansprachen. Am 9. November gastirte Frau Rosa Dibbern vom Stadt-Theater zu Altona (eine gefeierte Schauspielerin) als Wolfgang Goethe im „Königslieutenant". Am Ende der Saison gab Marr Gastrollen. Außer dem Abgang des Frl. Goßmann war auch das des Frl. Geistinger zu beklagen, deren letzte Rolle „Chonchon," war. Dieses Stück ist bekanntlich eine andere Uebersetzung des Lemoienschen „die neue Chonchon", welches früher unter dem Namen „Muttersegen" in der Friedrichschen Bearbeitung lange Repertoirstück gewesen war. Um nicht gar zu beschränkt in der Aufführung zu sein, war man in den Zeiten des Schauspielverbots groß in Erfindung neuer Gattungen der dramatischen Poesie. Charakterbild, Volksstück, Charaktergemälde, ländliches Gemälde u. s. w. waren nicht allzuselten, Gelegenheitsstück unbezahlbar; ja man war in der Verzweiflung so weit gegangen, Melesville's „Sie ist wahnsinnig" als Lustspiel auf dem Theaterzettel zu setzen. Ein anderes Mittel sich zu helfen, bot die Bereitwilligkeit der Autoren, ihre Schauspiele eigens für die Thalia zu Lustspielen umzugestalten, was nicht allein Charlotte Birch-Pfeiffer, sondern auch andere benannte und unbenannte Schriftstellerthaten. Die Anonymität hat übrigens auch ihr Unangenehmes. Ein Stück, wir wissen nicht genau mehr welches, war in der Thalia anonym erschienen. Ein schlauer Bühnenlenker annectirte sich das Geld einbringende Stück, dessen Verfasser, über den man hin und her rieth, wohl kennend. Auf einer Reise nach Hamburg kamen Director und Schriftsteller zusammen. Geschickt brachte Letzterer das Gespräch auf das fragliche Stück: „Sagen Sie mir doch, von wem haben Sie das Stück erhalten?" „Vom Verfasser", erwiderte lakonisch der Gefragte. Der Andere schwieg.

Unter den Debütanten der Saison 57/58 tritt uns zuerst der Name Carl Baum entgegen. Er debütirte als Grignon und Johann in „Ueberall Irrthum." Darauf traten Fräulein Schüler als „Gänschen von Buchenau" das Engagement an und spielte Marr als wiedergewonnener Oberregisseur zuerst den König in Toepfers „des Königs Befehl." Ein ehemaliger Liebling des Publikums, Lina Höfert, ward als Gast freudig begrüßt. Dann gastirte Hendrichs und trat Hungar als Freiherr von Biberstein wieder unter Maurice's Fahne. So bildete sich nach und nach der Stamm der Gegenwart. In „Kurmärker und Picarde" gastirte die Sängerin, Tänzerin und Schauspielerin Albina di Rhona. Von Novitäten im ersten Theil der Saison sind nennenswerth „Ein alter Pappenheimer," „Sperling und Sperber," „Etwas Kleines" und „Wurm und Würmer." Der Wurm war eine Glanzrolle Trieblers.

Am 1. Januar 1858 ward zum ersten Male gegeben „Ein kleiner Dämon" mit Frl. Schüler in der Hauptrolle. Den Georges spielte Zimmermann, die Frau von Barmont Frl. Miller, die wieder an die Stelle des Frl. Bruckbräu getreten war. Die Parodie „Tannhäuser" gefiel so, daß sie in diesem Jahre allein 17 Mal gegeben wurde. Am 13. Februar traten zuerst die bekannten drei Zwerge auf in „der Pelzpalatin und der Kachelofen." In eigens für sie geschriebenen Sachen wie z. B. „das Auffinden der Zwerge" wirken dieselben ausgezeichnet; wenn sie aber in für Erwachsene berechneten Stücken mit Erwachsenen wie mit ihres Gleichen reden und agiren, so ist dies höchst unerquicklich. Am 4. März gab man zuerst „der natürliche Sohn." Friedrich Devrient gastirte und trat zuerst als Jules Franz, Garrick und Gibbon auf. Krügers „Bummler von Hamburg" gefielen. Als Gäste kamen ferner die Zuaven vom Feldtheater bei Intermann in der Krimm. Dann kam Anna Schramm, das Publikum sah ihren „Pariser Taugenichts" und ihr Gretchen in „Jacobsons „Faust und Gretchen" und war besiegt. Am 1. Mai spielte Dawison hier zum ersten Mal den Harpagon in seiner unnachahmlichen, scharfen Charakteristik. Sonntag eröffnete sein Gastspiel als Reinhold in „Badekuren" und Herr A. Schultze und Frl. Paula Krieg gastirten auf Engagement. Am 16. Mai wurde das alte Hiller'sche Singspiel „die Jagd" gegeben.

Einen guten Aufschwung nahm das Thalia-Theater in der neuen Saison 58—59. Sie wurden eröffnet mit der Novität „Ein gebildeter Hausknecht"; Triebler erschütterte als Nitzschke das Zwerchfell des Publicums. In dem am selben Abende gegebenen Lustspiele „Zurücksetzung" debütirten Frl. Banini, Frl. von Petrikowska und Herr L. Schmidt als Marie, Mathilde und Baron von Heeren, alle drei mit Glück. Der zweite Abend der Saison brachte als Debütanten Emil Hahn und Paula Krieg in „Bürgerlich und Romantisch" (Ringelstern und Katharina von Rosen). Am 19. September wurde zum 1. Male Scribe's „Feenhände" gegeben. Lina Banini zeigte als Helene sich als vollendete Künstlerin; Fräulein von Petrikowska war eine anmuthige Bertha und Baum gewann als Stotterer Richard von Kerbriand immer mehr die Gunst des Publicums. Am 23. desselben Monats debütirte Reichenbach als Jacopo in „die Blutrache" und als „Kapellmeister von Venedig." Letztere Partie spielt ihm in der Gegenwart wohl schwerlich Einer nach. Mit seinem Engagement war das wackre, neue Komiker-Trifolium Triebler — Baum — Reichenbach fertig. In Frl. Melchior, die am 8. October zuletzt auftrat und dem Theater Valet sagte, verlor die Bühne, wenn auch kein großes, so doch ein achtungswerthes Talent. Adele Müller in „die gefährliche Tante" und Lorle in der ersten Abtheilung von „Dorf und Stadt" waren ihre Abschiedsrollen. Die nächste große Gesangsposse war „Berlin, wie es weint und lacht." Die Agnes machte Anna Schramm als Soubrette eben so beliebt, wie es einst Lina Höfer und Emilie Gerber gewesen. Baums quecksilberartiger Ferdinand und Trieblers urkomischer Quisenow ließen das Publicum nicht aus dem Lachen herauskommen. Gleich wacker waren Herr Schultze und Frau Petzold als Ehepaar Nümmcke, und die Gewandtheit des Frl. Krieg wußte sich auch bestens mit der, ihrem Rollenfache eigentlich fernliegendem Auguste abzufinden. Ebenso wie diese Posse war das nächste Lustspiel „Anna Lise" ein herrliches Zugstück für die Thalia. Marrs Regie zeigte sich im glänzendstem Lichte, wie sein Darstellungstalent in dem Chalisac eine neue Meisterrolle gab. Lina Banini riß in der Titelrolle zum stürmischesten Beifall hin, und Schmidt zeichnete den Leopold von Dessau mit dem richtigen Gemisch von Derbheit und Liebenswürdigkeit. Ihre gebührende Würdigung erhielten auch Fräulein Miller (Fürstin) und Herr Bachmann (Föhse). Von neu einstudirten Stücken war von hervorragender Bedeutung „Minna von Barnhelm", das lange vom Repertoir verschwunden war. Weder Hahn als Tellheim noch Frl. Banini als Minna zählten diese Rollen zu ihren besten, genügend waren sie jedenfalls. Ebenso vermißte man Etwas an Hungar's Wachtmeister. Soldatisch derb und ehrlich ist er gehalten, aber nicht herzlich genug, so sehr auch diese Rolle gelobt wird. Was den Just betrifft, so mag diese Rolle wohl die schwerste im Stücke sein; wir wenigstens haben einen völlig genügenden Just noch nicht gesehen. Das Gemisch von guten und schlimmen Eigenschaften, die dieser Charakter zur Schau trägt, richtig darzustellen, erfordert einen Künstler von erstem Range. Solche müssen sich aber in unseren Zeiten der Reclame schwerlich mit dem Studium eines Characters ab, der keine glänzende Gastrolle bietet; und um eine solche zu haben, verstümmeln ja anerkannte Größen ungenirt classische Meisterwerke! Tadellos war die Franziska des Frl. Krieg, tadellos der Riccaut Marr's, tadellos oder, um das Urtheil Marr's nachzuschreiben, unvergleichlich war und ist Bachmann als Wirth. Eine willkommene Novität war Arthur Müller's „Verschwörung der Frauen" (Leopold v. Dessau — Hungar; Friedrich v. Wessenberg — Schmidt; Kurt Frl. Banini; Catharina — Frl. Krieg; Fr. v. Gutzmar — Fr. Petzold; Amalia v. Ziegendorf — Frl. Miller; Pater Eusöbius — Schultze. Emil Devrient's Gastspiel brachte als Neuigkeit Laube's „Cato von Eisen" mit dem Gaste in der Titelrolle. Der ersten überrheinischen Novität des Jahres 1859 „Ein verarmter Edelmann" (Maxime — Hahn; Laroque — Marr; Marguerite — Frl. Banini) folgte als zweite „Die Erzählungen der Königin von Novarra" (Kaiser Karl — Hahn; König Franz — Schmidt; Margarethe — Frl. Banini). Wilke spielte wieder seinen der Theatergeschichte angehörigen Henne. Am 24. März wurde zum 1. Mal „Rochus Pumpernickel" gegeben; Triebler machte Furor als Rochus. In den „Gefährlichen Frauen" waren die rivalisirenden Partien den Damen v. Petrikowska und Krieg zuertheilt worden. Erstere spielte auch die Hauptrolle in der beifällig aufgenommenen Novität „Ein ungeschliffener Diamant". Döring kam dann zum Gastspiel und erneute das gute Einvernehmen zwischen ihm und dem Publicum als Elias Krumm, Großhändler Blom, Lämmchen in „Krisen", Copist, Banquier Müller und Dorfrichter Adam. „Der zerbrochene Krug" fand eine makellose Darstellung. Neben Döring's berühmter Leistung standen Schultze als Licht, Schmidt als Ruprecht, Frau Petzold als Mutter und Frl. Adolfine Monhaupt als Evchen ebenbürtig da. Letztgenannte junge Dame, zuerst nur in kleinen Rollen beschäftigt, schwang sich jetzt nach und nach zu einer Beliebtheit empor, die der Friederike Gotzmann's wenig nachstand. Frl. Gotzmann selbst gastirte im Mai, was das Neueinstudiren von „Erziehungsresultate", „Ueber's Meer" und „Der Wollmarkt" bewirkte. Von neuen Rollen spielte sie die Eveline in „Fata Morgana".

Die Saison 59/60 brachte neu für die Thalia das Lustspiel „Lüge und Wahrheit". Am 1. October war das 25jährige Jubiläum des Herrn E. Stiegmann als Capellmeister unter einer und derselben Direction. Das Programm des Abends war folgendes: Jubel-Ouvertüre, — „Die glückliche Fahrt" — Großes Potpourri, — „Ein Hauskreuz", — Potpourri-Ouvertüre,

— „Guten Morgen, Herr Fischer". Sämmtliche Musikpiecen waren Stiegmann'sche Compositionen. Der Jubilar empfing die vielfältigsten Beweise der Anerkennung. Als Novitäten wurden zwischen dem Stiegmann'schen Jubiläum und dem Schillertage Ring's „unsere Freunde" und Calderon's „Dame Kobold" in der Gries'schen Uebersetzung gegeben. Die hundertjährige Feier der Geburt Schillers fand auch in der Thalia den angemessenen erhebenden Ausdruck. Der Ouvertüre zu „Egmont" und dem Girndt'schen Gelegenheitsstück „Schillers Flucht aus Stuttgart" folgte „Wallensteins Lager" in ausgezeichneter Besetzung und ohne Souffleur gegeben. (Wachtmeister — Marr; Jäger — Schmidt und Baum; Erster Arkebusier — Reichenbach; Erster Küraffier — Hahn; Kapuziner Hungar; Marketenderin — Frl. Miller; Aufwärterin — Frl. Julius). Die letzten größeren Novitäten des ersten Theiles der Saison waren „Der Leiermann und sein Pflegekind" von Charlotte Birch-Pfeiffer und „Junker Otto" von Benedix. Die vorzüglichsten Zierden des Repertoires bildeten mit Schillers „Wallensteins Lager" Calderon's „Dame Kobold" und Lessings „Minna von Barnhelm", neueinstudirt Shakespeare's „Widerspenstige" und „Viel Lärm um Nichts", wie Sheridans Lästerschule". Emil Hahn (Petruchio, Benedict, Carl von Holm), Marr (Baptista, Leonato, Baron Ostburg), Lina Vanini (Katharina, Baronin Ostburg) und Paula Krieg (Beatrice) standen in diesen Lustspielen auf der Höhe ihrer Kunst. Hungar, Baum, Reichenbach, Triebler erhoben durch ihr Eingreifen mit den weniger hervortretenden Mitgliedern die Vorstellungen dieser herrlichen Dichtungen zu meisterhaften Ensembles. Am 30. Januar 1860 ward die Posse „Einer von unsere Leut" zuerst gegeben. Den Stern gab Reichenbach, dessen Kunst im Zeichnen jüdischer Charactere bewundernswerth ist. Stößel und Kraus wurden von Triebler und Schmidt gegeben, Ernestine Frühauf von Frl. Monhaupt. Diese mit den Herren Baum (Sternfels), Bachmann (Ducker) und Hungar (Frühauf) verhalfen der Posse noch in selben Jahre zu 16 Aufführungen. In „Die entzauberte Katze" entzückte Frl. Schramm durch die Drolligkeit ihrer der Katze nachgeahmten Manieren. Kläyer's „Präsident" verhalf Triebler zu neuen Ehren, „Der Jongleur" ward eine neue Zugposse und „Bube und Dame" bewährte die Lebensfähigkeit der Töpfer'schen Stücke. Neu einstudirt gingen Davids „Eine Nacht auf Wache" und „Nummer 23" wieder über die Bühne. Holtz, seit langen Jahren untergeordnetes, aber stets fleißiges und in Episoden gern gesehenes Mitglied des Thalia-Theaters führte die plattdeutschen Rollen des Snaakenkopp und Himmelblau mit dem bekannten gemüthlichen Hamburger Volkston aus und hielt den Ruhm dieser kleinen Possen, die an wirklichem Werth alle Kladderadatschpossen weit überragen, aufrecht. Die jüdischen Partien des Marcus und Löwe waren Meisterrollen Reichenbachs, Baum ein famoser Asbur, und selbst Marr übernahm die kleine Rolle des Swebel in „Eine Nacht auf Wache" gern, ohne zu fürchten, dadurch seiner Künstlerschaft Etwas zu vergeben. Ansprechende Novitäten waren noch „Das öffentliche Geheimniß" „Magnetische Kuren"; dann beschloß ein Gastspiel Jauners, das mit dem Girolamo in „Des Malers Meisterstück" und dem Katzmeier in „Die Virtuosen" begann, würdig die Saison.

Für die abgegangenen Damen Krieg und von Petrikowska debütirten in der neuen Saison 1860—61 Frl. Berthold und Frl. Hoppé, die erste als Anna-Lise, die zweite als Elise in „Das Räthsel". Am 31. August ward zuerst das Birch-Pfeiffer'sche Lustspiel „Ein Kind des Glücks" gegeben. Den Löwenantheil des Abends erhielten Frl. Miller (Herzogin), Frl. Berthold (Hermance) und Marr (Abbé). Frl. Puls debütirte in der Rolle der Katharina von Rosen. Shakespeare's „Was ihr wollt" ward neu einstudirt. Frl. Puls ließ in der Doppelrolle Viola-Sebastian freilich zu wünschen übrig; auch Frl. Berthold blieb hinter hohen Anforderungen zurück; Schmidt aber sprach den Prinzen mit poetischem Verständniß; Frl. Monhaupt war als Kammermädchen von hinreißendem Humor und Baum (Narr), Marr (Malvolio), Reichenbach (Bleichwang) und Hungar (Junker Tobias) sind schwerlich je übertroffen worden. Nach Hungars Junker Tobias wäre es sehr zu wünschen, denselben einmal als Falstaff zu sehen, er hätte wohl nicht den Vergleich mit Döring zu fürchten. Schlesingers Bluette „Mit der Feder" gefiel. Neu einstudirt gaben „Das Gefängniß" und Goethe's „Geschwister" den Herren Hahn, Hungar, Baum, den Damen Miller, Bunini und Monhaupt neue Glanzrollen. Mit der Aufführung von „Orpheus in der Hölle" als Vaudeville von Stiegmann kam die Thalia dem Stadttheater, das die Offenbach'sche Oper gab, zuvor. Der Erfolg war bedeutend, besonders nachdem die für Frl. Spannagel (die später einen schrecklichen Tod nahm) neu gewonnene ausgezeichnete Soubrette Anna Schramm die Eurydice gab. Die übrigen Partien waren folgendermaßen besetzt: Jupiter — Triebler; Pluto — Baum; Orpheus Schmidt; Styx — Reichenbach; Venus — Frl. Hoppé; Cupido — Frl. Monhaupt; Oeffentliche Meinung — Frau Petzold. Andere Novitäten waren „Die Pasquillanten", „Feuer in der

Mädchenschule", eine der besten Förster'schen Uebersetzungen, den man Friedrich redivivus betrachten kann, der wie dieser ohne ohne Auswahl gute und schlechte französische Stücke bearbeitete. Dem „verschwenderischen Vater" folgte Berla's „Zigeuner", den Reichenbach mit demselben Erfolge gab wie andere berühmte Vertreter dieser charakteristischen Figur. Eine ausgezeichnete Novität war „Der Winkelschreiber", und Knifflig und Adam erschienen wie für Baum und Reichenbach geschaffen. In der als Lustspiel umgearbeiteten „Marquise von Villette" war das Ensemble abermals tadellos (König — Marr; Orleans — Baum; Bolingbroke — Hahn; Bontenps — Bachmann; Marion — Frl. Banini; Maintenon — Frl. Miller; Nanon — Frau Petzold). Im December wurden wirkungsreiche Novitäten gegeben: „Eine Tasse Thee" (Camouflet — Reichenbach), „Kieselack und seine Nichte vom Ballet", „Die Tochter der Grille". Im Januar 1861 wurden „Der Oheim" und „Ich werde mir den Major einladen" neu gegeben. Am 1. Februar eröffnete Härting ein Gastspiel mit dem Bolingbroke in „Glas Wasser". Das Wichtigste aber war die Erweiterung der Concession. Das Schauspiel wurde zugelassen und die in den letzten beiden Jahren erhöhten Leistungen somit belohnt.

Das Thalia-Theater seit Erweiterung der Concession bis zur Gegenwart.

Die erste Schauspielvorstellung war das Iffland'sche Familiengemälde „Die Jäger", welches mit immensem Beifall gegeben wurde. Vorzüglich waren Marr und Frau Petzold als Oberförster und Oberförsterin, vorzüglich Schmidt und Frl. Berthold als Anton und Friederike. „Der Kaufmann von Venedig" und „Der Sohn der Wildniß" wurden, neu einstudirt, gegeben. Marrs Shylock ist eine bekannte Leistung ersten Ranges, Hahn und Lina Banini als Ingomar und Parthenia zeigten sich den tüchtigsten Vertretern des romantischen Drama's gewachsen. Die erste durchschlagende Novität im recitirenden Schauspiel war „Der Goldbauer". Marr als Goldbauer, Frl. Berthold als Broni, Frl. Hoppé als Afra und Emil Hahn als Falkentoni verhalfen dem Stücke zu einem ungleich höheren Erfolge, als ihm von Rechtswegen gebührte. Am 16. April gastirte Dawison als Bonjour und Benedict. Seit jenem Abend hat er die Bühne des Thaliatheaters nicht wieder betreten. Am 4. Mai gastirte Hübner als Bolz mit ungetheiltem Beifall. In demselben Monat weilte auch Haase in unsern Mauern. Der ältere Klingsberg und Arthur Derwood waren seine ersten Rollen. Am meisten sprach er als Thorane an. Am 30. Mai verabschiedete sich Frl. Adolfine Monhaupt und Frl. Miller als Grille und alte Fadet, am 31. Hahn und Lina Banini als Don Cesar und Donna Diana. Lina Banini ist an Vielseitigkeit bis jetzt nicht wieder ersetzt worden, Melpomene und Thalia waren ihr in gleicher Weise günstig.

Die Saison 1861—1862 brachte zunächst das Debut Hübners als Schiller in den „Karlsschülern". Seine ausgezeichnete Schillermaske nahm sogleich vortheilhaft für ihn ein, und noch den Eindruck der großartigen Schillerfeier unverwischt tragend, konnte dem Publicum kaum eine geeignetere Debutantenrolle geboten werden, als der Schiller. Am 4. August debutirte Frau Kupfer-Gomansky, früher als erste Heldin und Liebhaberin wohl accreditirt beim Publicum, als Generalin in „Mutter und Sohn", mit ihr zugleich Dreßler vom hiesigen Stadttheater als Bruno. Am 9. August des Jahres 1861 beging das Parquet des Hamburger Thaliatheaters ein schweres, unverantwortliches Unrecht gegen einen der ersten Geister Deutschlands: es zischte Otto Ludwigs „Erbförster" aus. Wie das möglich war, ist freilich schwer zu fassen; die Thatsache ist leider historisch. Otto Ludwigs „Erbförster" ward nicht wiederholt. Am 19. August betrat Charlotte Wolter zuerst die Bretter der Thalia als Adrienne Lecouvreur; am 4. September debutirte Amalie Kraft als Pauline in „Versuche"; dann gastirte Alexander Kökert und am 2. October ward zum ersten Male gegeben „Ein Wintermärchen". Charlotte Wolter verdankt der Hermione zum größten Theil ihre prächtige Carrière. Den Leontes gab zuerst Kökert, später Dreßler. Eine besser gespielte Kinderrolle als die des Manilius durch die kleine Clara Monhaupt, gegenwärtig aufstrebendes Mitglied des Carl Schultze'schen Theaters, läßt sich kaum denken. Frl. Monhaupt, deren drohender Abgang noch abgewendet worden, war eine liebliche Perdita. Die komischen Figuren des Tityrus, Mopsus und Antolykus gaben Bachmann, Triebler und Baum in höchster komischer Vollendung. In „Die Schule des Lebens" excellirten Kökert und Charlotte Wolter in den Hauptrollen, der „Silbernen Hochzeit" zeigte man sich jedoch trotz Marr's herzerwärmender Leistung ungünstig gesinnt. Dann gastirte Frl. Friederike Goßmann und wurden als Novitäten „Der Störenfried" und „Marguerite", „Die Dame mit den Camelien", herausgebracht. In letzterer Titelrolle ward Charlotte Wolter mustergültig, wenngleich (rühmend wollen wir sagen, zu ihrer Ehre) sie mit dieser Lorettenpartie französischen Schauspielerinnen sich nicht an die Seite setzen kann. Stettenheims Posse „Gottes Segen bei Cohn" gefiel weniger als es die pikanten Couplets thaten, mit denen er später Berliner Possen illustrirte. Am 1. Januar 1862 ward zuerst Brachvogels „Trödler" mit Marr in der Hauptpartie gegeben. Als Novitäten sind u. A. „Arm und Reich", „Sand in die Augen", „Aus Liebe zur Kunst" und „Gabriele von Belle-Isle" zu nennen. Ostens Gastspiel, das mit dem Ramiro in der „Schule des Lebens" begann, war von nicht nachhaltiger Wirkung. Baum erhielt eine neue Hauptrolle in Schreibers „Ein großer Redner". „Der Schatz des Webers" sprach weniger an, als „Monsieur Hercules". Am 7. April wurde zuerst „Gold-Onkel" gegeben: Constantin Böhlke — Hungar; Florian — Triebler; Rosamunde — Frau Petzold; Blumenkranz — Reichenbach; Laura — Frl. Kraft. Seit den „Maschinenbauern" hatte keine Posse so angesprochen. Die Reclame über ein neues Talent vom ersten Range in Altona bewirkte ein Gastspiel des Frl. Marie Singer als Deborah. Einmal und nicht wieder betrat diese Dame die Thaliabühne. Am 30. Mai erhielt Frl. Charlotte Wolter einen neuen Triumph als „Iphigenie in Tauris". Ihre künstlerische Meisterschaft ward hiedurch bekräftigt. Den Thoas spielte Dreßler, den Orest Hübner, den Pylades Schmidt und den Arcas Hungar. Im Mai begann Frl. Friederike Goßmann ihr Gastspiel als „Grille", enthusiastisch vom Publikum empfangen. Der 30. Mai sah das letzte Auftreten des Frl. Monhaupt, die der Bühne Valet sagte, um mit einem geachteten Kaufmann einen Ehebund zu schließen. Am 31. Mai nahm Charlotte Wolter als Adrienne Lecouvreur Abschied von Hamburg; sie ging an das Hofburgtheater nach Wien.

Der erste Abend der neuen Saison 1862—1863 brachte als Novität „Eine verfolgte Unschuld", eine Lieblingsrolle des Frl. Kraft; dann verstärkte Emil Hahn als Falkentoni das Personal der Thalia und debütirte Frl. Grösser als Caroline in der lange nicht gegebenen „Vorleserin". Andere Debütantinnen waren Frl. Claussen (Anna-Lise), Frl. Wolff (Mathilde) und Frl. Caroline Singer (Marianne in „Die Geschwister"). Nach der Novität „Die Fremden" von Benedix, begann Frau Jachmann-Wagner, die erste Fides Deutschlands, ein kurzes Gastspiel als „Iphigenie". Novitäten waren „Die öffentliche Meinung", „Die Eine weint, die Andere lacht", „Bädeker", „Der Jesuit und sein Zögling", „Eine Tochter des Südens", „Die deutschen Komödianten" und „Unruhige Zeiten". In Schreibers „Jesuit und sein Zögling" hatten Hübner und Frl. Berthold dankbare Rollen. Die Besetzung der „Deutschen Komödianten" war: Ludovici — Hübner; Pastor Ludovici — Marr; Meta — Frl. Berthold; Caroline Reuter — Frau Kupfer; Conradine — Frl. Grösser; Eusebius Hühnchen — Triebler; Brigitte — Fr. Petzold. In „Unruhige Zeiten" waren sämmtliche komische Größen der Thalia vertreten. Am 8. Januar brachte Töpfer's fünfzigjähriges Schriftstellerjubiläumsbenefiz eine Aufführung von „Rosenmüller und Finke". Am 12. Februar wurde zuerst Salingré's „Alexander der Große" gegeben und erhielt nur mäßigen Beifall. Frl. Satran, eine Schülerin der großen Rettich, gastirte als Marie in „Feuer in der Mädchenschule" und Dorothea in Töpfer's „Hermann und Dorothea" und gefiel. Zur Vorfeier des 18. März, an dem vor fünfzig Jahren Hamburg selbstständig die Franzosenherrschaft quittirte, wurde am 17. nach einem Prologe als Novität Putlitz' „Lützower Jäger" gegeben (Hübner vorzüglich in der Körner-Maske). Der Novität folgte neueinstudirt „Des Königs Befehl", in welchem Hahn als Lindeneck brillirte. Das Gastspiel des Frl. Wolter brachte als neu „Eglantine" und Freitags „Graf Waldemar". Frl. Schneeberger gastirte auf Engagement, zuerst als Anna in „Der Hausspion" und Julie in „Die Schwäbin". Emil Hahn verließ das Engagement zu allgemeinem Bedauern.

Das wichtigste Ereigniß beim Beginn der neuen Saison 1863—64 war das Debut Görner's als Isidor Girodot in „Das Testament des Onkels". Jacobi debutirte in Rudolf Hahns Lappalie „Im Vorzimmer Seiner Excellenz", die eine Saison später nach Gebühr ausgezischt wurde. Herr Tomann debütirte als Herr von Barwin in „Die unterbrochene Whistpartie", Frl. Zitt als Rosaura in „Die Schule des Lebens", Frl. Lemcke als Herzogin im „Glas Wasser", worin Hübners Bolingbroke eine Musterrolle eleganter Tournüre ward. Bedeutend gefiel „Ein geadelter Kaufmann". Am 8. October war die erste Aufführung von „Flotte Bursche" (Geier — Reichenbach; Frike — Frl. Weinberger; Fleck — Baum; Wirth Bachmann). Der Theaterzettel des 8. October zeichnete sich durch eine gewisse Ironie aus. Einem Prolog zur fünfzigjährigen Erinnerungsfeier der Leipziger Schlacht folgten „Eine Lästerschule" und „Flotte Bursche". Am 6. November wurde zum 1. Male „Bruder Liederlich", am 10. December „Das

Schwert des Damokles", am 20. December „Pech-Schulze" gegeben. Triebler war an einer bösartigen Augenkrankheit leidend, die ihn der Bühne entfremdete. So gab Baum den Pech-Schulze und zwar mit großer Lebendigkeit. Die letzte Novität des Jahres war „Königin Bell".

Am 18. Januar fand zum 25jährigen Schriftstellerbenefiz Benedix eine Aufführung der Lustspiele „das Lügen" und „die Dienstboten" statt. In der „Maikönigin" hatte Fräulein Zitt einen herrlichen Triumph, Frl. Schneeberger debütirte als Lorle in „Dorf und Stadt." In Darstellung Gutzkowscher Charaktere zeigte sich Hübner besonders glücklich. Anderen Stücken des Autors ward somit „Ein weißes Blatt" zugesellt, dem eine herrliche Besetzung ward: Seeburg — Hungar; Eveline — Frl. Satran; Beate — Frl. Zitt; Tony — Frl. Schneeberger; Gustav Holm — Hübner. Sehr angenehm wirkte eine Auffrischung von Raimunds „Verschwender." Baum und Frl. Kraft (Valentin und Rosa) übten die Hauptanziehungskraft aus; Hübner (Flottwell), Frl. Zitt (Cheristane), Doppel (Azur), Jacobi (Dumont), Frau Pezold (Altes Weib), Reichenbach (Wolf) bewährten den Ruf der Thalia. Die einschlagende Posse nach dem „Goldonkel" ward „Eine leichte Person" mit Frl. Kraft in der Titelrolle. Der matten Novität „die Großmutter" folgte „der Montjoye." Der Reclame nach sollte er der Mann von Eisen sein, er, dieses Muster eines „pater peccavi" stammelnden Kartenmännchens; wirklicher Mann von Eisen ist in diesem Stücke der köstliche Marchese Rio Belez. Beide Particen wurden brav gegeben von Görner und Doppel. Die thränenreiche Henriette war eine der letzten Rollen des Frl. Lemcke. Das Gastspiel des Frl. Wolter brachte neu „Eine vornehme Ehe." Zum Besten der Schleswig-Holsteiner ward mit Genehmigung des Stadttheaters „Maria Stuart" mit Charlotte Wolter gegeben. Doch zeigte es sich, daß ausgezeichnete Conversationsspieler nicht immer auch berufen sind, gleichmäßig in der Tragödie zu wirken. Selbst Marr war als Burleigh mehr ein französischer Marquis denn Elisabeths starker Minister Burleigh. Am 27. Mai war das letzte Auftreten des Herrn Holtz, der schon seit längerer Zeit an rheumatischen Uebeln litt. Maurice hat ihm ein Abschiedsbenefiz bewilligt, in welchem Charlotte Wolter in ächt collegialischem Geiste als Valérie mitwirkte. Holtz trat als Hannes Himmelblau in „Nummer 23" zum letzten Male auf. Nach Schluß der Vorstellung stürmisch gerufen, dankte er in bewegten Worten für die rege Theilnahme, die sein Abschiedsbenefiz gefunden. Mit ihm verschwand die Localposse vom Thalia-Theater;

denn wenn auch, bei Gelegenheit der Auflösung der Bürgergarde Drost es versuchte, die „Nacht auf Wache" zu modernisiren, so zeigte sich doch hierfür seine schöpferische Kraft dem Willen nicht gewachsen, und fehlte es vor allen Dingen an einem plattdeutschen Komiker.

Die Saison 64/65 brachte die Herren Becker, Schmidt, Neumann und Frl. Herrlinger als neue Acquisitionen. Ludwig Schmidt, nur eine Saison aus den gewohnten Räumen geschieden, war schon ein alter Bekannter. Am 4. September, der die Novität „Doctor Treuwald" brachte, debütirte Frl. Buse als Lorle in „Ein Berliner im Schwarzwalde," ohne im Engament die treulose Kraft, die Königin der Soubretten, ersetzen zu können. Besser als alle früheren französischen Gesellschaften gefiel die in dieser Saison gastirende, bei welcher der elegante Bonvivant Laferrière durch sein Spiel an Emil Devrient erinnerte. Vier ansprechende Novitäten waren „Lieschen Wildermuth" (Schreibers bestes Stück und eine herrliche Rolle des Frl. Schneeberger). „Namenlos," „Recept gegen Schwiegermütter" und „Pitt und Fox." Von höherem ästhetischen Werthe zeigte sich die erste Neuigkeit des Jahres 1865, „Hans Lange" von Paul Heyse. Die Titelrolle ward eine der neuesten Meisterleistungen Marrs, der Krokow eine gleiche Hungars. Weniger scharf gezeichnet sind die andern Charaktere: Herzogin — Frau Kupfer; Bugslaff — Hübner; Massow — Görner; Dörte — Frl. Schneeberger; Henning — Baum. Sehr ansprechend gab der talentvolle Karutz den schwedischen Kaufmann. In „Aurora in Oel" wetteiferten die Herren Görner, Baum und Reichenbach in den komischen Partieen. Dann hatte Schmidt eine glänzende Rolle als Figaro in „Ein toller Tag," vielleicht seine beste Leistung. Mosenthals „Ein deutsches Dichterleben" machte trotz Hübners wirksamer Darstellung Bürgers kein Glück. „Gleich und Gleich" von Moritz Hartmann wurde ausgezischt. Man hätte gegen den Dichter von „Kelch und Schwert" wohl etwas mehr Pietät an den Tag legen können. „Im Waggon, Coupé erster Classe," eine hübsche Bluette, von Görner geschickt nach dem Französischen gearbeitet, brachten Hübner und Frl. Zitt zur beifälligsten Geltung. In Scribe's „Diplomat," einem geschickten Verwickelungen bietenden Lustspiel, feierte Hübner einen vollständigen Triumph. „In der Heimath," eine fadenscheinige Birchpfeifferiade, war eine ephemerische Erscheinung. Interessanter war Sardous „Tage der Erkenntniß," in welchem Stücke Baum als Mortimer den furchtbaren Seelenkampf bei der Zurückwei-

sung des Duells mit seinem Sohn in einer Weise darstellte, die
großen Tragöden zur Ehre gereichen würde.

Das sechszigjährige Jubiläum Bachmanns brachte außer
„Ein Wechsel" und „die Zeichen der Liebe," in welchen beiden
Stücken man jedoch den Jubilar nicht zu sehen bekam, Dohms
„Ein neuer Lear." Herr Bachmann (Abraham Lämmlein)
wurde mit Kränzen, nicht enden wollendem Empfang und Tusch
begrüßt, eine Ehrenbezeugung, die der brave Künstler gewiß ver-
diente. Die nächste Posse war „Krethi und Plethi," in der
außer der keifenden Schusterfrau Rosa (von Frau Petzold mei-
sterlich dargestellt), keine besondere Damenrolle ist. Schmidt
(Lehrer für Erwachsene), Reichenbach (pietistischer Kutscher
Raschke), Görner (Nuntius Spieker) und Lanius (Schusterjunge Wilhelm) waren die Hauptträger der Posse. Am 12. April
1865 war das fünfzigjährige Künstlerjubiläum Marrs, das
sich zu einem städtischen Ereigniß gestaltete. Mehrere Monate
vorher schon hatten sich mehrere Kunstfreunde zusammen gefunden,
des großen Künstlers Ehrentag festlich zu begehen. In der Nähe
des Thalia-Theaters wie in der Nähe der Marr'schen Wohnung
waren die Häuser geflaggt, das Thalia-Theater festlich geschmückt.
Die Brüstungen der drei Gallerien waren mit 24 laubumwun-
denen Tafeln verziert, die mit hervorragenden Rollen des Jubilars bezeichnet waren. Adressen und Geschenke wechselten mit
einander ab. Das zum Brechen gefüllte Haus sah Marr in
einer seiner großartigsten Leistungen, als Brissac in „Rokoko."
Nach Beendigung der Vorstellung wurde Marr (wie häufig
während derselben) stürmisch gerufen und sprach in einer bewegten Rede seine Gefühle aus. Nach abermaligem Hervorruf zeigte
die Bühne eine Salondecoration mit der im Hintergrunde erhöht
aufgestellten Büste des Jubilars. Das gesammte Personal erschien, Frl. Schneeberger überreichte, während Frl. Zitt
eine ergreifende Ansprache an den Altmeister richtete, dem Jubilar den goldnen Lorbeerkranz. Die Tagesfeier beschloß ein Zug
sämmtlicher Bühnenvorstände und Bühnenangehörigen der Vor-
städte, die dem Gefeierten nach der Vorstellung vor seiner Wohnung jubelnde Ovationen brachte, worauf eine Deputation ihm
die Glückwunschadresse mit einem Photographienalbum der Fest-
theilnehmer überreichte.

Die letzte Novität der Saison war Brachvogels „Marie
Montpensier" mit Frl. Charlotte Wolter in der Titelrolle.

Die Saison 65/66 bot an kleinen, gefälligen Novitäten zuerst
„Nur ein Band", „Ein geheimnißvoller Brief" und „Hohe
Gäste." Augiers „Pelikan" von Laube übersetzt, folgte, und
war Herr Baum ein ausgezeichneter Giboyar. Die erste Posse

war „Klein Geld", durch Baum, Reichenbach, Hungar und Frau Petzold wirksam in den Hauptpartieen dargestellt. Rosen's „Hohe Politik" wetteifert an niedrigem Blödsinn mit den geistlosesten Possen. Neu einstudirt zeigte „Er muß aufs Land" die alte Anziehungskraft. Die burleske Opernparodie „Der geheimnißvolle Dudelsack", von Reichenbach aus Wien mitgebracht, hatte nicht den gewünschten Cassenerfolg. Es berührte zu fremdartig, den Componisten vom Dirigirpulte des Herrn Stiegmann und bald zu den Schauspelern, bald zu dem Publikum reden zu hören. Puttlitz' „Um die Krone" machte weniger Glück wie seine Lustspiele. Mit den „Zärtlichen Verwandten" zeigte endlich einmal Benedix wieder die ehemalige Kraft. Den Löwenantheil des Beifalles erhielt Frau Kupfer als gelehrte Ulrike, von den Herren that sich besonders Becker als Anatole hervor. Eine leichte, gefällige Bluette von Rosen „Il Baccio" brachten Frl. Satran und Herrn Baum Applaus. Das recht fein gearbeitete Lustspiel „Der Gemahl der Königin" wurde mit vielem Glücke aufgeführt. „Eine musikalische Tochter", „Harte Steine", „Pikant", „Ein Fehltritt", „Die Adoptivtochter", waren unbedeutende Novitäten. Wirksam erwies sich die Neueinstudirung vom „Landwirth", dem Hübner eine ausgezeichnete Vertretung gab. „Graupenmüller" von Salingré (Graupenmüller — Görner) reihte sich den bessern Possen der letzten Jahre an. Frau Niemann-Seebach begann ein Gastspiel mit der Eugenie in Raupachs Schauspiel „Die Geschwister", dem mit der berühmten Gastin „Adrienne Lecouvreur", „Feenhände", „Marie von Montpensier", „Eine Tasse Thee (in der Niemann-Seebach'schen Uebersetzung) u. A. folgten. Die letzten Novitäten des Jahres „Ein Augenblick des Glücks" und „Wenn man allein ausgeht", hatten keinen Erfolg.

Besser wurde das Jahr 1866 eingeleitet mit einem Prolog von Stettenheim, der Haber'schen Posse „Ein Stündchen auf dem Comptoir" und Girndts Lustspiel „H I." Im Haber'schen Stücke wurden die Herren Baum und Reichenbach vielfältig beklatscht. Mit „H I." trat Girndt in die Reihe der Thaliaschriftsteller. Weniger eigentlich dramatisch als er sind nicht viele Schriftsteller, pikanter, gefälliger Dialog muß die schwache Erfindungsgabe ersetzen. Der Erfolg von Girndts Lustspielen ist fast nur dem geistreichen Spiele Hübners zuzuschreiben, einem der wenigen jüngeren Schauspieler, die ihre Rollen ernstlich studiren. „Consequenzen" von Rosen mißfiel; Hahns Cadettenlaunen bewirkten nur die Laune des Auspfeifens. Benedix „Armband" gefiel, „Eigener Herd ist Goldes werth" verschwand nach den üblichen drei Aufführungen. Nicht besser erging es verschiedenen anderen Novitäten, bis „Die Afrikanerin in Kalau" und „Zeitgemäß" das Repertoir wieder belebten. In ersterer Parodie parodirten Baum, Reichenbach und Frl. Henke äußerst gelungen den Baritonisten Rübsam, den Tenor Kolomann Schmidt und Frau Schröder-Chaloupka vom Stadttheater. Ifflands „Mündel" wurden am 5. April zuerst gegeben. Marr, der zuerst zu seinem Benefiz Heyse's „Colberg" geben wollte, entschied sich doch für Sardou's „Familie Benoiton", welches allerdings pikanter als Heyse's Schauspiel ist, wenn es auch an ästhetischem Werthe keinen Vergleich mit demselben aushalten kann. Am 3. Mai gastirte hier zuerst Pauline Ulrich als Jolanthe und Leopoldine von Strehlen. Namentlich ihre Jolanthe ist von hohem poetischem Werth. Die Vernachlässigung des romantischen Schauspieles rächte sich bei „König René's Tochter" und „Philippine Welser". Das Rittercostüm war den die Conversationstracht gewohnten Herren ebenso fremd geworden wie die Kunst des Versesprechens. Mit dem Frl. Ulrich rivalisirte nur Görner als Arzt und Franz Welser. Hegels böhmischer Bauer erhielt nicht die Anerkennung, die dieser Rolle gewöhnlich wird. Am 31. Mai nahmen Reichenbach und die Damen Satran und Eichberger Abschied in „Die junge Pathe", „Ein Stündchen auf dem Comptoir" und „Der Kapellmeister von Venedig".

Am 2. August der Saison 66/67 debütirte Frl. Zipser mit Glück als Königin Anna, am 4. der Komiker Thomas in „Ihr Retter", „1733 Thlr. 22½ Sgr." und „Hermann und Dorothea" von Weirauch und Kalisch. In Frl. Minna Wagner ward eine Soubrette gewonnen, die bald ihre nächsten Vorgängerinnen aus dem Felde schlug. Ein angenehmer Tag war der 3. September. Reichenbach kehrte in's Engagement zurück und debütirte als Kiewe in „Namenlos". „Liebhabereien", „Und", „Berlin wird Weltstadt", „Die alte Schachtel" wichen an Erfolg der „Frau in Weiß" und dem französischen Stücke „Unsere braven Landleute". Eine interessante Novität war der am 17. Januar zuerst gegebene „Herr Studiosus". Eigens für die Thalia umgearbeitet erschien als Vaudeville Offenbach's „Die Hanne weint — der Hans lacht". „Die Ephraimiten", „Die Marionetten" gefielen; noch mehr „Gringoire" durch Hübner's geistvolle Auffassung. Mit demselben Erfolge wie in der vorigen Saison gab im Mai Pauline Ulrich einen Gastrollencyclus. Den Schluß der Saison bildete ein betrübendes Ereigniß. Helene Schneeberger, die würdige Nachfolgerin der Goßmann und Monhaupt verabschiedete sich als Lorle in „Dorf und Stadt"; wieder war es Wien, das uns diese liebliche Künstlerin entführte.

Die folgende Saison 67/68 gab interessantere Novitäten als die verflossene. Zunächst debütirten und gefielen Frl. Julie Herrlinger als Jolanthe in „König René's Tochter" und Julie in „Die Bekenntnisse", wie Frl. Rottmayer als Hedwig in „Sie hat ihr Herz entdeckt" und „Gänschen von Buchenau". Goethe's Schönbartsspiel „Das Jahrmarktfest zu Plundersweiler" und Bauernfeld's „Aus der Gesellschaft" erlebten eine gute Reihe von Wiederholungen.

Am 30. September war die Säcularfeier der ersten Aufführung von Lessings „Minna von Barnhelm". Die diesmalige Besetzung war: Tellheim — Schmidt; Minna — Frl. Zitt; Franziska — Frl. Rottmayer; Riccaut — Marr; Just — Doppel; Werner — Hungar; Wirth — Bachmann; Dame in Trauer — Fr. Kupfer. Halm's „Wildfeuer", unwahrscheinlich in der Handlung, poetisch in der Sprache, mußte an Erfolg gegen Laube's „Statthalter von Bengalen" zurücktreten. „Aschenbrödel" gehört zu Benedix' allerschwächsten Producten. Die Hauptrolle war in den Händen des Frl. Rottmayer; die jüngste der Schülerinnen ward erst von Frl. Clara Monhaupt, später von der kleinen Lina Doppel gegeben, einem viel versprechenden Kinde. Der 1. Januar 1868 brachte „Politische Grundsätze" und „Drüben". Mosenthal's Bühnenkenntniß trat abermals trefflich hervor im „Schulz von Altenbüren", der gewissermaßen Seitenstück oder Copie zum Immermann'schen Hofschulzen ist. Heinrich Weigand ward eine glühende Darstellung von Hübner, den Freiherrn gab Marr mit seiner Aristokratie, ein tüchtiger Nachfolger war Hungar, und die gediegenste Figur des Stückes, der Just, fand treffliche Charakteristik durch Baum. Minder bedeutend sind die Damenrollen, von denen die Gertrud durch Fr. Petzold, die Martina durch Frl. Herrlinger wirksam vertreten ward. Durchschlagenden Erfolg hatte die Posse „Die Mottenburger". Bernhold Scholz' Erstlingsdrama „Gustav Wasa" gefiel. Am 6. März debütirte mit vielem Beifall Frl. Glenk als Ersatz für Frl. Schneeberger als Hedwig in „Sie hat ihr Herz entdeckt" und als „Anna-Lise". Andere Novitäten übergehend, nennen wir Laube's „Böse Zungen" als äußerst gefallend, wozu die gewaltige Polemik Laube's und seiner Anhänger wohl nicht ganz wenig beigetragen hat. Laube gehört zu den Schriftstellern, deren Stücke an der Thalia unübertrefflich gegeben wurden. So war es auch mit diesem Schauspiel, dessen Hauptrollen wie folgt besetzt waren: Julian von Zech — Marr; Augustin von Zech Ueberhorst; Charlotte — Frl. Mariot; Christof von Mack — Hegel; Christiane — Fr. Petzold; Ferdinand — Hübner; Gottfried — Staegemann; Frau von der Straße — Fr. Kupfer; Minona — Frl. Zitt; Hertha — Frl. Rottmayer. Mit dem „Montjoie" begann eine französische Gesellschaft eine Reihe von Vorstellungen. Im Mai gastirte Frl. Hedwig Raabe mit großem Erfolge, doch gab sie keine Novität.

Mit dem Beginne der Saison 68/69 trat Frl. Zipser, die der Bühne entsagt hatte, um eine Ehe mit einem angesehenen Kaufmanne einzugehen, als Frau Zipser wieder in den Kreis der Mitglieder dieses Theaters. Ihre Antrittsrolle war Königin Anna im „Glas Wasser". Die bis jetzt wirksamsten Novitäten waren Wilkens „Elzevir" und Arthur Müller's „Gute Nacht, Hänschen", welches treffliche Lustspiel die Thalia sich merkwürdigerweise so lange hatte entgehen lassen.

In jüngster Zeit war es noch Hübner, der als Beethoven in Hugo Müller's „Adelaide" ein ergreifendes Meisterwerk lieferte und diesem Stücke den vollständigsten Erfolg sicherte.

So waren unter Freud und Leid, doch die Freude vorwiegend, 25 Jahre verflossen und der Jubiläumstag, der 10. November heran genaht, und Herrn Director Maurice die vielfältigsten Beweise allgemeiner Achtung und Verehrung geworden. Die Festvorstellung am Abend brachte nach einem scenischen Prolog von Feodor Wehl, „Die Weihe der Elfen" betitelt, den 4. Act aus „Minna von Barnhelm" (Scene des Riccaut), den 2. Act der „Journalisten" (Piepenbrink), den 2. Act aus „Hermann und Dorothea" nach Goethe von Töpfer und endlich die einactige Posse „Haussegen, oder Berlin wird Weltstadt".

Das Thalia-Theater
in seinem gegenwärtigen Bestande.

Ehe wir jedoch an den Tag des Jubiläums und mit ihm an das Ende unserer „Geschichte" gelangen, erübrigt uns noch einen Blick auf die weitere Thätigkeit der Thaliabühne vom Beginne der gegenwärtigen Saison bis auf den obigen Tag zu werfen und gleichzeitig auf den gegenwärtigen Stand derselben.

Von einaktigen Novitäten brachte das Repertoir sofort am Beginn der Saison „Die Liebesdiplomaten" von Henrion, „Versalzen" von Benedix und „Elzevir" von Wilken; „Spielt nicht mit dem Feuer", „Er will sich auszeichnen" nach dem Französischen; die aber sämmtlich nach wenigen Aufführungen wieder ad acta gelegt wurden.

Von Debuts brachte die Saison die Damen Sperner, Martorel, Wienrich und Pauser dem Personal als neue Mitglieder zu. Frl. Glenk trat mit Erfolg in das seit dem Abgange des Frl. Schneeberger verwaiste Fach der naiven Liebhaberinnen ein und wurde das Wiedererscheinen des ehemaligen Fräuleins, nunmehrigen Frau Zipser auf der Thaliabühne namentlich mit allseitigster Freude begrüßt.

Ebenso haben wir des Frls. Zitt Erwähnung zu thun, welche sich in den Ferien zu Frau Hübner-Zitt umgewandelt hatte und mit Beginn der Saison als solche auf den Brettern und den Affichen erschien.

Weitere Novitäten kleineren Umfanges waren „Ein anonymer Kuß", „Vom Lande und von der See", „Die Toilette meiner Frau", „Garibaldi". Von hervorragenderer Bedeutung Benedix' „Acht und achtzigster Geburtstag" und Girndt's „Am andern Tage", die sich aber doch nicht dauernd auf dem Repertoir behaupten konnten.

Die meisten Wiederholungen erlebten bisher die „Mottenburger" und gefielen die einaktigen Bluetten „Vermischtes" und die Neujahrsnacht". Eine Novität von durchschlagendem Erfolge war in jüngster Zeit „Gute Nacht Hänschen". — Noch haben wir zweier Festvorstellungen Erwähnung zu thun, wovon die Eine zu Ehren des siebenten deutschen Juristentages in Hamburg stattfand und „Ein Diplomat", „Im Waggon, Coupé erster Classe" und „Vom Juristentage" brachte und somit fast das Gesammtpersonal der Thalia in einigen ihrer besten Rollen den fremden Gästen vorgeführt wurde. Die zweite Festvorstellung fand zu Ehren der Anwesenheit Sr. Majestät des Königs von Preußen statt und gab dem Hübner'schen Ehepaare Gelegenheit in „Donna Diana", also in zwei ihrer besten Parthien den Dank des Publikums zu erndten.

Uebergehend auf den gegenwärtigen Stand des Thalia-Theaters, würden wir oft Gesagtes wiederholen, wollten wir hier nochmals auf die Bedeutung dieses anerkannten Kunstinstitutes des Weiteren zurückkommen. Die großen Vorzüge der Thaliabühne: musterhaftes Ensemble, treffliche, oft künstlerische Einzelleistungen, elegante, bis ins kleinste Détail genaue, dem jeweiligen Stücke angemessne Ausstottung und vor Allem der Geist echter Kunstbegeisterung, der sämmtliche Mitglieder beseelt und von oben herab seinen belebenden und erfrischenden Anstoß erhält — all' dies ist in diesen Blättern zur Genüge erwähnt und weithin in der Theaterwelt bekannt. Ebenso bekannt ist es, daß die Thalia nach wie vor der Sammelplatz der Hamburger eleganten Welt und aller Schauspielfreunde ist. Der nunmehr in wahrhaft glänzender Weise restaurirte Zuschauerraum, der bei aller Einfachheit durch die reiche und doch nicht überladene Ausschmückung einen imponirenden Anblick gewährt, trägt das Seinige dazu bei, den Aufenthalt in diesen Räumen dem Publikum in jeder Weise angenehm zu machen. Was uns zum Schlusse noch erübrigt, das ist eine kurze Characterisirung des jetzigen Künstlerverbandes der Thalia zu geben und so weit uns dies von den Betreffenden durch Uebermittlung bezüglicher Daten ermöglicht worden, unserer Porträtgallerie einige biographische Notizen anzufügen

In erster Linie ist hier selbstverständlich des Altmeisters **Marr** zu gedenken, eines Künstlers, dessen Name bereits der Theatergeschichte angehört und dessen Ruhm ein fast seit einem Menschenalter festbegründeter, unerschütterlicher ist. Heinrich Marr ist ein Künstler ersten Ranges, dessen Gebilde noch der guten alten Schule entstammend, den Stempel hoher Meisterschaft tragen. Einfache, naturwahre und bis in's kleinste Détail geistig ausgearbeitete und künstlerisch durchgeführte Darstellung, sind die Vorzüge dieses Musterschauspielers, auf dessen Besitz die Thalia stolz sein kann und der in dem Künstlerkreise derselben unstreitig den hervorvorragendsten Platz einnimmt und den alles belebenden Mittelpunkt bildet. Wie als Künstler, nimmt Marr auch seit Jahren als Regisseur und Bildner und Leiter der ihm unterstehenden Talente einen hervorragenden Platz ein.

Den Reigen des jetzigen Thalia-Personals überblickend, begegnen wir, der alphabetischen Reihenfolge nachgehend, in Herrn **Otto Bachmann** zuerst, ebenfalls einem Schauspieler der alten Zeit, der buchstäblich ein ganzes Menschenalter hindurch (seit 63 Jahren!) der Bühne angehört und sich bis zur Stunde noch einer bewundernswerthen geistigen Frische erfreut und dessen Gebilde ebenfalls, wie die Marrs, der Natur abgelauschte, bis in die kleinste Nuance herab wahrheitsgetreue Figuren sind. Wie bei dem hohen Alter dieses Kunstveteranen nicht anders möglich, ist das Rollenfach Bachmanns in den letzten Jahren ein untergeordneteres geworden, aber trotzdem verdient es alle

Anerkennung, daß der geschätzte Veteran jede Rolle mit pietätsvoller Hingebung und ungeschwächter Liebe zur Sache durchführt. — Otto Bachmann, 1799 zu Königsberg geboren, übersiedelte im ersten Jahre seines Lebens mit seinen Eltern nach Danzig und betrat als sechsjähriger Knabe 1805 bei seinem Vater zum ersten Male die Bühne, der er seither ununterbrochen angehörte. Mit 15 Jahren verwaist, ging er 1822 zu der s. Z. berühmten Faller'schen Gesellschaft nach Schlesien, der er 15 Jahre lang angehörte. 1840 kam er nach Cöln, gastirte dann in Braunschweig, 1843 übersiedelte er nach Bremen, von da nach Gratz, Triest, Wien. 1847 kam er nach Hamburg und betrat hier am 16. September zum ersten Male die Thaliabühne als Emmerling in „Die gefährliche Tante" in so erfolgreicher Weise, daß er derselben seit dieser Zeit her als beliebtes und gern gesehenes Mitglied angehört und nur noch als „unser Bachmann" oder „unser geschätzter Veteran" genannt wird. Den 23. März 1865 feierte er sein 60jähriges Künstlerjubiläum und empfing an diesem Abende die unzweideutigsten Beweise seiner allseitigen Achtung und Beliebtheit.

Eine der festesten Stützen des Repertoirs und mit Herrn Hungar unstreitig das verwendbarste und vielseitigste Mitglied bildet Herr **Carl Baum**, dessen künstlerische Laufbahn von der Friedrich-Wilhelmstadt in Berlin an, die Bühnen von Stettin, München, Wien (Carltheater), Cöln und Hannover als Hauptstationspunkte seines Wirkens zeigt. Herr Baum, dessen Fach vorwiegend das der Bonvivants ist und der in diesem mit unerschöpflicher und liebenswürdiger Laune wirkt, leistet als Characterspieler gleich Vorzügliches und hat sich nach Trieblers Abgang zu wiederholten Malen und mit glücklichstem Erfolg auch als Komiker versucht. Die übergroße Thätigkeit dieses fast allabendlich beschäftigten Darstellers zeigt sich am Besten, wenn angenommen wird, daß derselbe bei einer Durchschnittszahl von jährlich 250 Spielabenden, während seines nunmehr elfjährigen Engagements an ca. 3000 Mal spielte.

In Herrn **Becker** besitzt das Thalia-Theater einen überaus tüchtigen Darsteller von Gecken und chargirten Rollen. Namentlich gelingen ihm kalte, stupide jugendliche Charactere, in deren Wiedergabe er Vorzügliches leistet.

Herr **Doppel** ist ein Episodenspieler von seltener Gewissenhaftigkeit, der selbst die kleinste ihm zugewiesene Rolle mit gleicher Liebe und Sorgfalt zur Anschauung bringt, wie bedeutendere Partieen, von denen ihm namentlich soldatische Charactere, wie der Just in „Minna von Barnhelm", besonders gelingen.

Die Herren **Drost** und **Grün** sind verwendbare Epijodenspieler.

Herr **Hegel** ist ein Characterspieler von bedeutender Begabung, dessen Charactere sich durch scharfe Zeichnung, lebendige Wiedergabe und consequente Durchführung auszeichnen. Ein Hauptvorzug des Herrn Hegel besteht in den vorzüglichen Masken, die derselbe für seine verschiedenen Rollen anzufertigen versteht.

In Herrn **Julius Hübner** besitzt die Thalia einen ersten Liebhaber von hervorragender Begabung und eleganter Tournüre, wie ihn in gleicher Vollkommenheit nur wenige deutsche Bühnen ihr eigen nennen.

Hübners Parthien zeugen sämmtlich von durchdringender Auffassung, scharfer Characteristik und fein detaillirter Wiedergabe; leichtes, chevalereskes Auftreten und feinpointirter Vortrag sind die bedeutenden Vorzüge dieses Künstlers, der mit zu den Säulen des Institutes und zu den erklärten Lieblingen des Publikums zählt. — Julius Hübner, geboren den 8. März 1838 zu Cassel, ist der Sohn des geheimen Rath Hübner daselbst. Hübner besuchte das Gymnasium in Cassel und bezog mit 16½ Jahren die Berliner Universität um philologische Studien zu hören. Schon damals trug sich Hübner mit der Absicht, sich der Bühne zu widmen, welche er im Jahre 1855 betrat. Nach verschiedenen kleineren Engagements in Erfurt, Augsburg, Preßburg, Pesth, trat er vom Jahre 1859—60 in das damals neue Victoria-Theater in Berlin, unter der Direction von Cornet und der späteren von Hein. Im Winter 1860—61 kam Hübner an das Stadttheater in Cöln unter L'Arronge und trat im Mai 1861 in den Verband des Thalia-Theaters, dem er bis zur Stunde angehört und zu dessen Hauptzierden er zählt. Am 15. Mai d. J. verheirathete er sich mit Frl. Clara Zitt, seiner ebenbürtigen Partnerin am Thaliatheater. An den kleineren Theatern spielte H. alles, außer in Cöln, wo er namentlich als Darsteller von Heldenrollen, wie Carl Moor, Essex, Uriel Acosta etc. gerühmt ward und trat er in Hamburg zuerst in das Conversationsfach über, in dem er bisher so bedeutende Proben seines Talentes geboten. Die beschränkte Concession des Thalia-Theaters gestattet es nicht, Herrn Hübner auf seiner eigentlichen Domäne in Rollen wie Hamlet, Ferdinand etc. zu sehen, doch lassen sein Schiller, Prinz Friedrich etc. zur Gegnüge erkennen, daß er auch hier Vorzügliches leisten würde. Im Jahre 1862, wo das Talent Hübners noch nicht so geläutert war wie jetzt, gastirte im Hofburgtheater in Wien als Bolz und Schiller. Das ihm offerirte Engagement schlug er aus Besorgniß zu geringer Beschäftigung aus. Ein Jahr später ging Fichtner von der Bühne ab, dessen Remplaçant H. voraussichtlich geworden wäre, wenn er zu der Zeit dem Hofburgtheater angehört hätte. Dieser Verlust einerseits ist Hamburg und dem Thaliatheater zu einem Gewinn geworden, da diesem hierdurch sein Hübner erhalten geblieben.

Herr Hungar ist unstreitig das vielbeschäftigteste und daher auch vielseitigste und verwendbarste Mitglied der Thalia, der jede Rolle mit gleicher Lust und Abrundung zur Anschauung bringt. Kräftige kernige Persönlichkeiten, wie Piepenbrink in den „Journalisten" gelingen ihm vorzüglich und seine sogenannten humoristischen Väter sind von unwiderstehlicher Wirkung. Auch feinere Characterrollen bringt er trefflich zur Anschauung und seine Leistungen im ernsten Schauspiele sind oft höchst achtunggebietender Natur.

Herr Lanius ist für zweite jugendliche Liebhaber und Naturburschen eine höchst ansprechende Erscheinung.

Herr Anton Reichenbach, bis zum Engagement von Thomas der verwöhnte Liebling des Publikums, ist in letzter Zeit mit Unrecht von diesem als Alleinherrscher auf dem Gebiete des Komus verdrängt worden. Eine schon in der Erscheinung oft drastisch wirkende Persönlichkeit und trockene Komik machen ihn zu einem Komiker von bedeutender Begabung. Namentlich Vorzügliches leistet er in jüdischen Rollen und sind beispielsweise auch sein Schulmeister in „Sächsischer Schulmeister und Berliner Näherin" und sein Geier in „Flotte Bursche" Musterleistungen im characterkomischen Fach.

Friedrich Ludwig Schmidt, seit einem Decennium am Thalia-Theater im Fache der ersten jugendlichen Liebhaber thätig, ist im glücklichen Besitze der für dieses Rollenfach nöthigen Eigenschaften. Elegante, einnehmende Persönlichkeit; sonores, wohlklingendes Organ und lebendige, feurige Darstellungsweise machen ihn namentlich zur Verkörperung mannhafter kräftig angelegter oder militärischer Charaktere, wie z. B. den jungen Dessauer in der „Anna Liese" rc. vorzüglich geeignet. F. L. Schmidt zu Hamburg am 30. October 1853 geboren, zählt zu seinen Verwandten die Fürsten im Reiche der Künstler deutscher Nation. Vor allem glänzt der Name seiner Großmutter Sophie Schröder wie der seiner Tante Wilhelmine Schröder Devrient und väterlicher Seits sein Großvater F. L. Schmidt ehemaliger Director des Stadttheaters in Hamburg und berühmter Schauspieler. Diese Künstler von Gottesgnaden mögen wohl auf das Talent des jungen Schmidt eingewirkt haben. Ursprünglich war Schmidt nicht für die theatralische Carriere bestimmt. Im Jahre 1850 befand er sich in Amerika, wo er erst Landmann in Illinois, später Kaufmann wurde und bis zu seiner Rückkehr nach Europa im Jahre 1852 in St. Louis in kaufmännischen Geschäften angestellt war. Nach Europa zurückgekehrt, blieb Schmidt ein Jahr in Paris, um im Conservatoir für den Gesang ausgebildet zu werden, da derselbe schon frühzeitig bei einer angenehmen Baritonstimme ungewöhnliches musikalisches Talent verrieth. Nach vollendeten Studien kehrte er in seine Vaterstadt zurück und betrat im Jahre 1853 zum ersten Male die Bühne und zwar als Prinz Regent im „Nachtlager." Er fand den aufmunterndsten Beifall. Die Theater Hamburgs waren zu jener Zeit vereint, unter der Direction Maurice und Wurda; und um seine Befähigung für die Bühne recht zu erproben, suchte er um die Gunst nach auch im Thalia-Theater ebenfalls einen Versuch zu wagen, und schon einige Tage später spielte er den Hans v. Birken in „der Landjunker in der Residenz;" mit vielem Beifall. Einer Aufforderung nach Berlin nachkommend, wurde Schmidt daselbst für das Fach der jugendlichen Liebhaber engagirt und debutirte als Karl Fichtenau in „Ein Lustspiel." Er blieb zwei Jahre an der Berliner Hofbühne, kehrte darauf nach Hamburg an's Stadttheater zurück, wo er sowohl in Oper als Schauspiel viel beschäftigt, heute den Papageno sang, morgen den Mortimer spielte, und sich so eine seltene Vielseitigkeit der Darstellung erwarb. Im Jahre 1858 trat er gänzlich in's Thalia-Theater über, um fortan nur einer Richtung zu folgen und sich nur dem Schauspiel zu widmen. Von hier aus gastirte Schmidt an den Hoftheatern zu München und Hannover unter großem Beifall; ferner in Breslau, Berlin (Victoriatheater) und Stettin. Von Stettin wo Schmidt von 1863—64 engagirt war, kehrte er 1864 nach Hamburg zurück, wo er als Leicester in „Marie Stuart" wieder die Thalia-Bühne betrat. In Stettin gefiel er besonders in den Rollen des Narziß, Bolingbroke, Hamlet, Perin, Figaro (nach Dingelstädt) und wurde ihm daselbst auch die Regie übertragen. Trotz der glänzendsten Aufnahme, die Schmidt überall fand, blieb er doch bis jetzt seiner Vaterstadt getreu, und hoffen wir, daß dies auch ferner geschehe, um nicht in ihm den Verlust eines entschiedenen Lieblings unseres Publikums beklagen zu müssen.

Eine versprechende Kraft im Fache der jugendlichen Liebhaber ist Herr **Staegemann**, der mit schöner, stattlicher Persönlichkeit eine einnehmende Spielweise verbindet und in wenig Jahren sicherlich zu den Zierden des Thalia-Theaters zu zählen sein dürfte.

Der momentan beliebteste Komiker ist Herr **Thomas**, dessen drastische Spielweise sofort bei seinem Erscheinen zu schallendem Gelächter hinreißt. Thomas ist ein Komiker der modernen Berliner Schule, mit all' ihren Vorzügen und Fehlern, zu deren ersteren wir das seltene Charakterisirungsvermögen zählen, das uns diesen Künstler in jeder neuen Rolle auch als einen neuen Menschen erscheinen läßt. Wenn Herr Thomas auch in letzter Zeit gern des Guten etwas zu viel thut und namentlich viel durch sogenannte „Männchen" zu wirken trachtet, so ist dies bei seinem Rollenfache leichter zu entschuldigen, da hier eher ein zu Viel als ein zu Wenig acceptirt werden kann.

In untergeordneten Episoden wirkt Herr **Ueberhorst** zufriedenstellend.

Herr **Würzburg** ist ein junges vielversprechendes Talent im Charakterfache, und zeigen namentlich seine Intriguants und kriechenden Schleicher eine seltene Begabung für dieses allerdings wenig liebenswürdige Rollenfach. Bei den großen Fortschritten, die Herr Würzburg während seines Engagements an der Thaliabühne bekundet, ist dem jungen strebsamen Manne jedenfalls eine bedeutende Zukunft zu prophezeihen.

Frau **Becker**, als Frl. Spann früher eine accreditirte Soubrette, ist eine mit angenehmer Erscheinung und hübscher Stimme ausgestattete junge Dame, welche das Fach der zweiten Soubretten zufriedenstellend inne hat.

Aus dem Trifolium der jugendlich naiven Liebhaberinnen der Thaliabühne, Glent, Martorel und **Garlieb**, glänzt Letztere durch eine liebenswürdige Drollerie und anregende Munterkeit vortheilhaft hervor und macht sie namentlich für schnippisch-kecke Rollen verwendbar. — Frl. Libby **Garlieb**, geb. am 27. Sept. 1848 zu Leipzig, trat zuerst in ihrer Vaterstadt im dortigen Stadttheater im Alter von 4 Jahren auf und verblieb an diesem Theater, nach und nach zu immer größeren Rollen gelangend, bis zum Jahre 1862. Im Jahre 1863 folgte sie einem Engagements-Antrage an das Stadttheater in Köln, woselbst sie nur eine Saison verblieb, in den folgenden Jahren spielte sie in Elberfeld, Kissingen und Bamberg. Am 12. April 1866 trat Frl. Garlieb zum ersten Male als Theodyl in „Die Familie Benoiton" im Thalia-Theater in Hamburg auf, zu deren talentvollem jüngeren Nachwuchs dieselbe zählt.

Fräulein **Anna Glent**, seit dem Abgange von Frl. Schneeberger die erste würdige Vertreterin des Faches der ersten jugendlich naiven Liebhaberinnen, scheint bestimmt das Hamburger Publikum den Verlust obgenannter Künstlerin einigermaßen vergessen zu machen. Bei zarter, anmuthiger Erscheinung verbindet Frl. Glenk mit ungekünstelter Naivität eine Wärme und einschmeichelnde Glaubwürdigkeit des Tones, die den Zuschauer sofort für die von ihr geschaffenen Gebilde einnehmen und durch die durchdachte und zumeist gelungene Ausführung die beabsichtigte künstlerische Wirkung nie verfehlen. Besonders hervorzuhebende Rollen sind: Hermance (Kind des Glücks), Pariser Taugenichts, Anna-Lise, Aschenbrödel, Polixena (Kunst und Natur) und Erziehungsresultate. Anna Glenk, geboren den 25 Januar 1849 zu Ellingen, erhielt in München ihre Erziehung und erregte bei dem daselbst stattgehabten Künstlerfest durch den als Maienkönigin gesprochenen Prolog die weitere Aufmerksamkeit, welchem Anlaß sie ihre spätere schauspielerische Carrière verdankt. Nachdem sie unter Anleitung von Constanze Dahn ihre Vorstudien gemacht, betrat sie in Nürnberg am 11. April 1866 zum ersten Male als Evchen im verwunschenen Prinz die Bühne, woselbst sie vom October d. J. bis zum April 1867 im Engagement verblieb. Vom Mai 1867 ab trat sie in den Verband des Münchener Hoftheaters, dem sie bis zum Juni 1868 angehörte. Vom 1. August 1868 an zählt Frl. Glenk, nach einem vorhergegangenen äußerst beifällig aufgenommenen Gastspiel, zu den Mitgliedern des Thalia-Theaters. Während ihrer kurzen theatralischen Laufbahn gastirte Frl. Glenk in Augsburg, Linz, Bamberg, Kissingen und Hamburg mit bedeutendem Erfolg. Letzteres Gastspiel führte, wie erwähnt, zu einem Engagement am Thalia-Theater.

Eine im Fache jüngerer Anstandsdamen wie bürgerlicher Characterrollen äußerst glückliche Schauspielerin ist Frau Clara **Hübner**, geborene **Zitt**. Ihre „Stiefmutter" (von Benedix), Marguerite (Ein verarmter Edelmann), Julie (Werner), Dora (Ein deutsches Dichterleben) sind sorgfältig ausgearbeitet. Charactere von ästhetisch höherer Bedeutung sind ihre Adelheid (Journalisten), Herzogin (Glas Wasser), „Donna Diana". Eine edle Aristokratie ist ihren Leistungen aufgeprägt, ohne doch der Munterkeit, — z. B. der Freitag'schen Adelheid — Abbruch zu thun. Tadellose Kabinetstückchen bietet sie in den mit ihrem Gatten zusammen gespielten Rollen in den Causerieen „Im Waggon, Coupé erster Classe", „Mit der Feder", „Im Wartesalon I." — Clara Zitt wurde am 1. Januar 1842 in Trier geboren. Als Schauspielerkind war sie schon von Jugend auf mit der Bühne vertraut. In den kleinsten Verhältnissen aufgewachsen, hat sie ihre Carrière dem eigenen Fleiß, dem eigenen künstlerischen Streben und Ringen zu verdanken. Schon als Kind betrat sie die Bühne und war dann bei kleinen Theatern engagirt, bis sie im Jahre 1861 an das Victoriatheater in Berlin kam. Ein Jahr blieb sie dort und ging dann nach Riga. Nachdem sie nach einjährigem Engagement Riga verlassen, debütirte sie an der Thalia und gehörte seit dieser Zeit zu den beliebtesten Mitgliedern. Am 15. Mai d. J. verheirathete sie sich mit dem geschätzten Künstler Herrn Julius Hübner.

Den reichen Flor jugendlicher Liebhaberinnen vervollständigt Frl.

Ritzing in anmuthigster Weise durch einfaches, bescheidenes Auftreten und anspruchsloses Anschließen an den Rahmen des Ganzen.

Eine glänzende Vertreterin der Heldenmütter und Anstandsdamen ist Frau **Cesarine Kupfer**, verwittwete Gomansky, geborene Heigel. Wie sie in den ersten Jahren des Thaliatheaters als erste jugendliche Heldin und Liebhaberin brillirte, so gegenwärtig im erwähnten Rollenfache wie in den fein komischen Characterrollen. Einst als Markitta (Pinko), Hedwig (von Körner), Cäcilie (Eine Familie), Franziska (Mutter und Sohn), Parthenia ꝛc. Liebling der Hamburger, sind gegenwärtig Rollen wie Generalin (Mutter und Sohn), Herzogin (Hans Lange), Fürstin (Der geheime Agent), Ulrike (Die zärtlichen Verwandten) u. a. mustergültig. Mit einem sonoren Organe, das in hohem Grade modulationsfähig ist, verbindet die Künstlerin, von einer stattlichen Persönlichkeit unterstützt, ein von tiefem Studium und glücklicher und schneller Auffassungsgabe zeugendes Spiel. — Tochter des auch als Bühnenschriftsteller bekannten Dr. C. M. Heigel, begann die Künstlerin in ihrem 15. Jahre am Hoftheater zu Coburg ihre künstlerische Caerriere. Von dort ging sie nach Bremen, Leipzig, Cöln und kam bereits im Jahre 1844 als erste Liebhaberin an das Thaliatheater zu Hamburg. Im Jahre 1846 verheirathete sie sich mit dem beliebten Schauspieler Gomansky, den ihr nach kurzer Ehe der Tod entriß. 1850 vermählte sie sich wieder mit dem Cellisten Kupfer und verließ nach sechsjähriger Wirksamkeit Hamburg, um nach zehnjähriger Abwesenheit, während welcher Zeit sie in Wien, Linz, Pesth, Augsburg, Stuttgart, Carlsruhe u. a. O. theils engagirt war, theils beifällig gastirte, dorthin zurückzukehren.

Frl. **Martorel**, die Dritte im Bunde der jugendlichen Liebhaberinnen, rivalisirt mit Frl. Glenk auf's Glücklichste und erwirbt sich durch ihre anziehende Persönlichkeit und Darstellungsweise immer mehr die Gunst des Publikums, in welcher sie durch ihre Abigail in „Ein Glas Wasser" einen bedeutenden Schritt vorwärts gethan.

Frl. **Pauser**, die Frls. **Theyßen** und **Wienrich** bilden eine reizende Trias zweiter jugendlicher Liebhaberinnen, die an der Thaliabühne den geeignetsten Posten für ihre künstlerische Laufbahn finden.

Eine bravere Schauspielerin im Fache komischer Alten, wie ernster, bürgerlicher Mütterrollen als Frau **Lucie Petzold** ist wohl schwerlich je über die Bretter geschritten. Die herzliche Gutmüthigkeit wie die einfache Komik, die nie ins Burleskhafte ausartet, sind zwei Attribute, die von dem Auftreten dieser Schauspielerin unzertrennlich sind. Bärbel, Frau Apollonia, Madame Brunn in den Birch-Pfeiffer'schen Schauspielen „Dorf und Stadt", „Der Pfarrherr", „Eine Familie" gelingen ihr eben so gut wie die Frau Griesgram in „Die Versöhnung", Zigeunermutter in „Preciosa", Frau Zwetsche in „Ein Stündchen in der Schule"; eine Meisterleistung ist ihre Marthe in „Der zerbrochene Krug". — Diese jetzt als Frau Lucie Petzold der Anciennetät nach erstes darstellendes Mitglied des Thaliatheaters allgemein beliebte Künstlerin ward im Jahre 1816 in Berlin geboren, wo ihr Vater, Herr G. S. Thiele, dem Kaufmannsstande angehörte. Als Kind hatte sie einige Male Gelegenheit, die königlichen Theater zu besuchen. Von da an entwickelte sich das Verlangen in ihr, selbst der Bühne angehören zu dürfen. In ihrem 16. Jahre trat Frl. Thiele in den Chor des alten königstädtischen Theaters ein und spielte nebenbei zu ihrer Ausbildung in den Gesellschaftstheatern „Thalia" und „Urania" und genoß den Unterricht des königlichen Schauspielers Hrn. Ed. Krüger. Ihr erstes Engagement als eigentliche Darstellerin erhielt sie in Königsberg, wo sie am 24. October 1836 in Holtei's „Lenore" debütirte. In Königsberg verheirathete sie sich mit dem Sänger und Schauspieler Herrn Ludwig Hübsch. Das Engagement in Königsberg währte einige Jahre, dann gingen Beide nach Reval, später nach Danzig. — Verfolgt von Krankheiten und den härtesten Schicksalsschlägen (hier mag nur erwähnt werden, daß Herr Hübsch geisteskrank wurde) war Frau Hübsch genöthigt, mehrere Jahre bei einer reisenden Gesellschaft in Activität getreten. Hier fand sie der Komiker Börner, der sie als Schauspielerin von Königsberg her kannte. Er versprach der Niedergebeugten, ihr auf seiner Reise durch Deutschland eine bessere Stellung zu ermöglichen. — Börner hielt Wort, indem er Frau Hübsch Herrn Maurice empfahl, der sie für das nach dem großen Brande neu erbaute Thaliatheater engagirte. Hier betrat Frau Hübsch am 11. November 1843 zuerst die Bühne als Frau von Lobed in „Zurücksetzung" mit dem besten Erfolg. In Hamburg wurde sie bald Wittwe und verheirathete sich nach einigen Jahren zum zweiten Male mit dem Schauspieler Herrn Petzold. Allen Perioden des Thaliatheaters von seiner Gründung bis zum gegenwärtigen Zeitabschnitt angehörend, feiert Frau Lucie Petzold, in voller Künstlerschaft dastehend, am 11. November 1868 ihr 25jähriges Künstlerjubiläum als Mitglied des Thaliatheaters.

Frl. **Sperner**, eine junge Kunstnovize von hervorragender Begabung, verbindet mit interessanter, einnehmender Persönlichkeit ein wohlklingendes, modulationsfähiges Organ und tiefe Empfindung in der Darstellung, wie jüngst die Mathilde dieser Dame bewies, welche Rolle das beste Zeugniß für die unleugbare Befähigung dieser Dame für die Bühne ablegte.

Eine würdige Nachfolgerin der bedeutendsten Soubretten, die am Thalia-Theater engagirt gewesen, einer Schenrich, Herrmann, Gerber, Chorherr, Schramm, Kraft u. a. ist **Minna Wagner**, deren Eltern kurz vor dem Hamburger Brande 1846 dem „Zweiten Theater," (in der Steinstraße) angehörten. Wie ihr Vater Theodor Wagner zu den vorzüglichen Bonvivants und jugendlichen Komikern Deutschlands gehörte, so ihre Mutter, als Dem. Mathilde Backhaus damals bei Maurice engagirt, zu den beliebtesten deutschen Soubretten. Minna Wagner, am 25. October 1864 geboren, betrat zuerst die Bühne in Wien, wo sie am Theater an der Wien für jugendliche und naive Liebhaberinnen engagirt wurde. Ihre Stimmmittel entwickelten sich unter sorgfältiger und sachverständiger Leitung während ihres darauf folgenden Engagements am Stadttheater zu Würzburg so, daß sie daselbst das Fach der ersten Soubretten würdig ausfüllen konnte. Einen Schritt weiter that sie durch das Engagement am neugegründeten Volkstheater in München, wo sie erklärter Liebling des Publicums ward. Von da an datirt ihr Ruf, und Wien und Berlin machten der jungen Künstlerin die glänzendsten Anerbietungen. Noch schwankte sie zwischen beiden: da erhielt sie einen Engagementsantrag von Maurice, und ihre Fortbildung streng im Auge behaltend, ging sie nach Hamburg an die Thaliabühne, der sie seit dem August 1866 angehört. Das Spiel der Künstlerin ist ein ebenso drastisches, wie natürliches; ihre Stimme ein höchst sympatisch klingender Sopran von bedeutendem Umfange und vorzüglicher Ausbildung.

Frau **Anna Zipser**, schon als Frl. Zipser zu den Hauptzierden der Thalia zählend, hat es verstanden, die ihr einmal geschenkte Gunst fortdauernd und ungeschwächt bei ihrem Wiedereintritt in den Verband der Thaliabühne sich zu erhalten. Eine imponirende Erscheinung, mit allem Reiz auffallender jugendlicher Schönheit, ein seltener Wohlklang des Organs, tiefe Empfindung und wieder übersprudelnde heitere Laune, die nie die Grenzen des wahrhaft Schönen und edler Weiblichkeit überschreitet, sind die Attribute, welche dieser Künstlerin, in jeder ihrer Rollen den vollständigsten Erfolg sichern. — Anna Zipser, geb. 1848 den 20. August zu Berlin, ist Schülerin der Königl. preuß. Hofschauspielerin Frau Wilhelmine Werner geb. Franz. Ihr erstes Engagement war 1864 in Crefeld. Die darauf folgende Saison 1865 in Königsberg i. P. In beiden Engagements besonders in letztgenanntem wurde sie vom Publicum in hervorragender Weise bevorzugt. Das Jahr 1866 führte sie an die Thaliabühne in Hamburg, an welcher sie sich bald die allgemeinste Beliebtheit erwarb und die sie im Mai 1867 in Folge ihrer Verheirathung verließ, dieselbe jedoch, obgleich in jeder Beziehung sehr glücklich verheirathet, lediglich aus Liebe zur Kunst im August 1868 wieder betrat und dasselbe freundliche Entgegenkommen, von Seiten des Publicums, wie bei ihrem ersten Engagement fand.

Indem wir diese Revue des gegenwärtigen Personalbestandes des Thalia-Theaters schließen, haben wir noch zweier Persönlichkeiten Erwähnung zu thun, die, wenn auch nicht dienstbuhend thätig, doch ihr nicht zu unterschätzendes Verdienst um das Gelingen der Aufführungen haben. Wir meinen Herrn E. Stiegmann und Frl. Faller.

Herr **Eduard Stiegmann** ist den Besuchern des Thalia-Theaters von seinem Dirigentenpulte her seit Bestehen des Theaters bekannt. Herr Stiegmann leitet seit einem Vierteljahrhundert das Orchester des Institutes und hat zu den Vaudevilles anerkannt reizende Musik geschrieben, sich überhaupt in der musikalischen Welt durch seine Compositionen einen wohlverdienten hochgeachteten Namen erworben.

Frl. **Emilie Faller**, die geistvolle Inspectrice der Thaliabühne, ist die leitende Hand der Scene. Ihr Urtheil entscheidet in vielen Fällen und die in Scene gesetzten Stücke zeigen das seltene, umsichtige und erfahrungsreiche Arrangirtalent der Dame, der oft die vollständige Leitung und das Arrangement der Stücke überlassen bleibt und für welches oft die Regie der Thalia ein Lob erndtet, welches eigentlich diesem unsichtbar und unermüdlich waltenden Fräulein gebührt. Es freut uns daher aufrichtig, an dieser Stelle öffentlich auf das äußerlich unbemerkbare Wirken dieser Dame hinweisen und Publikum und Kritik auf das bedeutende Verdienst derselben aufmerksam machen zu können, damit ihr die Anerkennung stets zu Theil werde, die sie sich durch ihre Verdienste um das Thalia-Theater seit Jahren erworben.

Von früher dem Verbande des Thalia-Theaters angehörenden Mitgliedern erwähnen wir noch zum Schlusse folgende:

Eine künstlerische Capacität ersten Ranges ist Herr C. A. **Görner**, dessen Leistungen seit Jahren anerkannt und berühmt und den Stempel echter unverfälschter Künstlerschaft tragen. Genaue Menschenkenntniß, scharfe Beobachtung, außergewöhnliche Auffassung und bis in die kleinsten Falten des darzustellenden Charakters meisterhaft ausgemalte Durchführung, sind die seltenen Vorzüge, die diesen Darsteller auszeichnen. So bedeutend Görner als Schauspieler, so leistet er als Regisseur nicht minder Hervorragendes und ist die Inscenesetzung der von ihm geleiteten Stücke in der Regel eine musterhafte. Und um ein vollendetes Bild der außergewöhnlichen Vielseitigkeit dieses Mannes zu geben, haben wir noch zu erwähnen, daß Görner gleichzeitig zu den beliebtesten und fruchtbarsten Bühnenschriftstellern zählt, da derselbe bis zum Augenblicke nicht weniger als 134 Theaterstücke geschrieben und viele derselben sich fortwährend auf allen Bühnen als Repertoirstücke erhalten haben. Görner zählt somit jedenfalls, wenn auch nicht zu den besten, so doch zu den fruchtbarsten Bühnenautoren Deutschlands. — C. A. Görner ist in Berlin am 29. Januar 1806 geboren. Sein Vater war ein hochgestellter Beamter im Finanz-Ministerium, war ein treuer Freund Ifflands, Mattauschs und Unzelmanns, sowie später ein Freund Ludwig Devrients. Görner besuchte schon als 4jähriger Knabe das Theater. Später wohnte er mit Ludwig Devrient in einem Hause, und zwar im Thiergarten, in dem sogenannten Teichmannschen Blumengarten. Devrient pflegte seine Rollen häufig auf der Promenade von der Louisen-Insel bis zur Rousseau-Insel zu memoriren, und Görner hatte das Glück, hierbei sein Souffleur zu sein. Dadurch wurde seine Lust zur dramatischen Kunst immer größer. Er entdeckte sich dem großen Meister und dieser studirte ihm einige Rollen ein, z. B. den Florian in der „Großmama", Schneider Fips, Rudolf in „Hedwig" u. s. w. 1822 verließ Görner heimlich Berlin und wanderte zu Fuß im Februar nach Stettin, wo ihn der Director Curiol mit einer Wochengage von zwei Thalern engagirte. Später ward er Mitglied des herzoglichen Theaters in Köthen und übernahm, als das Hoftheater einging, die Direction. Görner spielte mit seiner Gesellschaft in Halle, Chemnitz, Freiberg, Zittau und Bautzen. 1827 gab er die Direction auf und wurde am großherzoglichen Hoftheater in Strelitz als erster Charakterspieler engagirt, später Oberregisseur und dann Director mit lebenslänglichem Contract. Während der Ferienzeit gastirte er an verschiedenen Bühnen, nach Devrients Tode am Königlichen Theater in Berlin, als Shylock, Ossip, Reisender in Mirandolina, Elias Krumm — dann wieder nach Seidelmanns Tod als Shylok, Franz Moor, Karl XII., Armer Poet u. s. w. Ferner gastirte er in Hamburg, Dresden, Breslau ec. und wurde in seinen meisterhaften Charakterrollen stets mit Beifall überschüttet. Nach der Auflösung des Hoftheaters 1849 ging Görner nach Breslau als erster Charakterspieler, wo er gleichzeitig die Regie übernahm. Dort war er der Liebling des Publikums. 1853 wurde er nach Berlin berufen und nahm bei dem Friedrich-Wilhelmstädtischen Theater Engagement, später leitete er das Kroll'sche Theater und kam

1857 nach Hamburg, wo er beim Stadttheater als Charakterspieler und Oberregisseur fungirte. 1863 trat er als Regisseur und Mitglied in das Thalia-Theater und 1866 wieder beim Stadt-Theater als artistischer Director ein, dem er seither angehört.

Unter den Künstlern, die am Steinstraßen- wie am Thaliatheater engagirt waren, ist de Marchions Name einer der klangvollsten. — **Heinrich de Marchion**, geb. in Hildesheim 1816, erhielt seinen ersten Musik- und Gesang-Unterricht am katholischen Josephinum in Hildesheim und gelangte schon als 12jähriger Knabe — unterstützt durch seine herrliche Kinderstimme, zu der Auszeichnung, in einem Concerte, welches in seinem väterlichen Hause von der berühmten Henriette Sonntag gegeben wurde, eine Arie singen zu dürfen. In Lübeck spielte er seine erste Rolle, den Fiorillo im „Barbier von Sevilla". Dann erhielt er ein Engagement beim Director Schleemüller in Flensburg, trat dort als „Johann von Paris", Raul in „Blaubart", Obrist Francarville in „Fanchon" und verschiedene andere Parthien mit Beifall auf und wurde nach dieser Saison beim Director Maurice in Hamburg (Steinstraßentheater) engagirt, wo zu der Zeit ein Verein von jungen Kräften: Wilh. Kläger, Gomansky, Gödemann, Theodor Wagner, Rottmaier ꝛc. sich befand. Dort blieb Marchion wohl 1½ Jahr, bildete sich auch als Schauspieler aus und nahm dann ein Engagement beim Stadttheater in Magdeburg an. Dort sah ihn Plock von Berlin und Marchion wurde durch denselben an den Dir. Cerf empfohlen. Gleich nach seinem Eintreffen in Berlin schloß Marchion Freundschaft mit dem, in gleichen Alter stehenden Ferdinand Gumbert, dem liebenswürdigen Componisten, und seine ersten Lieder schrieb Gumbert für seinen Freund Marchion. So blieb er bis 1843 in Berlin, wo das königstädtische Theater geschlossen wurde und reiste dann mit Fritz Beckmann und Frau zum Gastspiel nach Prag und Wien und wurde vom Director Carl engagirt. Im Jahre 1845, während seines Urlaubs ging Marchion nach Dresden, gastirte dort als Johann von Paris, Nemorino in Liebestrank, Postillon von Lonjumeau und wurde engagirt, blieb aber später, durch einen brillanten Contract vom Dir. Carl verlockt, in Wien, bis 1848 die Revolution ausbrach und Carl seinen Mitgliedern Abzüge von der Gage machte. Dies gefiel unserm Marchion nicht und er benutzte seinen Urlaub im Monat August, um abermals in Dresden zu gastiren, ging später nach Hamburg zu Herrn Dir. Maurice, woselbst er wohl 2 Jahre blieb. Von Hamburg ging Marchion nach Cassel, Berlin, Magdeburg zum Gastspiel und nahm dann beim Hoftheater in Oldenburg ein Engagement an. Nachdem das Hoftheater in Oldenburg aufgelöst wurde, ging Marchion nach Cöln, Carlsruhe, Amsterdam und kam dann wieder nach Dresden ins Engagement, wo derselbe in ausgezeichneter Weise im Fache der Tenorbuffos und komischen Rollen wirkte. Für seine Tüchtigkeit spricht, daß ihm die Hohe General-Direction die Rollen des kürzlich zu früh verstorbenen Raeder anvertraut, in denen Marchion in „Aladin" und zuletzt in „Ella" mit vielen Auszeichnungen reüssirt hat. Marchion ist nun bereits seit 15 Jahren in Dresden ein Liebling des Publikums. Als Spieltenor ist Marchion wohl einer der begabtesten gewesen und sind Rollen wie Pluto im „Orpheus", Pedrillo in „Die Entführung", Sichel in „Doctor und Apotheker", Töffel in „Die Jagd", Iwanow in „Czaar und Zimmermann", Fröhlich, Farinelli „Der reisende Student", Hans in „Hans und Hanne", Spärlich in „Die lustigen Weiber", Peter in „Die Kunst, geliebt zu werden" und viele andere, dem Dresdner wie dem auswärtigen Publikum gewiß noch in angenehmer Erinnerung. Wünschen wir ihm im neuen Fach dasselbe Glück!

Ludwig Wollrabe ist im Jahre 1808 in Hamburg geboren und betrat 1824 zuerst die Bühne seiner Vaterstadt, die damals unter der Direction der Herren Herzfeld und Schmidt stand. In dem noch jugendlichen Alter war es nicht möglich, ihm größere Rollen anzuvertrauen als Episoden, aber der Drang, einst etwas in der Kunst zu leisten, trieb ihn nach einem Jahre schon in die Welt hinaus. Bittere Erfahrungen stählten seinen Willen und nachdem derselbe all die Mißgeschicke wandernder Truppen kennen gelernt, gastirte er im Jahre 1835 auf der königl. Bühne zu Hannover mit vielem Glück. Ein Jahr darauf wurde ein Engagement nach Cöln abgeschlossen, von da nach Breslau und hierauf 1838 nach Leipzig. Nach jahrelanger Thätigkeit als erster Held und Liebhaber kam er in das Engagement nach Düsseldorf, von da nach Bremen und trat Anfang 1846 am Thalia-Theater auf. Die Engagements als Regisseur nach Breslau und Riga sind bekannt. Jetzt weilt derselbe als Ober-Regisseur am deutschen Theater in Lemberg.

Anna Schramm, die beliebteste aller Soubretten Berlins gehörte dem Thaliatheater zweimal an. Der Kreis ihrer Rollen ist keineswegs ein so beschränkter, wie man es von einer ächten Berliner Soubrette erwartet. Im feinen Lustspiel und im kernigen Volksstücke steht Anna Schramm ebenso brav da, wie in der Berliner Posse. Bei dem Dominiren derselben jedoch ist es natürlich, daß sie als Vertreterin der pointenreichen Stücke der Possenschriftsteller Berlins am bekanntesten ist. In manchen Rollen dieser Gattung steht sie einzig da, wie als „Leichte Person", „Gräfin Guste", Schusterjunge in „Krethi und Plethi" und vor Allem als Laura im „Goldonkel". Anderer Art ist ihr Humor im französisch leichtblütigen „Pariser Taugenichts" und als gemüthliche derbe Chonchon. Was diese Partieen mit einander verbindet, ist die reizendste, rosafarbene Laune, die, frei von allem Haschen nach Beifallsspenden, dieselben um so leichter erringt. Die äußeren Lebensverhältnisse der „kleinen Schramm" sind sehr einfach. Sie wurde in Reichenberg in Böhmen geboren; doch waren ihre Eltern in Preußen domicilirt. Ihre Mutter, eine geborne Grahmann, Schülerin Küstners, war als Sängerin und Schauspielerin beliebt und gehörte bis vor zehn Jahren der Bühne an. Anna Schramm ward frühzeitig für die Bühne bestimmt. Zuerst sich dem Kothurn widmend, vertauschte sie diesen später mit dem Soккus, der ihrer ganzen Individualität mehr angemessen war. Die ersten Anfänge ihrer Künstlerschaft übergehend, bemerken wir, daß ihre vorzüglichsten Engagements in Königsberg, Danzig, Berlin (Wallner- und Friedrich-Wilhelmstädtisches Theater), Hamburg (Thalia-Theater) und Braunschweig waren. In Hamburg war sie die richtige Soubrette, dem Komikerdreiblatt Liebler-Reichenbach-Baum, in Berlin die glücklichste Vertreterin der Berliner Posse, dem Trifolium Helmerding-Reusche-Neumann ergänzend zur Seite zu stehen. Hamburg sah sie zuletzt bei ihrem kurzen Gastspiel im Karl Schultze'schen Theater, das alle Sympathieen für den früheren Liebling erneute. Eine gefährliche Krankheit in verflossener Saison hat die Künstlerin glücklich überstanden und wirkt sie mit ungeschwächter, liebenswürdiger Komik gegenwärtig an der Friedrich-Wilhelmstadt.

Marie Niemann-Seebach! Bei der Nennung dieses Namens steht vor unserem Geiste das Bild eines vollendeten Kunstideals. Gleich groß in der Tragödie wie im Conversationsstück, gleich groß in der gewaltigen Gestalt der Hebbel'schen Chriemhilde wie in dem lieblichsten Gebild des deutschen Mädchenthums, dem Goethe'schen Gretchen; königlich leidend und königlich stolz als Maria Stuart, fürstlich edel und liebenswürdig als Prinzessin im „Tasso", ist sie echt einfach und bürgerlich wahr als Eugenie in „Die Geschwister" (von Raupach) und „Mathilde"; der zarteste Hauch der Poesie weht über ihre „Ophelia" und „Desdemona". — Die Eltern dieser Künstlerin in des Wortes schönster Bedeutung nahmen im künstlerischen wie im bürgerlichen Leben eine geachtete Stellung ein. Ihr Vater, Ehrenbürger in Cöln, war dort ein populär geworderner, beliebter Komiker, ihre Mutter, eine geborne Blumauer, talentvolle Sängerin. Marie Seebach wurde im Jahre 1835 in Riga geboren und begann schon als einjähriges Kind in Cöln ihre theatralische Laufbahn. Den kleinsten Kinderrollen folgten allmälig größere, wie Walther Tell, Otto in Müllner's „Schuld", Lilly im „Donauweibchen". Zur Jungfrau herangewachsen, finden wir sie später als Soubrette in Nürnberg und Cassel. Dann ward ihre Carrière in Sturmesschnelle eine glänzende. Sie kam nach Hamburg an die unter Maurice und Wurda vereinigten Theater als erste tragische Liebhaberin. Ihre berühmte Rolle, das Goethe'sche Gretchen, spielte sie in Hamburg zuerst. „Mathilde", „Jane Eyre", „Adrienne Lecouvreur", „Lady Tartüffe" wurden von ihr hier geschaffen. Hamburg verlor die Künstlerin an die Wiener Burg. Ihrem Wiener Engagement folgte das in Hannover, wo sie am dortigen Hofe zugleich die Stellung einer Vorleserin der königl. Majestäten einnahm. Die nächste Zeit war bekanntlich für die geniale Frau eine an herbsten Erfahrungen reiche. Frau Niemann-Seebach lebt jetzt mit ihrem einzigen Kinde in Frankfurt a. M., dann und wann einem Gastspielrufe folgend. Die Erfolge der Künstlerin auf allen namhaften deutschen Bühnen, namentlich in München, Hamburg, Berlin, Wien, Hannover, Amsterdam, Königsberg, Petersburg, Frankfurt a. M. ꝛc. sind hinlänglich bekannt. Ihr Repertoir bewegt sich außer in den genannten, hauptsächlich noch in folgenden Rollen: Klärchen (Egmont), Julie (Romeo und Julie), Katharina (Widerspenstige), Louise (Kabale und Liebe), Jungfrau von Orleans und ähnlichen Gebilden dramatischer Meister.

Lucie Pezoldt.

II. Abtheilung.

Statistischer Theil.

I.

Personalverzeichniss

der Mitglieder des Thalia-Theaters

vom Jahre 1843—1868.

1843.

Herren: Börner, erste komische Parthieen. Buffo's. Boy, erste Liebhaber. Fichtmann, jugendl. Liebhaber. Goppe, erste Liebhaber. Günther I., Nebenrollen u. Chor. Günther II., desgleichen. Keller, Characterrollen. Landt, ernste und komische Characterrollen, komische Alte. Mantel, Nebenrollen und Chor. Marowsky, desgl. C. Meixner, Bonvivants, Chevaliers. Meyer, niedrig komische Parthieen. Schrader, Characterrollen, Dümmlinge. Vorsmann, Lokalparthieen. Wilke, erste komische Parthieen. Wraske, ernste und kom. Characterrollen.

Damen: Frl. Albert, kleine Rollen und Chor. Frl. Julie Herrmann, erste jugendliche Liebhaberinnen. Frl. Hansen, kl. Rollen und Chor. Mad. Hübsch, Anstandsdamen, Heldenmütter, gesetzte Liebhaberinnen. Frl. Keller, erste Liebhaberinnen. Mad. Meixner, Aushülfsrollen. Frls. Ostermeyer I. und II., Nebenrollen und Chor. Mad. Rusza, Liebhaberinnen. Frl. Scheurich, erste Soubretten. Frl. Stawenow, Aushülfsrollen, Chor. Mad. Vorsmann, erste komische Alte und Mütter. Frl. Vorsmann, zweite Lokalparthieen und zweite Mütter. Mad. Wilke, Liebhaberinnen. Frl. Winter, Soubretten und Liebhaberinnen.

1844.

Herren: Baum, ernste und komische Väter, Characterrollen. Börner, erste kom. Rollen, Buffoparthieen. Boy, erste Helden und Liebhaber. Czaschke, Liebhaber, Dümmlinge. Fichtmann, jugendl. Liebhaber. Gomansky, erste jugendl. Liebhaber u. Helden, Bonvivants. Goppe, erste Liebhaber. Keller, Characterrollen, Väter. Kissner,

Bäter. Meyer, niedrig kom. Parthieen. Reinhardt (Regisseur), ernste und kom. Characterrollen, humoristische Bäter. Schrader, jugendl. kom. Characterrollen, Chevaliers, Dümmlinge. Vogel (Regisseur), ernste und kom. Characterrollen. Vorsmann, Lokalparthieen. Wilke, erste kom. Parthieen.

Damen: Frl. Albert, kleine Rollen. Frl. Cäsarine Heigel (spätere Kupfer-Gomansky), erste Liebhaberinnen. Frl. Julie Herrmann, erste jugendl. Liebhaberinnen. Frl. Höfer, erste jugendl. Liebhaberinnen, Lokalparthieen. Mad. Hübsch (spätere Petzold), Anstandsdamen, Heldenmütter. Mad. Kissner, kleine Parthieen. Mad. Meixner, Liebhaberinnen. Frl. Ostermeyer, kl. Parthieen. Frl. Polletin, Tänzerin. Frl. Rott, Tänzerin. Mad. Vorsmann, kom. Alte, Mütter. Frl. Vorsmann, Lokalparthieen, Aushülfsrollen. Frl. Wassmann, Liebhaberinnen. Mad. Wilke, Liebhaberinnen.

1845.

Herren: Birkbaum, kom. Rollen. Czaschko, zweite u. dritte Bäter. Gomansky, erste jugendl. Liebhaber, Bonvivants, Naturburschen. Goppe, erste und zweite Liebhaber. Günther, Aushülfsrollen. Hellwig, Aushülfsrollen. Holtz, größere Aushülfsrollen. Kissner (Chordirector) Bäter, Dialectrollen. Kronenberg, Laubell, Mantel, Marowsky, Aushülfsrollen. August Meyer, niedrig komische Rollen. Ludwig Meyer (Regisseur), erste Helden und humoristische Bäter, Character- und fein komische Rollen. Müller, erste Liebhaber, jugendl. Characterrollen. E. Schrader, jugendl. kom. Characterrollen, Dümmlinge, Chevaliers. F. Schrader, kom. Characterrollen, launige Bäter. Schramm, erste Characterrollen, Intriguants. Sebritt, zweite und dritte Bäter, Wiener Lokalrollen. Vorsmann, Lokalparthieen, größere Aushülfsrollen. Walzer, Aushülfsrollen. Wilke, erste kom. Parthieen, Characterrollen.

Damen: Frl. Albert, kl. Rollen. Frl. Ganz, größere Aushülfsrollen. Frl. Graff, dritte Liebhaberinnen. Frl. Cäs. Heigel, erste Liebhaberinnen. Mad. Hentschel, Frl. Julie Herrmann, erste jugendl. Liebhaberinnen, Soubretten. Frl. Höfer, erste jugendl. Liebhaberinnen, Wiener Localparthieen. Mad. Hübsch, Anstandsdamen, Heldenmütter. Mad. Kissner-Scheurich, erste Soubrettenparthieen. Frl. Krüger, zweite Liebhaberinnen. Mad. Meixner, Mütter- und Aushülfsrollen. Frl. Ostermeier II., desgleichen. Frl. Rott (Tänzerin), Aushülfsrollen. Frl. Vorsmann, Aushülfsrollen, Localparthieen. Mad. Vorsmann, kom. Alte, Mütter. Frl. Walzer, Frl. Wassmann, dritte Liebhaberinnen. Mad. Wilke, zweite Liebhaberinnen.

1846.

Herren: Birkbaum, kom. Rollen. Czaschke, zweite und dritte Bäter. Fichtmann, jugendl. Liebhaber. Goppe, erste und zweite Liebhaber. Gomansky, erste jugendl. Liebhaber, Bonvivants,

Naturburschen. Hahn, Aushülfsrollen. Holtz, größere Aushülfsrollen. Landt, Characterrollen. Laubell, Aushülfsrollen. Müller, erste Liebhaber und jugendl. Characterrollen. August Meyer, niedrig kom. Rollen. Ludwig Meyer (Regisseur), erste Helden und humoristische Väter, Character- u. fein kom. Rollen. Marowsky. Mantel, Richard, Aushülfsrollen. E. Schrader, jugendl. kom. Characterrollen, Chevaliers, Dümmlinge. F. Schrader, kom. Characterrollen, launige Väter. Schramm, erste Characterrollen, Intriguants. Schritt, zweite und dritte Väter, Wiener Lokalrollen. Wilke, erste komische Parthieen, Characterrollen.

Damen: Frl. Eisenmenger, jugendliche Liebhaberinnen. Frl. Herrmann, erste jugendl. Liebhaberinnen, Soubretten. Frl. Höfer, erste jugendl. Liebhaberinnen, Wiener Lokalparthieen. Frl. Heigel (Frau Gomansky) erste Liebhaberinnen. Frau Hübsch, Anstandsdamen, Heldenmütter. Frau Kissner, erste Soubretten. Frl. Schrader, jugendl. Liebhaberinnen. Fr. Vorsmann, komische Alte, Mütter. Frl. Wassmann, dritte Liebhaberinnen. Fr. Wilke, zweite Liebhaberinnen.

1847.

Herren: Birkbaum, komische Rollen. Dawison, erste Helden und Liebhaber, Characterrollen. Feltscher, jugendl. Liebhaber. Gomansky, erste jugendl. Liebhaber, Bonvivants, Naturburschen. Hennies, Aushülfsrollen. Holtz, größere Aushülfsrollen. Kronenberg, Laubell, Aushülfsrollen. Landt, Characterrollen. Aug. Meyer, niedrig kom. Rollen. Ludwig Meyer (Regisseur), erste Helden- und humorist. Väter, Character- und fein kom. Rollen. Müller, erste Liebhaber und jugendl. Characterrollen. Petzold, Characterrollen. E. Schrader, jugendl. komische Characterrollen, Chevaliers, Dümmlinge. Schramm, erste Characterrollen, Intriguants. Vorsmann, Lokalparthieen, größere Aushülfsrollen. Walzer, Aushülfsrollen. Wilke, erste kom. Parthieen, Characterrollen.

Damen: Frl. Albert, Kammermädchen. Frl. Eisenmenger, jugendl. Liebhaberinnen. Frl. Feigl, jugendl. Liebhaberinnen. Frau Gomansky, erste Liebhaberinnen. Frl. Julie Herrmann, erste jugendl. Liebhaberinnen, Soubretten. Frl. Höfer, erste jugendl. Liebhaberinnen und Wiener Lokalparthieen. Mad. Hübsch, Anstandsdamen, Heldenmütter. Mad. Meixner, kl. Rollen. Mad. Vorsmann, kom. Alte, Mütter. Frl. Wassmann, dritte Liebhaberinnen. Mad. Wilke, zweite Liebhaberinnen.

1848.

Herren: Bachmann, erste kom. Characterrollen, Väter. Birkbaum, komische Rollen. Dawison, erste Liebhaber und Helden. Feltscher, jugendl. Liebhaber. Gomansky, erste jugendl. Liebhaber, Naturburschen. Hennies, Holtz, größere Aushülfsrollen. Laubell, Aushülfsrollen. Aug. Meyer, niedrig kom. Rollen. Ludwig Meyer

(Regisseur) erste humoristische und Heldenväter, Character- und fein kom. Rollen. Müller, erste Liebhaber, jugendliche Characterrollen. Petzold, :äter. E. Schrader, jugendl. kom. Characterrollen, Chevaliers, Dümmlinge. Schramm, erste Characterrollen, Intriguants. Vorsmann, Localparthieen und größere Aushülfsrollen. Wilke (Regisseur), erste kom. Parthieen, Characterrollen.

Damen: Frl. Arens, Soubretten. Frl. Eisenmenger, jugendl. Liebhaberinnen. Frau Gomansky, erste Liebhaberinnen. Frl. Herrmann, erste jugendl. Liebhaberinnen, Soubretten. Frl. Höfer, erste jugendl. Liebhaberinnen, Wiener Localparthieen. Frau Meyer, Liebhaberinnen. Frau Petzold. Anstandsdamen, Heldenmütter. Frl. Aug. Schulz, erste Soubretten. Frl. Vorsmann, Mütter, Localparthieen. Frau Vorsmann, kom. Alte. Frl. Wassmann, dritte Liebhaberinnen. Frau Wilke, zweite Liebhaberinnen.

1849.

Herren: Bachmann, Birkbaum, Danielsonn, Dawison, Gomansky, Hennies, Hensel, Holtz, Laubell, Kronenberg, Marr (Ober-Regisseur), de Marchion, Aug. Meyer, Ludwig Meyer, Müller, Nesmüller, Petzold, Vorsmann, Wilke, Walzer.

Damen: Frl. Armbrecht, Frl. Eisenmenger, Frl. Gerber, Frl. Höfer, Frau Gomansky, Frl. Meixner, Frau Petzold, Frl. Ostermeyer, Frl. Sangalli, Frau Schütze, Frl. Vorsmann, Frl. Wassmann, Frau Wilke, Frl. Walzer.

1850.

Vereinigte Theater.

Herren: Bachmann, Baumeister (Oberregisseur), Becker, Butterweck, Caspar, Erkel, Fehringer, Frohn, Galster, Gloy, v. Gogh, Hollmann, Holtz, Hungar, Kaps, Alexander Kökert, Ludwig Kökert, Kowalsky, Laubell, Lehmann, Lettinger, Lindemann, Löwe, Marr (Oberregisseur), de Marchion, Meutschel, A. Meyer, Müller, Röthel, Saupe, Schäfer (Regisseur), Schütky, Stolp, Starke, Weber, Weixelstorfer, Wiemann, Wilke, Wurda (Director)

Damen: Fr. Baumeister, Frau Claus, Frl. Fuhr, Frl. Gerber, Frl. Höffert, Frl. Kral, Frau Lebrün, Frl. Liebich, Frl. Lücke, Frau Marlow, Frau Marr, Frau Maximilien, Frl. Meideck, Frau Petzold, Frl. Soostmann, Frau Stotz, Frl. Sulzer, Frl. Vorsmann, Frl. Johanna Wagner, Frau Wilke, Frl. Würzburg.

1851.

Vereinigte Theater.

Herren: Bachmann, Baumeister (Oberregisseur), Becker, Butterweck, Caspar, Erkel, Fehringer, Frohn, Galster, Gloy,

v. Gogh, Hollmann, Holtz, Hungar, Kaps, Alexander Kökert, Ludwig Kökert, Kovalsky, Laubell, Lehmann, Lettinger, Lindemann, Löwe, Marr (Oberregiffeur), Mentschel, A. Meyer, Müller, Röthel, Saupe (Chorrepetitor), Schäfer (Regiffeur), Schütky, Stotz, Starke, Weber, Weixelstorfer, Wiemann, Wilke, Wurda (Director).

Damen: Frau Baumeister, Frau Claus, Frl. Fuhr, Frl. Gerber, Frl. Höffert, Frl. Kral, Frau Lebrün, Frau Marr, Frau Maximilien, Frl. Meideck, Frau Petzold, Frl. Soostmann, Frau Stolz, Frl. Sulzer, Frl. Vorsmann, Frl. Johanna Wagner, Frau Wilke, Frl. Würzburg.

1852.

Vereinigte Theater.

Herren: Alexander, Bachmann, Becker, Börner, Caspar, Eppich, Erkel, Fehringer, Frohn, Gloy (Regiffeur), v. Gogh, Hollmann, Holtz, Hungar, Kaps, Kökert, Kowalsky, Landvogt, Laubell, Lettinger, Lindemann, Löwe, Mende, Mentschel, Müller, Pelz, Preumayr sen., Preumayr jun., Rausch, Reichardt, Röthel, Rüthling, Schäfer (Regiffeur), Schütky, Starke, Türkheim, Weber, Weirauch, Wiemann, Wilke (Regiffeur).

Damen: Frl. Cissig, Frau Gaspary, Frl. Geisthardt, Frl. Gerber, Frl. Kallies, Frl. Kowalsky, Frau Lampe, Frl. Lücke, Frau v. Stradiot-Mende, Frau Maximilien, Frl. Molendo, Frau Petzold, Frau Schaub, Frl. Scholz, Frl. Seebach, Frl. Sostmann, Fr. Starke, Frl. Steinau, Frl. Vorsmann, Frl. Würzburg.

1853.

Vereinigte Theater.

Herren: Alexander, Bachmann, Becker, Börner, Caspar, Eppich, Erkel, Fehringer, Frohn, Gloy (Regiffeur *ad interim*), v. Gogh, Hollmann, Holz, Hungar, Kaps, Kökert, Kowalsky, Landvogt, Laubell, Lettinger, Lindemann, Löwe, Mende, Mentschel, Müller, Pelz, Preumayer sen., Preumayer jun., Rausch, Reichardt, Röthel, Rüthling, Schäfer (Regiffeur), Schütky, Starke, Türkheim, Weber, Weirauch, Wiemann, Wilke (Regiffeur).

Damen: Frl. Cissig, Frau Caspary, Frl. Geisthardt, Frl. Gerber, Frl. Kallies, Frl. Kowalsky, Frau Lampe, Frl. Lücke, Frau v. Stradiot-Mende, Frau Maximilien, Frl. Molendo, Frau Petzold, Frau Schaub, Frl. Scholz, Frl. Seebach, Frl. Sostmann, Frau Starke, Frl Steinau, Frl. Vorsmann, Frl. Würzburg.

1854.

Vereinigte Theater.

Herren: Alexander, Bachmann, Becker, Berndt, Börner, Caspar, Eppich, Erkel, Frohn, A. Fischer, Gloy (Regisseur), v. Gogh, L. Günther, Hahn, Hollmann, Holtz, Hungar, Kaps, Kökert, Kowalsky, Landvogt, Laubell, Lindemann, Löwe, Mentschel, Müller, Pelz, Preumayr sen., Preumayr jun., Rottmayer (Oberregisseur), Röthel, Schäfer (Regisseur), Schütky, Starke, Stein, Weber, Wiemann (Comparsen-Inspector), Wilke (Regisseur).

Damen: Frl. Bossler, Frau Burggraf, Frl. Chorherr, Frl. Cissig, Frl. Garrigues, Frl. Grahn, Frl. Kallies, Frl. Kowalsky, Frl. Lücke, Frau Maximilien, Frau Petzold, Frau Schaub, Frl. Scholz, Frl. Seebach, Frl. Sostmann, Frau Starke, Frl. Steinau, Frl. Uetz, Frl. Vorsmann.

1855.

Herren: Fr. Bachmann, Väter und Characterrollen. Otto Bachmann, kom. Alte, fein kom. Rollen. Caspar, erste kom. Rollen, Juden, Gecken. Eichenwald d. ä., humoristische Väter, polternde Alte. Eichenwald d. j., erste kom. Gesangspartieen. Fabricius, jugendl. Liebhaber. Holtz, Lokalpartieen und niedrig kom. Rollen. Kopka, jugendl. Liebhaber. Löwe, ernste und kom. Gesangspartieen, Characterrollen. Maass, jugendl. Liebhaber. Preumayer, bedeutende Nebenrollen. Stilke, komische Rollen. Wilke, erste kom. Characterrollen. Wollrabe, ernste und kom. Characterrollen. Zimmermann, erste Liebhaber und Bonvivants.

Damen: Frl. Brand, Liebhaberinnen. Frau Gaspary, bedeutende Nebenrollen. Frl. Halbreiter, ernste und kom. Mütter, Gesangspartieen. Frl. Lichtner, jugendl. Liebhaberinnen. Frl. Lohse, kl. Lokalpartieen. Frau Petzold, ernste u. kom. Mütter, Anstandsrollen. Frl. Roland, Soubretten. Frl. Steffen, jugendl. Liebhaberinnen. Frl. Steinau, erste jugendl. Liebhaberinnen.

1856.

Herren: Bachmann, kom. Alte, fein kom. Rollen. Caspar, erste kom. Rollen, Juden, Gecken. Eichenwald, erste kom. Gesangspartien. Grunert, zweite Liebhaber. Hanisch, erste jugendl. Liebhaber, Bonvivants. Holtz, Lokalpartieen und niedrig kom. Rollen. Klein, Väter, Characterrollen. Pohl, jugendl. kom. Rollen, Dümmlinge, Gecken, Tenorbuffopartieen. Triebler, erste niedrig komische Rollen. Wollrabe, ernste und kom. Characterrollen. Zimmermann, erste Liebhaber und Bonvivants.

Damen: Frau Gaspary, bedeutende Nebenrollen. Frl. Gossmann, erste jugendl. Liebhaberinnen. Frl. Hartmann, erste jugendl.

Liebhaberinnen. Frl. Hintz, erste muntere Liebhaberinnen, jugendl. Salondamen. Frl. Kratz, Soubretten. Frl. Krempien, jugendliche Liebhaberinnen. Frl. Miller, erste Anstandsdamen u. chargirte Rollen. Frau Petzold, ernste u. kom. Mütter, Anstandsrollen. Frl. Renaert, jugendl. Liebhaberinnen. Frl. Roland, Soubretten. Frl. Steffen. jugendl. Liebhaberinnen.

1857.

Herren: Bachmann, kom. Alte, fein kom. Rollen. Caspar, erste kom. Rollen, Juden, Gecken. Eichenwald, erste kom. Gesangspartieen, Bonvivants. Hanisch, jugendl. Liebhaber, Bonvivants. Holtz, Lokalpartieen und niedrig kom. Rollen. Klein, Väter, Characterrollen. Löwe. Characterrollen, humoristische Väter. Monhaupt, Aushülfsrollen. Niemann, zweite jugendl. Liebhaber. Seeburg, kl. Rollen. Triebler, erste kom. Rollen. Wendt, Aushülfsrollen. Zimmermann, erste und Characterliebhaber, Bonvivants.

Damen: Frl. Bruckbräu, feinkom. Mütter, Anstandsrollen. Frau Gaspary, Aushülfsrollen. Frl Geistinger, erste Soubrettenpartieen. Frl. Gossmann, erste jugendl. Liebhaberinnen. Frl. Hintz, erste Liebhaberinnen, junge Salondamen. Frl. Krempien, jugendl. Liebhaberinnen. Frau Löwe, Aushülfsrollen. Frl. Mejo. erste Soubretten. Frl. A. Monhaupt, zweite Soubretten. Frl. L. Monhaupt, jugendl. Liebhaberinnen. Frau Petzold, ernste und kom. Mütter, Anstandsrollen. Frl. Stoltenberg, jugendl. Liebhaberinnen.

1858.

Herren: Bachmann, komische Alte, feinkomische Rollen. Baum, erste jugendl. kom. Gesangspartieen, Bonvivants. Eichenwald, erste kom. Gesangspartieen. Haake, Aushülfsrollen. Hanisch, jugendl. Liebhaber. Holtz, Dümmlinge, zweite kom. Rollen. Hungar, erste humorist. Väter, polternde Alte. Klein, Väter. Kühn, jugendl. Liebhaber. Marr (pensionirter Herzogl. Weimarscher Hoftheater-Director), erste Characterrollen, (als Gast auf längere Zeit engagirt, und führt zugleich die Ober-Regie des Lustspiels). Meyer, Aushülfsrollen. Monhaupt. Aushülfsrollen. Triebler, erste kom. Rollen. Wendt. Aushülfsrollen und Chor. Zimmermann, erste und Characterliebhaber, Bonvivants.

Damen: Frl. Dardenne, Salondamen, erste Liebhaberinnen. Frau Eichenwald, jugendl. Liebhaberinnen. Frau Gaspary, Aushülfsrollen. Frl. B. Koch, Kammermädchen. Frl. Mejo. Vaudeville-Soubretten, Liebhaberinnen. Frl. Melchior, erste jugendl. Liebhaberinnen. Frl. Miller, Anstandsdamen, fein kom. Alte. Frl. Adele Monhaupt, jugendl. Liebhaberinnen, Soubretten. Frl. Anna Monhaupt, Chor und Aushülfsrollen. Frau Petzold, komische Alte, Mütter. Frl. Schüler, jugendl. naive Liebhaberinnen. Frl. Wollrabe, Vaudeville-Soubretten, jugendl. Liebhaberinnen.

1859.

Herren: Bachmann, kom. Alte. Baum, erste kom. Gesangsparthieen, Bonvivants. Hahn, erste Liebhaber. Hanisch, jugendl. Liebhaber. Holtz, Dümmlinge, kom. Lokalparthieen. Hungar, erste humorist. Väter, Characterrollen. Kökert, zweite Liebhaber. Krieg, Väter. Marr (pension. Großherz. Weimar'scher Hoftheater-Director), erste Characterrollen. Monhaupt, Aushülfsrollen. Reichenbach, erste kom. Rollen, Gecken. Schmidt, erste jugendl. Liebhaber. Schultze, kom. Rollen. Wallbach, jugendl. Liebhaber, Naturburschen.

Damen: Frl. Balitzka, Chor, Liebhaberinnen. Frl. Bussler, jugendl. Liebhaberinnen. Frau Gaspary, Aushülfsrollen. Frl. Härting, erste Soubretten. Frl. Heller, jugendl. Liebhaberinnen. Frl. Koch, Liebhaberinnen, Kammermädchen. Frl. Krieg, erste muntere Liebhaberinnen, jugendl. Salondamen. Frl. Miller, Anstandsdamen, feinkom. Rollen. Frl. Adolphine Monhaupt, jugendl. Liebhaberinnen und Soubretten. Frl. v. Petrikowska, erste jugendl. Liebhaberinnen. Frau Petzold, kom. Alte, Mütter. Frl. Anna Schramm, erste Soubretten. Frl. Schütz, jugendl. Liebhaberinnen. Frl. Vanini, erste Liebhaberinnen.

1860.

Herren: Bachmann, kom. Alte. Baum, erste kom. Gesangsparthieen, Bonvivants. Haacke, kl. Rollen. Hahn, erste Liebhaber. Hassel, Characterrollen, Väter. Henneberg, kl. Rollen. Holtz Dümmlinge, kom. Lokalrollen. Hungar, erste humorist. Väter, Characterrollen. Köth, jugendl. Liebhaber. Marr, erste Characterrollen. Monhaupt, Aushülfsrollen. Reichenbach, erste kom. Rollen, Gecken. Schmidt, erste jugendl. Liebhaber. Triebler, erste kom Rollen.

Damen: Frl. Bussler, jugendl. Liebhaberinnen. Frl. Dupré, kl. Rollen. Frau Gaspary, Aushülfsrollen. Frl. Julius, jugendl. Liebhaberinnen. Frl. Krieg, erste muntere Liebhaberinnen, jugendl. Salondamen. Frl. Miller, Anstandsdamen, feinkom. Rollen. Frl. Adolphine Monhaupt, muntere Liebhaberinnen, Soubretten. Frl. v. Petrikowska, erste jugendl. Liebhaberinnen. Frau Petzold, kom. Alte, Mütter. Frl. Raabe, naive Mädchen. Frl. Anna Schramm, erste Soubretten. Frl. Vanini, erste Liebhaberinnen.

1861.

Herren: Bachmann, kom. Characterrollen. Baum, erste kom. Gesangsparthieen, Bonvivants. Haake, Aushülfsrollen. Hahn, erste Liebhaber. Holtz, kom. Lokalrollen, Dümmlinge. Hungar, erste humorist. Väter, Characterrollen. Lanius, jugendl. Liebhaber. Marr, erste Characterrollen. Monhaupt, Aushülfsrollen. Reichenbach, erste kom. Rollen. Reuther, Aushülfsrollen. Scheibe, jugendl. Liebhaber. Schlögell, Characterrollen. Schmidt, erste jugendl. Liebhaber. Tannhof, Characterrollen. Triebler, erste kom. Rollen.

Damen: Frl. Berthold, erste jugendl. Liebhaberinnen. Frl. Brauny, Soubretten. Frau Gaspary, Aushülfsrollen. Frl. Hoppé, jugendl. Liebhaberinnen. Frl. Koch, Liebhaberinnen. Frl. Miller, erste Mütter, Anstandsdamen. Frl. Adolphine Monhaupt, erste muntere und naive Liebhaberinnen und Soubretten. Frl. Puls, erste Liebhaberinnen. Frau Petzold, kom. Alte, Mütter. Frl. Pösch, österreichische Lokalparthieen. Frau Reichenbach, Aushülfsrollen. Frl. Vanini, erste Liebhaberinnen. Frl. Zinck, zweite Liebhaberinnen und Soubretten.

1862.

Herren: Bachmann, kom. Characterrollen. Baum, erste kom. Gesangsparthieen, Bonvivants. Doppel, Väter und Baßbuffos. Dressler, erste jugendl. Liebhaber und Helden. Haacke, Aushülfsrollen. Holtz, kom. Lokalrollen, Dümmlinge. Hübner, erste Liebhaber und Helden. Hungar, erste humoristische Väter, Characterrollen. Lanius, jugendl. Liebhaber. Marr, erste Characterrollen. Monhaupt, Aushülfsrollen. Reichenbach, erste kom. Rollen. Reuther, Aushülfsrollen. Schmidt, erste jugendl. Liebhaber. Seidel, Characterrollen. Taunhof, Characterrollen. Triebler, erste kom. Rollen.

Damen: Frl. Berthold, erste jugendl. Liebhaberinnen. Frau Gaspary, Aushülfsrollen. Frl. Hildebrand, Aushülfsrollen. Frl. Hoppé, jugendl. Liebhaberinnen. Frl. Kraft, erste Soubretten. Frau Kupfer-Gomansky, erste Mütter und Anstandsdamen. Frl. Adolphine Monhaupt, erste muntere und naive Liebhaberinnen. Frau Petzold, kom. Alte, Mütter. Frl. Rathey, jugendl. Liebhaberinnen. Frau Reichenbach, Aushülfsrollen. Frl. Sobotka, jugendl. Liebhaberinnen. Frl. Wolter, erste Liebhaberinnen.

1863.

Herren: Bachmann, kom. Characterrollen. Baum, erste kom. Gesangsparthieen, Bonvivants. Doppel, Baßbuffos und Väter. Hahn, erste Liebhaber und Helden, Anstandsrollen. Holtz, kom. Localrollen, Dümmlinge. Hübner, erste Liebhaber und Helden. Hungar, erste humorist. Väter, Characterrollen. Karutz, kom. Rollen. Marr, erste Characterrollen. Mitterwurzer, jugendl. Liebhaber. Franzmüller, Characterrollen. Reichenbach, erste kom. Rollen. Schmidt, erste jugendl. Liebhaber. Stritt, jugendl. Liebhaber. Triebler, erste kom. Rollen.

Damen: Frl. Bernadelli, jugendlich. Liebhaberinnen. Frl. Berthold, erste jugendl. Liebhaberinnen. Frl. Claussen, jugendliche Liebhaberinnen. Frl. Grösser, erste Liebhaberinnen u. Anstandsdamen. Frl. Kraft, erste Soubretten. Frau Kupfer, erste Mütter und Anstandsdamen. Frau Petzold, kom. Alte, Mütter. Frl. Rathey, jugendl. Liebhaberinnen. Frl Singer, naive Liebhaberinnen. Frl. Wolff, erste Liebhaberinnen und jugendl. Anstandsdamen.

1864.

Herren: Aubertin, jugendl. Liebhaber. Bachmann, komische Characterrollen. Baum, erste kom. Gesangsrollen, Bonvivants, Characterrollen. Doppel, Väter, Baßbuffos. Görner (Regisseur), erste Characterrollen. Holtz, kom. Localrollen. Hübner, erste Liebhaber und Helden. Hungar, erste humoristische Väter, Characterrollen. Jacobi, jugendl. Character- und feinkom. Rollen. Karutz, kom. Rollen. Marr, erste Characterrollen. Reichenbach, erste kom. Rollen. Stritt, jugendl. Liebhaber. Tomann, jugendl. Liebhaber. Triebler, erste kom. Rollen.

Damen: Frl. Delia, jugendl. Liebhaberinnen. Frl. Henke, Soubretten, muntere Liebhaberinnen. Frl. Kaibe, jugendl. Liebhaberinnen. Frl. Kraft, erste Soubretten. Frau Kupfer, erste Mütter und Anstandsdamen. Frl. Lemke, Anstandsdamen und gesetzte Liebhaberinnen. Frau Petzold, kom. Alte, Mütter. Frl. Ränftle, naive und muntere Liebhaberinnen. Frl. Satran, erste jugendl. Liebhaberinnen. Frl. Schneeberger, erste jugendl. Liebhaberinnen. Frl. Singer, naive Liebhaberinnen. Frl. Weinberger, jugendl. Liebhaberinnen und Soubretten. Frl. Zitt, erste Liebhaberinnen und Heldinnen.

1865.

Herren: Bachmann, kom. Alte. Baum, Bonvivants und erste kom. Rollen. Becker, jugendl. Liebhaber, charg. Rollen. Doppel, Väter. Görner (Regisseur), erste Characterrollen. Hübner, erste Helden und Liebhaber. Hungar, erste humorist. Väter, Characterrollen. Karutz, kom. Rollen. Lanius, jugendl. Liebhaber und Naturburschen. Marr (Oberregisseur), erste Characterrollen. Neumann, erste Liebhaber. Reichenbach, erste kom. Rollen. Schmidt, erste Liebhaber und Characterrollen. Zorn, Väter und Characterrollen.

Damen: Frl. Buse, Gesangssoubretten. Frl. Delia, jugendl. Liebhaberinnen. Frl. Henke, Soubretten, naive Liebhaberinnen. Frl. Herrlinger, erste Liebhaberinnen und Heldinnen. Frau Kupfer, ältere Anstandsdamen, Mütter. Frau Petzold, kom. Alte. Frl. Satran, erste jugendl. Liebhaberinnen. Frl. Zitt, erste Liebhaberinnen, jugendl. Anstands- und Salondamen.

1866.

Herren: Bachmann, kom. Alte. Baum, Bonvivants und erste kom. Rollen. Becker, jugendl. Liebhaber und chargirte Rollen. Doppel, Väter. Febringer, zweite jugendl. Liebhaber. Görner (Regisseur), erste Characterrollen. Hegel, Characterrollen. Hübner, erste Helden und Liebhaber. Hungar, erste humoristische Väter, Characterrollen. Lanius, jugendl. Liebhaber und Naturburschen. Marr (Oberregisseur), erste Characterrollen. Neumann, erste Liebhaber. Reichenbach, erste kom. Rollen. Schmidt, erste Liebhaber und Characterrollen. Zorn, Väter und Characterrollen.

Damen: Frl. Beck, jugendl. Liebhaberinnen. Frl. Blank, zweite und dritte Gesangspartheien. Frl. Börner, Soubretten. Frl. Eichberger, erste Gesangs-Soubretten. Frl. Henke, Soubretten, naive Liebhaberinnen. Frl. Hein, Liebhaberinnen. Frau Kupfer, ältere Anstandsdamen, edle Mütter. Frl. Nöldechen, jugendl. Anstandsdamen. Frau Petzold, kom. Alte. Frl. Satran, erste jugendl. Liebhaberinnen. Frl. Schneeberger, erste jugendl. Liebhaberinnen. Frl. Zitt, erste Liebhaberinnen, jugendl. Anstands- und Salondamen.

1867.

Herren: Bachmann, kom. Alte. Baum, Bonvivants, erste kom. Rollen. Becker, jugendl. Liebhaber, chargirte Rollen. Doppel, Väter. Guthery, kom. Rollen. Hegel, Characterrollen. Hübner, erste Helden und Liebhaber. Hungar, erste humoristische Väter. Lanius, jugendl. Liebhaber, Naturburschen. Marr, erste Characterrollen. Schmidt, erste Liebhaber und Characterrollen. Reichenbach, erste kom. Rollen. Thomas, erste kom. Rollen. Ueberhorst, Väter. Würzburg, jugendl. Characterrollen.

Damen: Frl. Garlieb, jugendl. naive Liebhaberinnen. Frl. Henke, Soubretten, naive Liebhaberinnen. Frl. Kitzing, jugendl. Liebhaberinnen. — Frau Kupfer, ältere Anstandsdamen, edle Mütter. Frl. Lindner, jugendl. Liebhaberinnen. Frau Petzold, kom. Alte. Frl. Schneeberger, erste jugendl. Liebhaberinnen. Frl. Stolle, Vaudeville-Soubretten. Frl. Wagner, erste Gesangs-Soubretten. Frl. Zipser, erste jugendl. Liebhaberinnen. Frl. Zitt, erste Liebhaberinnen, jugendl. Anstands- und Salondamen.

1868.

Herren: Bachmann, kom. Alte. Baum, Bonvivants, erste kom. Rollen. Becker, Characterrollen, Liebhaber, chargirte Rollen. Doppel, Väter. Drost, Grün, Nebenrollen. Guthery, kom. Rollen. Hegel, Characterrollen. Hübner, erste Helden und Liebhaber. Hungar, humorist. Väter und Characterrollen. Lanius, jugendl. Liebhaber und Naturburschen. Marr, erste Characterrollen. Reichenbach, erste kom. Rollen. Schmidt, erste Liebhaber und Characterrollen. Stägemann, erste jugendl. Liebhaber. Thomas, erste kom. Rollen. Ueberhorst, Väter und Anstandsrollen. Würzburg, jugendl. Characterrollen.

Damen: Fr. Becker, Soubretten. Frl. Garlieb, jugendl. naive Liebhaberinnen. Frl. Glenk, erste jugendl. naive Liebhaberinnen. Frl. Julie Herrlinger, erste Liebhaberinnen. Frau Kupfer, Anstandsdamen. Frl. Kitzing, jugendl. Liebhaberinnen. Frl. Mariot, Liebhaberinnen, jugendl. Salondamen. Frl. Martorel, erste jugendl.

naive Liebhaberinnen. Frl. Palma, jugendl. Liebhaberinnen, Soubretten. Frl. Pauser, jugendl. Liebhaberinnen. Frau Petzold, kom. Alte. Frl. Rottmayer, erste jugendl. Liebhaberinnen. Frl. Sperner, erste Liebhaberinnen, Salondamen. Frl. Theyssen, jugendl. Liebhaberinnen. Frl. Minna Wagner, erste Gesangssoubretten. Frl. Wienrich, zweite Liebhaberinnen. Frl Zipser, Kammermädchen, Pagen und kl. Rollen. Frau Zipser, erste Liebhaberinnen. Frl. Zitt (Fr. Hübner), erste Liebhaberinnen, jugendl. Anstands- und Salondamen.

———

II.

Verzeichniß sämmtlicher Stücke,

die seit dem 9. November 1843 bis zum Schluß der Saison am 31. Mai 1868 aufgeführt wurden.

(Tr. = Trauerspiel; Sch. = Schauspiel; Dr. = Drama; L. = Lustspiel; P. = Posse; V. = Vaudeville; S. = Singspiel; O. = Oper; B. = Ballet). Die beigefügte Zahl in Klammern bezeichnet die Zahl der in obigem Zeitraum stattgehabten Aufführungen.

1. Alt und neu; Prolog zur Eröffnung, von Wollheim. (2)
2. Armband, das; Sch. in 4 Aufz. v. Kaiser. (1)
3. Adrienne; L. in 1 Aufz. nach dem Franz. v. G. A. Herrmann. (1)
4. Alter schützt vor Thorheit nicht; L. in 1 Aufz. v. F. Wehl. (3)
5. Aussteuer, die; Sch. in 1 Aufz. von Iffland. (1)
6. Auferstandene, die; Sch. in 4 Aufz. nach Soulié und Aricet von Adami. (2)
7. Actionaire, die; L. in 1 Aufz. von Dr. Fuchs. (1)
8. Alpenröslein, das; das Patent und der Shawl, Sch. in 3 Aufz. von Holbein. (3)
9. Adam Rebus; P. in 3 Aufz. nach Bäuerle. (1)
10. Abenteuer, ein, zwischen Berlin und Hamburg; P. in 1 Aufz. nach dem Franz. von Dr. Fuchs. (2)
11. Alte Sünden; P. in 1 Aufz. von Dr. Bärmann. (14)
12. Aufruhr im Serail; P. in 2 Aufz. von Töpfer. (4)
13. Abenteuer eines Seemannes; P. in 1 Aufz. (1)
14. Abenteuer, ein, im Hotel de Paris; P. in 3 Aufz. v. T. H. Z. (1)
15. Anonym; P. in 1 Aufz. nach dem Franz. von Ewald. (2)
16. Abenteuer, das letzte; L. in 5 Aufz. von Bauernfeld. (2)
17. Alles für Andere; L. in 1 Aufz. v. Charlotte Birch-Pfeiffer. (4)
18. Anna von Oesterreich; L. in 6 Aufz. von Birch-Pfeiffer. (34)
19. Aline von Golkonda; Sch. in 3 Aufz. (1)
20. Ahnenstolz in der Klemme; P. in 1 Aufz. (4)
21. Affe, der, und der Bräutigam; P. in 3 Aufz. v. Nestroy. (9)

22. Alpenkönig, der, und der Menschenfeind; Zauberp. in 3 Aufz. v. Raimund. (7)
23. Abenteuer, ein, in Florenz; P. in 2. Aufz. von Werner. (4)
24. Arzt, ein; L. in 1 Aufz. nach dem Franz. (6)
25. Adrienne Lecouvreur; Dr. in 5 Aufz. nach Scribe von Th. G. Herrmann. (19)
26. Agent, der geheime; L. in 4 Aufz. von Hackländer. (34)
27. Aufgeschoben ist nicht aufgehoben; L. in 2 Aufz. v. Görner. (6)
28. Asyl, im; L. in 1 Aufz. nach dem Franz. von Tietz. (2)
29. Amerikaner, die; Sch. in 5 Aufz. von Walther. (1)
30. Alles durch den Magnetismus; P. in 3 Aufz. v. Görner. (16)
31. Abwarten; L. in 1 Aufz. v. Wilhelmi. (5)
32. Abällino; Sch. in 5 Aufz. von Zschokke. (2)
33. Armendoctor, der; Sch. in 3 Aufz. (1)
34. Adrienne, die Tochter der Jacqueline; P. in 2 Aufz. v. Braunecker. (1)
35. Advokaten, vier, von Paris; Sch. in 4 Aufz. nach dem Franz. von Ellmenreich.
36. Alles oder Nichts; L. in 2 Aufz. nach Mad. Ancelot v. Julius. (2)
37. Auf diesem nicht mehr ungewöhnlichen Wege; P. in 1 Aufz. von R. Hahn. (2)
38. Actienbudiker, der; P. in 3 Aufz. von Kalisch. (24)
39. Appel contra Schwiegersohn; P. in 3 Aufz. nach dem Franz. von Bahn. (3)
40. Auf dem Lande; L. in 4 Aufz. von Benedix. (1)
41. Argwöhnische Eheleute; L. in 4 Aufz. v. Tietz n. Kotzebue. (2)
42. Anhalt-Dessauer, der; P. in 1 Aufz. von Salingré. (4)
43. Auffinden, das, der Zwerge; P. in 3 Aufz. (12)
44. Abtheilung V., Zimmer IV. für Bagatellsachen; Genrebild in 1 Aufz. von Salingré. (15)
45. Anna-Lise, die; Lustspiel in 5 Aufz. von Hersch. (42)
46. Autograph, ein; L. in 1 Aufz. nach dem Franz. v. Berger. (4)
47. Arm und Reich; P. in 3 Aufz. von Pohl. (10)
48. Alter, ein; L. in 1 Aufz. nach Feuillet von Bauernfeld. (1)
49. Aaron Stoßleens; L. in 1 Aufz. von Mirani. (3)
50. Alexander der Große; Posse in 3 Aufz. nach Haffner von Salingré. (7)
51. Alliirten, unsere; L. in 3 Aufz. nach dem Franz. von Ida Görner. (3)
52. Abenteuer Ludwig Devrients, ein; L. in 1 Aufz. v. Th. Apel. (5)
53. Advokaten, die; Sch. in 5 Aufz. von Iffland. (3)
54. Ausreden lassen; L. in 1 Aufz. von Benedix. (12)
55. Aurora in Oel; P. in 1 Aufz. nach Choler von Kalisch. (17).
56. Augenblick, ein, des Glücks; P. in 1 Aufz. von Haber. (1)
57. Alte, junge; L. in 1 Aufz. von Birch-Pfeiffer. (3)
58. Abend, guten! L. in 1 Aufz. von Wilhelmine v. Hillern. (12)
59. Adoptivtochter, die; Sch. in 4 Aufz. von Schreiber. (3)
60. Afrikanerin, die in Kalau; P. in 1 Aufz. von Salingré. (13)
61. Abgeblitzt! P. in 2 Aufz. von Kayser u. Linderer. (2)

62. Armband, das; L. in 1 Aufz. v. Benedix. (3)
63. Auftrag, ein delicater; Aufz. nach dem Franz. v. Ascher. (12)
64. Aufgebot, im ersten; Genrebild in 1 Anfz. von Haber. (1)
65. Aschenbrödel; Sch. in 4 Aufz. von Benedix. (7)
66. Autographensammler, der; Sch. in 3 Aufz. (3)
67. Blutrache, die corsicanische; L. in 1 Aufz. nach dem Franz. von Thiele. (9)
68. Bürgerlich u. Romantisch; L. in 4 Aufz. v. Bauernfeld. (21)
69. Berliner, der, in Spanien; P. in 4 Aufz. nach Gantier von B. A. Herrmann. (1)
70. Braut, die; L. in 1 Aufz. von Theodor Körner. (5).
71. Benefizvorstellung, die; P. in 1 Aufz. nach d. Franz. v. Hell. (14)
72. Baron Martin; P. in 1 Aufz. von Biedenfeld. (1)
73. Brunnen, der artesische; P. in 4 Aufz. von Räder. (45)
74. Barbier, der, von Lerchenfeld; Sch. in 4 Aufz. v. Wollheim. (7)
75. Ball, der, zu Ellerbrunn; L. in 3 Aufz. v. Carl Blum. (18)
76. Berliniade, eine, in Algier; Soloscherz in 1 Aufz. v. C. Schrader. (4)
77. Bürger, die, in Wien; P. in 3 Aufz. von Bäuerle. (1)
78. Bekenntnisse, die; L. in 3 Aufz. von Bauernfeld. (27)
79. Bär, der, und der Bassa; P. in 1 Aufz. nach Scribe, von C. Blum. (7)
80. Brüder, die feindlichen; P. in 3 Aufz. von Raupach. (3)
81. Baumwolle, die explodirende; P. in 1 Aufz. von Leopoldus. (1)
82. Beweis, der handgreifliche; P. in 1 Aufz. nach Dumanoir von Castelli. (9)
83. Besuch, ein, der Frau Nemesis; P. in 1 Aufz. nach Souvestre von B. A. Herrmann. (7)
84. Banquerottirer, der; Sch. in 2 Aufz. von Aug. Haake. (5)
85. Beschützer, ein unbekannter; L. in 1 Aufz. nach Scribe von W. Friedrich. (2)
86. Brandschatzung, die; L. in 1 Aufz. von Kotzebue. (1)
87. Brief, der, aus Cadix; Sch. in 3 Aufz. von Kotzebue. (1)
88. Banditen, die; L. in 4 Aufz. von Benedix. (8)
89. Börsenschwindel, der; L. in 4 Aufz. von H. F. Heine. (5)
90. Bastille, die; L. in 3 Aufz. von C. P. Berger. (22)
91. Böttcher, der Goldmacher; Sch. in 5 Aufz. (8)
92. Bündelabend; Genrebild in 1 Aufz. (1)
93. Bürgerthum und Adel; Sch. in 4 Aufz. von Töpfer. (6)
94. Bruno und Balthasar; L. in 1 Aufz. nach Sografi v. C. Blum. (7)
95. Badecuren; L. in 1 Aufz. von Putlitz. (37)
96. Busserl, 's erst'; Genrebild in 1 Aufz. (2)
97. Baum, zum grünen; Sch. von Holtei. (3)
98. Bräutigam, der, ohne Braut; L. in 1 Aufz. v. Herzenskron. (1)
99. Berlin bei Nacht; P. in 3 Aufz. von Kalisch. (63)
100. Brockenstrauß, der; L. in 1 Aufz. von Putlitz. (11)
101. Bethly; Genreb. in 1 Aufz. von Dr. Denicke. (3)
102. Brautwahl, die; Sch. in 3 Aufz. von Kaiser. (1)
103. Bräutigam, der, aus Mexiko; L. in 5 Aufz. von Clauren. (25)

b

104. Berliner Grisette, eine; P. in 1 Aufz. nach dem Franz. von Stoz. (4)
105. Bestürmung, die, der Brücke bei Arcole; Pantomime in 1 Aufz. (1)
106. Besser früher wie später; L. in 3 Aufz. nach dem Franz. von F. Heine. (1)
107. Braut, die, aus Pommern; B. in 1 Aufz. von Angely. (4)
108. Bajazzo und seine Familie; Dr. in 5 Aufz. nach dem Franz. von H. Marr. (11)
109. Buch III, Capitel I; L. in 1 Aufz. nach dem Franz. v. Bahn. (11)
110. Brief, der verwünschte; P. in 3 Aufz. nach dem Franz. von Lehnard. (2)
111. Bräutigam, ein, der seine Braut verheirathet; L. in 1 Aufz. v. F. Wehl. (5)
112. Berliner, ein, im Schwarzwalde; P. in 1 Aufz. v. Hesse. (24)
113. Ball, der, des Gefangenen; L. in 1 Aufz. nach dem Franz. v. B. A. Herrmann. (1)
114. Braut, die, des Blinden; Sch. in 5 Aufz. von Krüger. (10)
115. Bettlerin, die; Sch. in 5 Aufz. nach Masson v. J. Meißner. (1)
116. Beispiel, ein abschreckendes; P. in 1 Aufz. von Trautmann. (2)
117. Bummler von Berlin, die; P. v. Kalisch u. Weirauch. (13)
118. Benjamin, der seinen Vater sucht; B. in 1 Aufz. v. Genée. (24)
119. Besorgt und aufgehoben; B. in 1 Aufz. von Salingré. (3)
120. Bräutigam, der, aus Pommern; P. in 2 Aufz. von Salingré und Eduard. (1)
121. Börse, die; L. in 5 Aufz. nach Poniard v. Adalbert Prix. (1)
122. Billette, die beiden; L. in 1 Aufz. von Anton Wall. (1)
123. Biedermann und Consorten; L. in 4 Aufz. nach dem Franz. v. Naumann. (9)
124. Barfüßele; Sch. in 5 Aufz. von Moritz Reichenbach. (8)
125. Braut auf Lieferung, die; L. in 4 Aufz. nach Friederici von Tietz. (1)
126. Brandstätte, die; P. in 1 Aufz. nach Desloges. (5)
127. Bis der Rechte kommt; S. in 1 Aufz. (3)
128. Bummler von Hamburg, die; P. in 4 Aufz. von Krüger. (6)
129. Berliner Hökerin, eine; Genreb. in 1 Aufz. v. Max Ring. (4)
130. Bruder Liederlich; P. in 1 Aufz. von Jacobson. (1)
131. Berlin, wie es weint und lacht; P. in 3 Aufz. v. Kalisch. (41)
132. Blutrache, die; P. in 1 Aufz. nach Dumanoir von W. Friedrich. (1)
133. Bäske's Erben; L. in 4 Aufz. nach dem Franz. von Sommerfeld. (1)
134. Babylon; P. in 3 Aufz. von Elias. (11)
135. Barbar, ein moderner; L. in 1 Aufz. von G. v. Moser. (6)
136. Bube und Dame; L. in 3 Aufz. von Töpfer. (2)
137. Börsen, zwei; L. in 1 Aufz. nach dem Franz. v. Mühler. (4)
138. Blöde, der, und der Schüchterne; L. in 1 Aufz. nach d. Franz. von Merzer. (6)
139. Blatt Papier, ein; L. in 3 Aufz. nach dem Franz. von Gaßmann. (2)

140. Becker's Geschichte; S. 1 Aufz. von Jacobson. (11)
141. Blaubart; L. in 1 Aufz. von Benedix. (2)
142. Ballgast, ein vergessener; P. in 1 Aufz. nach dem Franz. von Helmerding (2)
143. Bädeker; P. in 1 Aufz. von Belly. (9)
144. Berliner, ein, in Wien; P. in 1 Aufz. von Langer u. Kalisch. (38)
145. Bursche, flotte; S. in 1 Aufz. von Braun. (32)
146. Blatt, ein weißes; Sch. in 4 Aufz. von Gutzkow. (4)
147. Bürgergardist von 1815, ein; Genreb. in 1 Aufz. von Schreiber. (1)
148. Band, nur ein; L. in 1 Aufz. von Görner. (3)
149. Baccio, il; P. in 1 Aufz. von Rosen. (5)
150. Brief, der geheimnißvolle; L. in 1 Aufz. von Benedix. (7).
151. Berlin wird Weltstadt; P. in 1 Aufz. von Kalisch. (22)
152. Böse Beispiele; Sch. in 5 Aufz. nach Augier v. A. Winter. (2)
153. Bleib' bei mir! S. in 1 Aufz. von Paul. (4)
154. Blümchen; P. in 1 Aufz. von Willen. (3)
155. Bastille, in die; L. in 1 Aufz. von Frank. (4)

156. Christophe und Renate; L. in 2 Aufz. nach Aubray von C. Blum. (15)
157. Capricciosa; L. in 3 Aufz. von C. Blum. (6)
158. Confusionsrath, der; P. in 3 Aufz. nach Bayard von W. Friedrich. (17)
159. Canova's Jugendliebe; L. in 4 Aufz. von Töpfer. (2)
160. Capitain Charlotte; L. in 2 Aufz. nach Bayard und Dumanoir von Kupelvieser (1)
161. Clari; Dr. in 3 Aufz. (1)
162. Cassirer, der junge; Sch. in 3 Aufz. a. d. Frz. von Kettel. (4)
163. Cromwells Ende; Tr. in 4 Aufz. von Raupach. (1)
164. Cäsar, der Mulatte; Sch. in 5 Aufz. nach Dumanoir von W. Friedrich. (9)
165. Cassanders Traum; Pantomime in 1 Aufz. (3)
166. Catharina II.; Sch. in 5 Aufz. von Bridgmann. (3)
167. Clarisse Harlowe; Dr. in 3 Aufz. nach Dumanoir von L. Meyer. (1)
168. Catalani, die falsche; P. in 1 Aufz. von Bäuerle. (2)
169. Christoph Columbus; Sch. in 3 Aufz. von Werder. (2)
170. Corridor des Theaters, im; L. in 1 Aufz. von H. F. Heine. (1)
171. Californien, nach! P. in 1 Aufz. (2)
172. Couine, die kleine; L. in 1 Aufz. nach d. Frz. von Erlach. (4)
173. Carmagnole, der Nagelschmied; P. in 1 Aufz. von Cosmar. (3)
174. Caprice aus Liebe, Liebe aus Caprice; L. in 1 Aufz. v. Wehl. (10)
175. Charlotte von Rohan; Dr. in 2 Aufz. v. Th. G. Herrmann. (5)
176. Chemische Briefe; L. in 3 Aufz. von Wachenhusen. (1)
177. Clavier, am; L. in 1 Aufz. nach d. Frz. von Grandjean. (28)
178. C, das hohe; L. in 1 Aufz. von Grandjean. (7)
179. Chouchou, die Sovoyardin; P. in 5 Aufz. nach dem Frz von Lynker. (10)
180. Concert, das; L. in 4 Aufz. von Benedix. (3)

181. C. A. G.; P. in 1 Aufz. von Görner. (2)
182. Chicanina, die; Parodie in 2 Anfz. (1)
183. Cato von Eisen; L. in 3 Aufz. von Laube. (2)
184. Courier in die Pfalz, der; L. in 5 Aufz. von A. May. (2)
185. Copist, der; '. in 1 Aufz. nach dem Frz. von Hiltl. (6)
186. Cedirt; B. in 1 Aufz. (2)
187. Crinolinen-Verschwörung, die; L. in 3 Aufz. von Benedix. (2)
188. Cagliostro, der Geisterbanner; Sch. in 3 Aufz. (3)
189. Cadetten-Launen; S. in 1 Aufz. von R. Hahn. (3)
190. Consequenzen; L. in 3 Aufz. von Rosen. (2)
191. Commis, ein alter; P. in 1 Aufz. v. Langer u. Salingré. (7)
192. Curiatier, die drei; P. in 5 Aufz. nach Thies und Germain von Helm (5)
193. Doctor Wespe; L. in 5 Aufz. von Benedix. (14)
194. Doctor Fausts Hauskäppchen; P. in 3 Aufz. von Hopp. (17)
195. Dienstboten-Wirthschaft; P. in 4 Aufz. von Kaiser. (5)
196. Drei Frauen auf Einmal; P. in 1 Aufz. nach Scribe von Cosmar. (7)
197. Dachdecker, der; P. in 5 Aufz. nach d. Frz. von Angely. (5)
198. Das war ich! L. in 1 Aufz. von Hutt. (5)
199. Drillinge, die weiblichen; S. in 1 Aufz. von Holtei. (25)
200. Doctor und Friseur; P. in 2 Aufz. von Kaiser. (52)
201. Doctor Robin; L. in 1 Aufz. nach Premaury von W. Friedrich. (7)
202. Dornen und Lorbeer; Dr. in 2 Aufz. nach Lafont von W. Friedrich. (7)
203. Drei Frauen und keine; L. in 1 Aufz. von Kettel. (28)
204. Drei Jahre nach dem letzten Fensterl; Genreb. in 1 Aufz. von Seidl. (9)
205. Drei Feen; L. in 2 Aufz. nach Bayard von W. Friedrich. (8)
206. Drei Backenstreiche; L. in 2 Aufz. nach d. Frz. von Lebrün. (2)
207. Don Juan und Guste, ein; B. in 1 Aufz. von R. Hahn. (8)
208. Drei Michel, die; P. in 1 Aufz. nach L. Feldmann. (1)
209. Demoiselle Bock; P. in 1 Aufz. von J. E. Mand. (5)
210. Dominique; L. in 3 Aufz. nach D'Epagnay und Dupin von Lebrün. (6)
211. Diplomat, der; L. in 2 Aufz. nach Scribe von Hell. (16)
212. Dichter und Bauer; P. in 3 Aufz. von Elmar. (1)
213. Dorf und Stadt; Sch. in 5 Aufz. von Birch-Pfeiffer. (60, davon die erste Abtheilung 13)
214. Donna Diana; L. in 5 Aufz. nach Moreto von West. (23)
215. Duell unter Richelieu, ein; Dr. in 3 Aufz. nach dem Frz. (4)
216. Demokratinnen, die; L. in 1 Aufz. von L. Schubar. (1)
217. Donauweibchen, das (1. Theil); Zauberposse in 3 Aufz. von Hensler. (10)
218. Donauweibchen, das (2. Theil); Zauberposse in 3 Aufz. von Hensler. (7)
219. Dienstpflicht; Sch. in 5 Aufz. von Iffland. (1)
220. Dorfbarbier, der; S. in 2 Aufz. (4)

221. Drillinge, die; L. in 3 Aufz. von Bonin. (4)
222. Dorfcommunisten, die; P. in 1 Aufz. nach Clairville von W. Friedrich. (4)
223. Däumling in Californien, der; Pantom. in 1 Aufz. (6)
224. Damenkampf, ein; L. in 3 Aufz. nach Scribe und Legouvé von W. Friedrich. (51)
225. Dorfrichter und die Almerin, der; Genreb. in 1 Aufz. von Klesheim. (1)
226. Drei Tage aus dem Leben eines Spielers; Dr. in 3 Aufz. nach Ducange von Angely. (3)
227. Drei Farben; L. in 3 Aufz. nach Desnoyer von W. Friedrich. (4)
228. Deserteure, die; Sch. in 3 Aufz. von Krüger. (4)
229. Don Juan wider Willen, ein; L. in 3 Aufz. v. Trautmann. (2)
230. Durch! L. in 1 Aufz. von Genée. (7)
231. Deborah; Sch. in 4 Aufz. von Mosenthal. (14)
232. Drei Musikanten; P. in 1 Aufz. von Wachenhusen. (3)
233. Drei Gamins, die; L. in 3 Aufz. nach dem Franz. von B. A. Herrmann. (1)
234. Dorfschullehrer, der; Sch. in 6 Aufz. nach dem Franz. von Heymann. (6)
235. Durchgefallen und gewonnen; L. in 3 Aufz. von Görner. (6)
236. Dienstboten, die; L. in 1 Aufz. von Benedix. (33)
237. Damen unter sich, die; L. in 1 Aufz. nach Dupaty v. Tenelli. (4)
238. Drei nette Jungen; P. in 3 Aufz. von Görner. (3)
239. Don Juan in Wiesbaden, ein; P. in 1 Aufz. v. Trautmann. (7)
240. Doctor Peschke; P. in 1 Aufz. nach Xavetier v. Kalisch. (37)
241. Doppelgänger, der; L. in 4 Aufz. von Holbein. (7)
242. Drei Arrestanten; L. in 5 Aufz. nach Dupaty von Tieb. (2)
243. Dämon, ein kleiner; L. in 3 Aufz. n. d. Franz. v. Bahn. (21)
244. Dunkle Wolken; L. in 1 Aufz. n. d. Fzz. von Tieb. (3)
245. Drei Partieen Mariage; P. in 3 Aufz. von A. Robert. (2)
246. Diamant, ein ungeschliffener; Genrebild in 1 Aufz nach dem Englischen. (10)
247. Dritte, seine; P. in 1 Aufz. von Pohl. (3)
248. Drei Candidaten; L. in 5 Aufz. von Schleich. (1)
249. Dame Kobold, die; L. in 3 Aufz. nach Calderon v. Gries. (2)
250. Dir wie mir; P. in 1 Aufz. n. d. Frz. von Roger. (9)
251. Don Juan aus Familienrücksichten, ein; P. in 1 Aufz. von Fritz Lustig. (3)
252. Dulder, ein armer; L. in 1 Aufz. nach d. Frz. v. Förster. (4)
253. Debüt, das erste; Solol. in 1 Aufz. von Dohm. (3)
254. Dame, eine kluge; L. in 2 Aufz. n. d. Frz. v. A. Wages. (2)
255. Das bin ich; L. in 1 Aufz. (4)
256. Diener meiner Frau, der; P. in 1 Aufz. nach dem Franz. von Görner. (4)
257. Dritte, der; L. in 1 Aufz. von Benedix. (12)
258. Doctor Treuwald; L. in 4 Aufz. von Benedix. (5)
259. Dichterleben, ein deutsches; Sch. in 5 Aufz. v. Mosenthal. (2)
260. Dudelsack, der geheimnißvolle; Parodie in 1 Aufz. von Julius Hopp. (8)

261. Doctoren, die kranken; L. in 4 Aufz. von Lederer. (1)
262. Drüben, von; L. in 1 Aufz. nach Emile de Najac. (1)
263. Diplomat der alten Schule, der; L. in 3 Aufz. von Hugo Müller. (4)
264. Differenzen, Pariser; Genreb. in 1 Aufz. von Belly. (2)
265. Drüben; Genreb. in 1 Aufz. von Haber. (2)
266. Emiliens Herzklopfen; Solol. in 1 Aufz. nach dem Dän. von B. A. Herrmann. (20)
267. Eulenspiegel, Till; P. in 4 Aufz. von Nestroy. (13)
268. Einer für drei; L. in 1 Aufz. von Dr. Bärmann. (4)
269. Ehestifter, der; L. in 1 Aufz. nach Goldoni von Mitsch. (3)
270. Erholungsreise, die; P. in 1 Aufz. von Angely. (14)
271. Enthusiast, der; P. in 1 Aufz. von Erich. (7)
272. Endlich hat er es doch gut gemacht; L. in 3 Aufz. von Albini. (6)
273. Ehrgeiz in der Küche, der; P. in 1 Aufz. nach Scribe und Magères. (6)
274. Erziehungsresultate; L. in 2 Aufz. nach dem Franz. von Carl Blum. (47)
275. Entführung vom Maskenball, die; P. in 3 Aufz. v. Schick. (11)
276. Ehepaar aus der alten Zeit, das; B. in 1 Aufz. v. Angely. (3)
277. Einfalt vom Lande, die; L. in 4 Aufz. von Töpfer. (42)
278. Er muß aufs Land; L. in 3 Aufz. nach Bayard und Bailly von W. Friedrich. (38)
279. Eisenbahnabenteuer; P. in 3 Aufz. nach dem Franz. (3)
280. Eduard aus der Vorstadt; Sch. in 5 Aufz. nach Deslandes und Didier von W. Friedrich. (1)
281. Encyklopädist, der; P. in 2 Aufz. von Frühauf. (1)
282. Engländer in Paris; P. in 4 Aufz. von Birch-Pfeiffer. (3)
283. Erinnerung; Sch. in 5 Aufz. von Iffland. (1)
284. Ebener Erde und im ersten Stock, zu; P. in 3 Aufz. von Nestroy. (18)
285. Eckensteher Nennebohm, der; P. in 1 Aufz. von Cosmar. (1)
286. Eifersüchtige wider Willen, die; L. in 1 Aufz. nach dem Franz. von L. Meyer. (9)
287. Essighändler, der; Sch. in 1 Aufz. nach Mercier. (1)
288. Edgar; Sch. in 2 Aufz. nach Fournier von W. Friedrich. (3)
289. Entführung durch die Luft, die; Pantomime in 1 Aufz. (5)
290. Eingesperrt; Solol. in 1 Aufz. (1)
291. Erfinder des Haarpuders, der; P. in 1 Aufz. nach dem Franz. von B. A. Herrmann. (1)
292. Entsagung; L. in 1 Aufz. von Benedix. (2)
293. Erste Liebe; L. in 1 Aufz. nach Scribe von Tenelli. (47)
294. Elias Regenwurm; P. in 4 Aufz. von Hopp. (8)
295. Entschluß, ein rascher; L. in 2 Aufz. nach Desnoyer v. Elz. (7)
296. Er sucht sich selbst; L. in 1 Aufz. nach Decomberousse von B. A. Herrman. (1)
297. Epigramm, das; L. in 4 Aufz. von Kotzebue. (8)
298. Er weiß nicht, was er will; P. in 1 Aufz. nach Brisebarre v. B. A. Herrmann. (6)

299. Erbin, die reiche; Dr. in 5 Aufz. von Gomansky. (7)
300. Einmalhunderttausend Thaler; P. in 3 Aufz. v. Kalisch. (56)
301. Ehemann, der allzutreue; B. in 1 Aufz. nach Parner. (1)
302. Excellenz; L. in 2 Aufz. von Putlitz und Alexis. (1)
303. Erbprinzessin, die; L. in 5 Aufz. von Berger. (1)
304. Ein Traum — kein Traum; P. in 2 Aufz. von Kaiser. (2)
305. Er wünscht allein zu sein; P. in 1 Aufz. nach dem Engl. von Oscar Guttmann (11)
306. Ehescheidung, die; L. in 3 Aufz. nach dem Franz. v. Kettel. (2)
307. Eifersüchtigen, die; L. in 1 Aufz. von Benedix. (43)
308. Einer muß heirathen; L. in 1 Aufz. von Wilhelmi. (25)
309. Evelyne; Sch. in 2 Aufz. nach d. Franz. v. L. Meyer. (3)
310. Einquartierung; P. in 3 Aufz. von Georg Starcke. (16)
311. Engländer auf Reisen, die; B. in 1 Aufz. v. Ellmenreich. (4)
312. Englisch; L. in 1 Aufz. von Görner. (44)
313. Er ist nicht eifersüchtig; L. in 1 Aufz. von Elz. (44)
314. Er muß beweisen; L. in 1 Aufz. von Prechtler. (2)
315. Eichen, die drei; P. in 3 Aufz. von Kaiser. (4)
316. Engländer in der Klemme, der; B. in 1 Aufz. nach dem Franz. von Braunecker. (1)
317. Egmont; Tr. in 5 Aufz. von Goethe. (1)
318. Erzählung ohne Namen, eine kleine; L. in 1 Aufz. v. Görner. (33)
319. Erbin aus Brandenburg, die; P. in 3 Aufz. von Berger. (1)
320. Er ist Baron; P. in 3 Aufz. von R. Hahn. (2)
321. Entführung, die; L. in 1 Aufz. von Jünger. (1)
322. Etwas Kleines; P. in 3 Aufz. von Kaiser. (13)
323. Einer aus der Gerichtszeitung; P. in 1 Aufz. v. Wollmann. (12)
324. Ehrenwort, ein; P. in 1 Aufz. von Ernst. (2)
325. Er hat Recht; L. in 1 Aufz. von Wilhemi. (5)
326. Erste Coulisse links; Genreb. in 1 Aufz. von Heiter. (1)
327. Er soll Dein Herr sein; L. in 1 Aufz. von G. v. Moser. (5)
328. Edelmann, ein verarmter; L. in 7 Aufz. v. M. Beckmann. (17)
329. Erzählungen der Königin von Navarra, die; L. in 5 Aufz. nach Scribe von W. Friedrich. (10)
330. Extratour, eine; P. in 3 Aufz. von Starke. (1)
331. Ehen, moderne; L. in 5 Aufz. nach dem Franz. v. Bahn. (3)
332. Einer von unsere Leut'; P. in 3 Aufz. v. Berg u. Kalisch. (22)
333. Ehemann, der junge; L. in 3 Aufz. nach Mazères v. Preuß. (1)
334. Er kann nicht lesen; P. in 1 Aufz. von Grandjean. (3)
335. Erbförster, der; Sch. in 5 Aufz. von Otto Ludwig. (1)
336. En passant; L. in 1 Aufz. von Görner. (6)
337. Einer wie der Andere; L. in 1 Aufz. von G. v. Moser. (17)
338. Er experimentirt; L. in 1 Aufz. von Hollbein. (6)
339. Eine weint, die Andere lacht; Sch. in 4 Aufz. nach dem Franz. von Weiland. (11)
340. Ehekrüppel, die; L. in 3 Aufz. nach dem Franz. von Dumanoir und Lafargues von Hauptner. (3)
341. Eglantine; Sch. in 4 Aufz. von Mauthner. (3)
342. Ehe, eine vornehme; Sch. in 4 Aufz. nach Feuillet. (4)

343. Er schmollt; L. in 1 Aufz. nach dem Franz. v. Förster. (16)
344. Erziehung macht den Menschen; Sch. in 3 Aufz. v. Görner. (5)
345. Er hat Etwas vergessen; L. in 1 Aufz. von Berthold. (8)
346. Excellenz; L. in 1 Aufz. von Bauernfeld. (2)
347. Epigramme, die; L. in 3 Aufz. von Benedix. (4)
348. Ephraimiten, die; L. in 4 Aufz. von Otto Girndt. (4)
349. Ehestifterin, die; P. in 2 Aufz. nach d. Franz. v. Winter. (8)
350. Er muß taub sein; P. in 1 Aufz. nach Moinaux v. Malten. (5)
351. English spoken here; P. in 1 Akt nach Cormon u. Grangé von Winter. (1)
352. Freundschaftsdienst, der; L. in 3 Aufz. nach Jünger von B. A. Herrmann. (4)
353. Fröhlich; S. in 2 Aufz. von Schneider u. Wollheim. (28)
354. Fräulein von St. Cyr, die; L. in 5 Aufz. nach Dumas von Dr. Schuster. (6)
355. Fräulein von St. Cyr, die; L. in 5 Aufz. nach Dumas von Bornstein. (23)
356. Fest der Handwerker, das; P. in 1 Aufz. von Angely. (43)
357. Flüchtlinge, die kleinen; P. in 1 Aufz. von Franz Kobler. (1)
358. Faust's Traum; P. (9)
359. Frau, die eifersüchtige; L. in 2 Aufz. von Kotzebue. (1)
360. Frau, die schwarze; P. in 3 Aufz. (1)
361. Färber und sein Zwillingsbruder, der; P. in 3 Aufz. von Nestroy. (9)
362. Faschingsnacht, die verhängnißvolle; P. in 3 Aufz. nach Holtey von Nestroy. (8)
363. Fabrikant, der; Sch. in 3 Aufz. nach Souvestre v. Devrient. (12)
364. Freimaurer, der; L. in 1 Aufz. von Kotzebue. (4)
365. Fensterl, 's letzti; Genreb. in 1 Aufz. von Seidl. (39)
366. Freund in der Noth, der; P in 1 Aufz. von Bäuerle. (2)
367. Feurige Kohlen; L in 3 Aufz. nach Auvray von Adami. (2)
368. Fest auf dem Lande, das; Pantomime in 2 Aufz. von C. Lehmann. (5)
369. Fischfang, der wunderbare; Pantomime in 1 Aufz. (2)
370. Fräulein von Bois Robert, die; Sch. in 2 Aufz. nach d. Franz. von W. Friedrich. (1)
371. Fille de l'air, la; B. in 1 Aufz. (1)
372. Franzosen in Spanien, die; Dr. in 6 Aufz. nach Coren von Alvensleben. (2)
373. Fremde, die; Sch. in 5 Aufz. von Joh. v. Weißenthurn. (4)
374. Freien nach Vorschrift; L. in 4 Aufz. von Töpfer (3)
375. Fleck; P. in 2 Aufz. nach dem Franz. von B. A. Herrmann. (2)
376. Fünfzehn Jahre Student und doch nicht Doctor; L. in 1 Aufz. von Hentschel. (1)
377. Frau im Hause, die; L. in 3 Aufz. von A. B. (24)
378. Freund, der aufrichtige; L. in 1 Aufz. von Kurländer (3)
379. Fräulein Gattin; L. in 1 Aufz. nach Leirano v. W. Friedrich. (3)
380. Frauen, die beiden jungen; Dr. in 5 Aufz. nach d. Franz. (9)
381. Figurantin, die; L. in 2 Aufz. n. d. Fr. v. F. Blum. (8)

382. Fenster im ersten Stock, das; Dr. in 1 Aufz. nach Kurzeniowsky von Constant. (18)
383. Familie, eine; Sch. in 6 Aufz. von Birch-Pfeiffer. (6)
384. Frau, die zweite; L. in 3 Aufz. von C. Blum. (1)
385. Fiorilla; B. in 3 Aufz. v. Fenzl. (5)
386. Fürst, Minister und Bürger; L. in 4 Aufz. von Maltitz. (2)
387. Farinelli; Sch. in 3 Aufz. nach Desforges v. W. Friedrich. (10)
388. Familienzwist und Frieden; L. in 1 Aufz. von Putlitz. (33)
389. Francis Johnston; L. in 5 Aufz. von Birch-Pfeiffer. (6)
390. Frauenehre; Dr. in 5 Aufz. nach d. Sp. v. Bärmann. (5)
391. Fanchon, das Leiermädchen; B. in 3 Aufz. nach Bouilly von Kotzebue. (2)
392. Frau, welche die Zeitung liest, eine; L. in 1 Aufz. von F. Wehl. (26)
393. Freiherr als Wildschütz, der; B. in 1 Aufz. v. Baumann. (2)
394. Fest, ein ländliches; B. in 1 Aufz. (3)
395. Forsthaus, das; Sch. in 3 Aufz. von Birch-Pfeiffer. (6)
396. Frau, die zu sich selbst kommt, eine; L. in 2 Aufz. v. Putlitz. (1)
397. Fastnachtsscherz, ein; B. in 1 Aufz. (3)
398. Freizettel, ein; P. in 2 Aufz. von Stephan Fröhlich. (10)
399. Freuden eines Hochzeitstages; P. in 5 Aufz. nach dem Franz. von Bahn. (8)
400. Feind der Mode, ein; L. in 1 Aufz. von Trautmann. (7)
401. Filz als Prasser, ein; P. in 3 Aufz. von Feldmann u. Flamm. (2)
402. Frau, die gnädige; L. in 1 Aufz. von Louise von G. (8)
403. Frauenpolitik; L. in 1 Aufz. nach C. Berton v. Schlivian. (2)
404. Frau Sprudelmund; P. in 1 Aufz. von L. Meyer. (1)
405. Fabrikjunge, der; P. in 3 Aufz. von Elmar. (3)
406. Françoise, die Fruchthändlerin; Sch. in 6 Aufz. nach Masson von J. Meißner. (4)
407. Frau, eine; Sch. in 1 Aufz. von Waldherr. (4)
408. Fritz und die Jesuiten, der alte; L. in 5 Aufz. von Boas. (19)
409. Frage, eine orientalische; P. in 1 Aufz. von Kalisch. (2)
410. Feindin und ein Feind, eine; P. in 3 Aufz. v. Kaiser. (6)
411. Fuchs, ein; P. in 3 Aufz. von Juin. (4)
412. Freiersfüßen, auf; P. in 3 Aufz. von Trautmann. (11)
413. Frau Wirthin, die; P. in 3 Aufz. von Kaiser. (16)
414. Friedrich der Große, der kleine; B. in 5 Aufz. (4)
415. Frankfurter Messe, die; P. in 3 Aufz. von Julius v. Voß. (2)
416. Familienvater, ein glücklicher; L. in 3 Aufz. von Görner. (11)
417. Freiwillige, der; L. in 3 Aufz. nach dem Franz. v. Alfers (7)
418. Faust, Gretchen und Mephistopheles; P. in 3 Aufz. von Krüger. (3)
419. Faust und Gretchen; L. in 1 Aufz. von Jacobson. (23)
420. Fromm und weltlich; P. in 1 Aufz. von Ernst. (4)
421 a. Friedrich, der selige; L. in 3 Aufz. nach Scribe v. W. Albert. (1)
421 b. Friseurs letztes Stündlein, des; Solol. in 1 Aufz. von Salingré. (4)

422. Frauen weinen, wenn; L. in 1 Aufz. n. d Franz. von Winterfeld. (16)
423. Feenhände; L. in 5 Aufz. nach Scribe von Graven. (36)
424. Fernrohr, durch's; L. in 1 Aufz. von Wilhelmi. (3)
425. Fräulein Höckerchen; L. in 3 Aufz. von Birch-Pfeiffer. (3)
426. Fata Morgana; L. in 3 Aufz. von Bauernfeld. (12)
427. Frau, die gefährliche; L. in 3 Aufz. nach Dumanoir v. Prix. (4)
428. Friederike; L. in 1 Aufz. von Schlesinger. (7)
429. Frau, die in Paris war, eine; L. in 3 Aufz. von G. von Moser. (3)
430. Feuer in der Mädchenschule; L. in 1 Aufz. nach d. Franz. von Förster. (18)
431. Familiendiplomat, der; L. in 3 Aufz. von A. Hirsch. (3)
432. Frau Censorin, die; L. in 1 Aufz. von Berla. (2)
433. Feder, mit der; L. in 1 Aufz. von Schlesinger. (5)
434. Fridolin, ein neuer; P. in 1 Aufz. von Walter v. S. (1)
435. Freund der Frauen, der; L. in 1 Aufz. nach dem Franz. von Förster. (3)
436. Freunde — wenig Freundschaft, viele; L. in 4 Aufz. nach Sardou von Neumann. (7)
437. Fremden, die; L. in 3 Aufz. von Benedix. (3)
438. Freitag, am; L. in 1 Aufz. von Schlesinger. (7)
439. Freund, ein angenehmer; P. in 1 Aufz. n. d. Franz. von Lambert. (1)
440. Federfuchser, ein; P. in 1 Aufz. von Langer. (4)
441. Freudvoll und Leidvoll; P. in 3 Aufz. von Weirauch. (5)
442. Fehltritt, ein; P. in 3 Aufz. nach Grangé und Thiboust von Zehden. (5)
443. Familie Benoiton, die; Sch. in 5 Aufz. nach Sardou von Petzlaff. (5)
444. Frau in Weiß, die; Dr. in 5. Aufz. von Birch-Pfeiffer. (9)
445. Frau, gnädige, erlauben Sie? L. in 1 Aufz. nach Labiche und Delcour. (1)
446. Fluchen, nicht; L. in 1 Aufz. von Tetzlaff. (3)
447. Fliederbäumen, unter; S. in 1 Aufz. von Jacobson. (6)
448. Feuer! spielt nicht mit dem; L. in 3 Aufz. von Putlitz. (11)
449. Freund, ein intimer; L. in 3 Aufz. nach Garostiza. (4)
450. Fürst Emil; Sch. in 5 Aufz. von Hugo Müller. (5)
451. Greis, der hundertjährige; P. in 1 Aufz. von Angely. (8)
452. Gräfin, die schelmische; L. in 1 Aufz. von Immermann. (10)
453. Geizige, der; L. in 5 Aufz. nach Molière von Zschokke. (2)
454 a. Geizige, der; L. in 5 Aufz. nach Molière v. Deinhardstein. (2)
454 b. Graf Jrun; Sch. in 5 Aufz. nach Dumanoir v. W. Friedrich. (11)
455. Gattin und Tochter; Sch. in 3 Aufz. nach Laya von W. Friedrich. (3)
456. Geheimniß, das; Operette in 1 Aufz. von Herclots. (1)
457. Gefangenen der Czarin, die; L. in 2 Aufz. nach Bayard und Lafont von W. Friedrich. (25)

458. Gut Waldegg, das; P. in 3 Aufz. von Hopp. (1)
459. Goldteufel; P. in 3 Aufz. von Elmar. (1)
460. Glas Wasser, das; L. in 5 Aufz. nach Scribe v. Cosmar. (25)
461. Guter Rath kommt über Nacht; Dr. in 2 Aufz. nach dem Franz. von Angely. (2)
462. Graf von Monte-Christo; Dr. in 6 Aufz. v. Cartschmidt. (15)
463. Geständniß, ein; L. in 1 Aufz. nach D'Ennery und Lemoine von L. Meyer. (7)
464. Grillen der Zeit; L. in 4 Aufz. von Adami und Wilhelm Müller. (1)
465. Graf Bukskin; P. in 3 Aufz. von Räder u. Wulfes. (2)
466. Geburtstag, der; B. in 1 Aufz. von C. Tesch'r. (2)
467. Großjährig; L. in 2 Aufz. von Bauernfeld. (3)
468. Glück beffert Thorheit; L. in 5 Aufz. nach Miß Lee von Schröder. (1)
469. Geheimnisse des grauen Hauses, die; Posse in Scenen. (1)
470. Guten Morgen, Vielliebchen! L. in 1 Aufz. v. A. v. Thale. (20)
471. Gemahl in der Wand, der; P. in 1 Aufz. von Cosmar. (15)
472. Gustav III.; Dr. in 5 Aufz. von Schloenbach. (3)
473. Gasthausabenteuer; P. in 3 Aufz. von Oswald. (2)
474. Geistige Liebe; L. in 3 Aufz. von Lederer. (30)
475. Geheimnisse von London, die; Dr. in 6 Aufz. v. L. Meyer. (5)
476. Gunst der Kleinen, die; L. in 1 Aufz. nach Savetier v. Plötz. (1)
477.a. Griseldis; Dr. in 5 Aufz. von Halm. (1)
477.b. Gastmahl zu Luzenheim, das; L. in 1 Aufz. von Feldmann. (2)
478. Gottsched und Gellert; L. in 5 Aufz. von Laube. (1)
479. Genius, der gute; P. in 1 Aufz. nach Locroy. (1)
480. Glöckner von Notre-Dame, der; Dr. in 6 Aufz. von Birch-Pfeiffer. (6)
481. Geld, Arbeit, Ehre; P. in 3 Aufz. von Elmar. (4)
482. Geschwister, die; Sch. in 5 Aufz. von Raupach. (7)
483. Geschwister, die; Sch. in 1 Aufz. von Goethe. (20)
484. Gefängniß; L. in 4 Aufz. von Benedix. (39)
485. Guten Morgen, Herr Fischer! B. nach Locroy und de Morvan von W. Friedrich. (91)
486. Gut Sternberg, das; L. in 4 Aufz. von Joh. v. Weißenthurn. (9)
487. Gebrüder Foster; Sch. in 5 Aufz. n. d. Engl. v. Töpfer. (12)
488. Götz von Berlichingen; Sch. in 5 Aufz. von Goethe. (1)
489. Gänschen von Buchenau; L. in 1 Aufz. nach Bayard von W. Friedrich. (27)
490. Gustav Adolphs Ehrenschuld; Dr. in 1 Aufz. von Wachenhusen. (2)
491. Gutsherr, der verkleidete; B. in 1 Aufz. von Grantzow. (1)
492. Großmütterchen; L. in 1 Aufz. nach dem Franz. von Moltke. (1)
493. Graf Waltron; Dr. in 4 Aufz. von Birch-Pfeiffer. (2)
494. Gang in's Irrenhaus; L. in 1 Aufz. nach Scribe. (2)
495. Guste in Amerika; Genreb. in 1 Aufz. (1)
496. Gewissen, ein schlechtes; L. in 1 Aufz. von Louise v. G. (3)

497. Geschäfte über Geschäfte; L. in 3 Aufz. nach Holtei von Wachenhusen. (1)
498. Gefangenen, die; L. in 4 Aufz. von Hedwig Henrich. (13)
499. Glückliche Flitterwochen; L. in 1 Aufz. von Georg Horn. (9)
500. Günstlinge, die; Sch. in 4 Aufz. von Birch-Pfeiffer. (7)
501. Graf Schelle; P. in 2 Aufz. (1)
502. Goldschmieds Töchterlein, des; Sch. in 2 Aufz. von Carl Blum. (2)
503. Gut bürgerlich; Sch. in 3 Aufz. von Juin. (1)
504. Grille, die; Sch. in 5 Aufz. von Birch-Pfeiffer. (22)
505. Grille, die; Solol. in 1 Aufz. von Krüger. (5)
506. Gustchen im Sandkrug; Solol. in 1 Aufz. von Görner. (1)
507. Gesprengte Fesseln; L. in 5 Aufz. nach Scribe v Eichler. (2)
508. Geheimniß, das öffentliche; L. in 4 Aufz. nach Calderon von Lembert. (5)
509. Graf, ein armer; L. in 2 Aufz. nach dem Frz. von Förster. (2)
510. Goldbauer, der; Sch. in 4 Aufz. von Birch-Pfeiffer. (17)
511. Gefälligkeit, eine kleine; L. in 1 Aufz. nach dem Franz. von Ida Schuselka. (8)
512. Gustel von Blasewitz, die; L. in 1 Aufz. von Schlesinger. (8)
513. Gottes Segen bei Cohn; P. in 3 Aufz. von Stettenheim. (6)
514. Gargoullada; P. in 1 Aufz. von Morländer. (3)
515. Goldonkel, der; P. in 3 Aufz. von Pohl. (32)
516. Gabriele von Belle-Isle; Dr. in 3 Aufz. nach Dumas von Holbein. (10)
517. Gesandtschaftsattaché, der; L. in 3 Aufz. nach Meilhac von Förster. (4)
518. Graf Waldemar; Sch. in 5 Aufz. von Freitag. (3)
519. Gräfin von Kroll, die; P. in 1 Aufz. nach dem Franz. (1)
520. Großmutter, die; Sch. in 5 Aufz. nach dem Franz. von Ida Görner. (3)
521. Gewohnheiten; L. in 1 Aufz. nach b. Frz. von Max Stein. (1)
522. Gleich und Gleich; L. in 1 Aufz. von Moritz Hartmann. (2)
523. Gäste, hohe; P. in 1 Aufz von Belly und Henrion. (4)
524. Graupenmüller; P. in 3 Aufz. von Salingré. (14)
525. Geld, klein; P. in 1 Aufz. von Pohl. (3)
526. Gemahl der Königin, der; L. in 4 Aufz. nach dem Franz. von Hildebrand. (7)
527. Gewissensfrage, eine; Genreb. in 1 Aufz. nach Feuillet. (6)
528. Gelegenheit macht Diebe; L. in 1 Aufz. nach dem Franz. von Förster. (6)
529. Gringoire; Sch. in 1 Aufz. von Th. de Banville. (8)
530. Gesellschaft, aus der; Sch. in 4 Aufz. von Bauernfeld. (23)
531. Grundsätze, politische; L. in 4 Aufz. von Otto Girndt. (9)
532. Gustav Wasa; Sch. in 5 Aufz. von Bernhard Scholz. (9)
533. Gegenüber; L. in 3 Aufz. v. Benedix. (1)

534. Heirathsantrag auf Helgoland, der; P. in 2 Aufz. von Schneider. (8)
535. Handbillet Friedrichs II., ein; L. in 3 Aufz. von W. Vogel. (3)
536. Herr und eine Dame, ein; L. in 1 Aufz. nach Xavier von Carl Blum. (8)
537. Herr Dunst; P. in 2 Aufz. nach Duvert von W. Friedrich. (27)
538. Herr Baron; L. in 4 Aufz. von Eduard Devrient. (3)
539. Herr Fischer; P. in 1 Aufz. von F. Thiele u. A. Meyer. (1)
540. Herr Hampelmann im Eilwagen; P. in 6 Aufz. von Malß. (2)
541. Herr Hampelmann sucht ein Logis; P. in 5 Aufz. v. Malß. (1)
542. Hans Jürge; Sch. in 1 Aufz. von Holtei. (20)
543. Hofmeister in tausend Aengsten, der; L. in 1 Aufz. von Theodor Hell. (8)
544. Hedwig; Dr. in 3 Aufz. von Theodor Körner. (1)
545. Hutmacher und Strumpfwirker; P. in 4 Aufz. von Hopp. (2)
546. Humoristische Studien; P. in 1 Aufz. von Karl Lebrun. (6)
547. Häßliche, der; P. in 1 Aufz. nach Dumanoir von Alfonso. (9)
548. Humoristisches Zwiegespräch; Prolog in 1 Aufz. (1)
549. Heute! zur Erinnerung an meine Freunde und Gönner; P. in 1 Aufz. von David. (14)
550. Hauptmann von der Runde, der; L. in 2 Aufz. nach dem Franz. von Laube. (16)
551. Haupt, das bemooste; Sch. in 4 Aufz. von Benedix. (6)
552. Herrin von der Else, die; Sch. in 5 Aufz. nach Sheridan Knowles von Karl Blum. (4)
553. Hinüber — herüber; P. in 1 Aufz. von Nestroy. (1)
554. Herr und Sclave; Dr. in 2 Aufz. von Zedlitz. (1)
555. Hochzeitstages, Fatalitäten eines; L. in 2 Aufz. von Abel. (10)
556. Haus der Temperamente, das; P. in 2 Aufz. von Nestroy. (4)
557. Hausgenossen, die; L. in 3 Aufz. von Dr. Zeiteles. (6)
558. Hahn, der indianische; Pantom. in 2 Aufz. von Lehmann. (5)
559. Husar, der alte; L. in 1 Aufz. nach dem Franz. (2)
560. Holländer, der fliegende; P. in 3 Aufz. von Wollheim. (17)
561. Hinaus auf's Gut; L. in 5 Aufz. von Abel. (1)
562. Halifax; L. in 4 Aufz. nach Dumas von Julius. (1)
563. Herrin im Hause, die; L. in 2 Aufz. nach Melesville von Friedrich. (5)
564 a. Hammerschmiedin von Steiermark, die; P. in 1 Aufz. von Schickh. (1)
564 b. Harlequin überall und nirgend; Pantom. in 1 Aufz. (6)
565. Harlequin als Spinne; Pantomime in 1 Aufz. (7)
566. Hirsch, der; Sch. in 2 Aufz. von Karl Blum. (1)
567. Herzensdieb, der; L. in 1 Aufz. nach Melesville von Preuße. (5)
568. Harlequins Zaubernacht; Pantomime in 1 Aufz. (2)
569. Hofe der Höflichste, bei; P. in 4 Aufz. von v. Scharffenstein. (3)
570. Herr Karoline; P. in 1 Aufz. nach Barin und Boyer von Kalisch. (11)
571. Heirathsproject, ein; L. in 2 Aufz. nach Henrik Hertz von Dr. Schlivian. (3)

572. Hôtel Lafitte; Dr. in 5 Aufz. von Theodor Hagen. (2)
573. Hausmittel, ein; L. in 1 Aufz. von Putlitz. (5)
574. Hamburg; dramatische Bilder aus der Chronik in 6 Aufz. (7)
575. Heirath, die unmögliche; L. in 2 Aufz. nach dem Franz. (8)
576. Herzvergessen, das; L. in 1 Aufz. von Putlitz. (9)
577. Heirath durch Selbstmord, eine; P. in 1 Aufz. nach dem Franz. von Milde. (1)
578. Hausgesinde, das; Operette in 1 Aufz. (1)
579. Herz, ein altes; L. in 3 Aufz. von Feldmann. (5)
580. Hochzeitsreise, die; L. in 1 Aufz. von Benedix. (22)
581. Harlequin als Marmorstatue; Pantom. in 1 Aufz. (5)
582. Haimons Kinder, die vier; Oper in 3 Aufz. (2)
583. Herrmann und Dorothea; Sch. in 4 Aufz. von Töpfer. (3)
584. Hofmeister, die beiden; B. in 1 Aufz. nach dem Franz. von Angely. (6)
585. Herzensschlüssel, der; L. in 1 Aufz. von Lorm. (3)
586. Herr Purzel in Spanien; P. in 3 Aufz. nach dem Franz. von Räder. (6)
587. Helden, die; L. in 1 Aufz. von Marsano. (11)
588. Hans und Grete; Genreb. in 1 Aufz. von Schneider. (1)
589. Herrn Henne's letztes Schulstündlein; P. in 1 Aufz. von Ernst Heiter. (21)
590. Helene von Seiglière; Sch. in 4 Aufz. nach Sandeau von W. Friedrich. (27)
591. Häusliche Wirren; L. in 3 Aufz. von Lederer. (4)
592. Hans und Hanne; Singsp. in 1 Aufz. nach Lopez von W. Friedrich. (65)
593. Herrenpfiffe und Dienerkniffe; P. in 4 Aufz. von Floto. (4)
594. Hans Lust; L. in 3 Aufz. nach dem Franz. von Lebrün. (6)
595. Hempel, Krempel und Stempel; P. in 1 Aufz. a. d. Engl. von Gräser. (2)
596. Hochzeit eines Spritzenmannes, die goldene; P. in 1 Aufz. von Krüger. (12)
597. Heirathsantrag eines Gululaffers, der; P. in 1 Aufz. von Krüger. (1)
598. Hut, ein; L. in 1 Aufz. nach Frau de Girardin von Grandjean. (22)
599. Homöopathisch! L. in 1 Aufz. nach Lefranc von Gaßmann. (4)
600. Haßt er die Frauen oder scheut er nur die Ehe? L. in 1 Aufz. von Elz. (2)
601. Hans bleibt Hans; B. in 1 Aufz. (1)
602. Haushälterin, die; L. in 1 Aufz. von Schleich. (4)
603. Herz ist in Potsdam, sein; B. in 1 Aufz. von Weirauch. (2)
604. Hausse und Baisse; L. in 3 Aufz. nach dem Franz. von Mecklenburg. (1)
605. Höllen, in den; P. in 5 Aufz. (1)
606. Herr Nachbar Mohr; P. in 3 Aufz. von Krüger. (4)
607. Handwerkerfamilie, eine; P. in 4 Aufz. nach dem Franz. (3)
608. Haus der Confusionen, das; P. in 2 Aufz. von Hopp. (5)

609. Hausknecht, ein gebildeter; P. in 1 Aufz. von Kalisch. (16)
610. Herrmann und Dorothea; P. in 1 Aufz. von Kalisch und Weirauch. (42)
611. Herr Inspector, der; L. in 4 Aufz. von Tietz. (2)
612. Heirathen unter Friedrich dem Großen, zwei; L. in 3 Aufz. von Warburg. (1)
613. Hauskreuz, ein; L. in 1 Aufz. nach dem Franz. (7)
614. Hier wird warm gespeist; P. in 1 Aufz. von Salingré. (2)
615. Herz, nur ein; L. in 1 Aufz. von Gaßmann. (1)
616. Hochzeit, die silberne; Sch. in 5 Aufz. von Kotzebue. (4)
617. Hände und Händchen; L. in 3 Aufz. nach dem Franz. von Mühler. (2)
618. Hausknecht, ein melancholischer; P. in 4 Aufz. von Pohl. (1)
619. Haus Eberhard, das; L. in 4 Aufz. von Fürbringer. (2)
620. Hausspion, der; L. in 2 Aufz. von Schlesinger. (5)
621. Hauses Segen, des; L. in 3 Aufz. nach dem Franz. (1)
622. Heimath, in der; Sch. in 5 Aufz. von Birch-Pfeiffer. (1)
623. Hinko; Dr. in 6 Aufz. von Birch-Pfeiffer. (12)
624. Hans Lange; Sch. in 4 Aufz. von Paul Heyse. (11)
625. Held der Reclame, ein; P. in 1 Aufz. von Rosen. (2)
626. Herd ist Goldeswerth, eigener; Sch. in 3 Aufz. von Julius. (3)
627. Herzens-Eroberer, ein; L. in 3 Aufz. nach Meilhac und Halévy von Neumann. (3)
628. Hanne weint, der Hans lacht; Singsp. in 1 Aufz. (18)
629. Herr Studiosus, der; Sch. in 1 Aufz. (7)
630. Holländgänger, der; Sch. in 1 Aufz. von Paul Frohberg. (3)
631. Hand, eine rasche; P. in 5 Aufz. nach Labiche und Martin von Helm. (4)

632. Junggeselle, der alte; P. in 2 Aufz. von R. Hahn. (2)
633. Jux will er sich machen, einen; P. in 4 Aufz. v. Nestroy. (15)
634. Ich bleibe ledig; L. in 3 Aufz. von Carl Blum. (15)
635. Jude, der; Sch. in 5 Aufz. nach Cumberland. (9)
636. Juristen, die; Sch. in 5 Aufz. von Wangenheim. (2)
637. Jäger, die; Sch. in 5 Aufz. von Iffland. (15)
638. Johanna und Hannchen, L. in 2 Aufz. nach Scribe u. Varner von B. A. Herrmann. (5)
639. Johann, der muntre Seifensieder; S. in 2 Aufz. von Volkmann. (1)
640. Jude, der ewige; Dr. in 7 Aufz. von Carlschmidt. (9)
641. Jocko, der brasilianische Affe; Pantomime in 1 Aufz. von Seymour. (1)
642. Jahr, das alte und das neue; Scen. Prolog in 1 Aufz. von Volgemann. (1)
643. Jude, der ewige (2. Theil); Sch. in 5 Aufz. v. Carlschmidt. (3)
644. Industrielle, die; L. in 1 Aufz. von Laster. (2)
645. Ihr Bild; L. in 1 Aufz. nach Scribe und Sauvages von Schneider. (23)
646. Intermezzo, das; L. in 5 Aufz. von Kotzebue. (4)

647. Ich irre mich nie: L. in 1 Aufz. nach d. Franz. v. Lebrun. (1)
648. Jeder für sich; L. in 1 Aufz. nach Léon und Lebize von B. A. Herrmann. (12)
649. Jugend muß austoben; L. in 1 Aufz. von Angely. (7)
650. Jean und Lucas; L. in 1 Aufz. nach Nyon v. W. Friedrich. (8)
651. Jean Bart am Hofe; L. in 4 Aufz. von Berger. (12)
652. Jupiters Reiseabenteuer; P. in 4 Aufz. nach dem Franz. von Räder. (3)
643. Jugendfreund, der; L. in 1 Aufz. von Dr. Turteltaub. (4)
654. Industrie und Herz; L. in 4 Aufz. von Bauernfeld. (1)
655. Joco, der brasilianische Affe; Melodr. in 5 Aufz. nach d. Franz. von Gnauth. (5)
656. Im Walde; Sch. in 4 Aufz. von Birch-Pfeiffer. (5)
657. Jeder fege vor seiner Thür; L. in 1 Aufz. (5)
658. Junker und Knecht; P. in 4 Aufz. von Kaiser. (15)
659. Junge Greise, alte Bursche; L. in 3 Aufz. nach dem Franz. v. Stotz. (1)
660. Im Dunkeln; P. in 3 Aufz. nach Scribe von Kaiser. (2)
661. Irrthum, ein kleiner; L. in 1 Aufz. von Angely. (1)
662. Immer zu Hause; L. in 1 Aufz. nach dem Franz. von Grandjean. (4)
663. Jugendfreund, der; L. in 3 Aufz. von Holbein. (1)
664. Irren ist menschlich; L. in 3 Aufz. von Schleich. (3)
665. Jungfer Lieschen, weißt Du was? S. in 1 Aufz. nach dem Franz. (2)
666. Journalisten, die; L. in 4 Aufz. von Freytag. (42)
667. Immer ohne Frau; P. in 1 Aufz. von Görner. (5)
668. Idee, eine fixe; L. in 1 Aufz. von Grandjean. (1)
669. Ich möchte wohl ein Mann sein; Genreb. in 1 Aufz. v. Krüger. (1)
670. Ich bin Marquis; L. in 1 Aufz. nach dem Franz. von W. Herrmann. (4)
671. Immer zu vorschnell; L. in 3 Aufz. von Feldmann. (1)
672. Ich esse bei meiner Mutter; L. in 1 Aufz. von Winterfeldt. (10)
673. Junge Leute; L. in 3 Aufz. nach dem Franz. von Wollmann. (4)
674. Junge Männer und alte Weiber; L. in 2 Aufz. v. Apel. (23)
675. Junge, ein gesunder; P. in 1 Aufz. von Bittner. (1)
676a. Jagd, die; S. in 3 Aufz. (1)
676b. Junker Otto; L. in 4 Aufz. von Benedix. (2)
677. Jeremias Grille; P. in 1 Aufz. von Pohl. (8)
678. Inseln, die glücklichen; L. in 1 Aufz. von Wachenhusen. (1)
679. Jongleur, der; P. in 3 Aufz. von Pohl. (28)
680. Ich werde mir den Major einladen; L. in 1 Aufz. nach dem Franz. von G. v. Moser. (21)
681. Ich liebe Sie; L. in 1 Aufz. von Forster. (2)
682. Iphigenie auf Tauris; Sch. in 5 Aufz. von Goethe. (7)
683. Jedem das Seine; L. in 1 Aufz. von G. v. Moser. (1)
684. Ingomar und Parthenia; P. in 1 Aufz. von Fritz Lustig. (2)
685. Jesuit und sein Zögling, der; L. in 4 Aufz. von Schreiber. (12)
686. Jugendfreund, der; L. in 3 Aufz. nach d. Frz. v. Holbein. (3)

687. Ich! L. in 3 Aufz. nach dem Franz. von Aubres. (2)
688. Jahrmarktsfest zu Plundersweilen, das; Schönbartspiel in 1 Aufz. nach Goethe von Pohl. (24)

689. Köck und Guste; B. in 1 Aufz. nach dem Frz. von W. Friedrich. (63)
690. Kapellmeister von Venedig, der; S in 1 Aufz. v. Schneider. (77)
691. Komm her! L. in 1 Aufz. von Elsholz. (5)
692. Korb, der; L. in 1 Aufz von Dilg. (2)
693. Karl XII. auf der Heimkehr; L. in 4 Aufz. nach Plancé von Toepfer. (3)
694. Königs Befehl, des; L. in 4 Aufz. von Toepfer. (17)
695. Kesselflicker, der; P. in 3 Aufz. von Kaiser. (3)
696. Kurmärker und die Picarde, der; Genrebild in 1 Aufz. von Schneider. (64)
697. Klingsberg, die beiden; L. in 4 Aufz. von Kotzebue. (19)
698. Kaufmann von Venedig, der; Sch. in 5 Aufz. nach Shakespeare von Schlegel. (11)
699. Klimpern gehört zum Handwerk; L. in 1 Aufz. nach Scribe v. Castelli. (14)
700. König von 16 Jahren, der; L. in 2 Aufz. nach Scribe von B. A. Herrmann. (2)
701. Kosak, Franzose und Vierländerin; Genrebild in 1 Aufz. von Wollheim. (5)
702. Kobold, der; P. in 3 Aufz. v. von Schich. (6)
703. Königin von 16 Jahren, die; Sch. in 2 Aufz. nach d. Franz. von Hell. (1)
704. Kreuz, das goldene; L. in 2 Aufz. von Harrys. (15)
705. Kwatern; Buernspill in 1 Aufz. von Bärmann. (3)
706. Kean; L. in 5 Aufz. nach Dumas von Schneider. (5)
707. Karlsschüler, die; Sch. in 5 Aufz. von Laube. (34)
708. Krack, der Gnomenfürst; P. in 4 Aufz. (13)
709. Kreuz, das diamantene; L. in 2 Aufz. von Deinhardstein. (4)
710. Kunst und Natur; L. in 4 Aufz von Albini. (21)
711. König von gestern, der; L. in 1 Aufz. von Schützel. (5)
712. Künstlers Erdenwallen; L. in 5 Aufz. nach Voß von Schneider. (1)
713. Kater, der; L. in 1 Aufz. von Meidel. (1)
714. Kunst, geliebt zu werden, die; S. in 1 Aufz. nach d. Frz. (38)
715. Kern und Schale; L. in 3 Aufz. von Feldmann. (11)
716. Koketterien, die ersten; L. in 1 Aufz. nach dem Franz. von B. A. Herrmann. (1)
717. Komödie der Irrungen, die; L. in 3 Aufz. nach Shakespeare von Holtei. (18)
718. König Renó's Tochter; Sch. in 1 Aufz. nach Henrik Herz. (12)
719. Koch, der politische; L. in 1 Aufz. nach dem Frz. von H. F. Heine. (21)
720. Kapellmeister, die beiden; L. in 2 Aufz. von Feldmann. (2)
721. Kalif, der großmüthige; B. in 3 Aufz. von Benoni. (3)
722. Kaufmann, der; Sch. in 5 Aufz. von Benedix. (27)

723. Kinder des Regiments, die; P. in 3 Aufz. v. Friedr. Blum. (5
724. Kaiser und die Müllerin, der; L. in 2 Aufz. von Gubitz. (4)
725. Käthchen von Heilbronn, das; Sch. in 6 Aufz. nach Kleist von Holbein. (1)
726. Krug, der zerbrochene; L. in 1 Aufz. von Kleist. (3)
727. Krieger, ein deutscher; Sch. in 3 Aufz. von Bauernfeld. (4)
728. Kakadu; P. in 3 Aufz. nach dem Franz. von Fr. Blum. (1)
729. Kreuzfahrer, die; Sch. in in 5 Aufz. von Kotzebue. (3)
730. Klaridach, der; Genreb. in 1 Aufz. von Cramolini. (1)
731. Kammerdiener, der; P. in 4 Aufz. von P. A. Wolff. (1)
732. Kammerdiener, der; L. in 1 Aufz. nach Scribe und Melesville von Krickeberg. (1)
733. Kammerdiener, der; L. in 1 Aufz. nach Scribe und Melesville von Gaßmann. (1)
734. Kunst und Industrie; L. in 3 Aufz. von Eduard Franke. (1)
735. König Wein; P. in 5. Aufz. von Krüger. (17)
736. Klosterbäuerin, die schöne; Sch. in 4 Aufz. von Prüller. (13)
737. Kampl; P. in 3 Aufz. von Nestroy, (14)
738. Kabale und Liebe; Tr. in 5 Aufz. von Schiller. (2)
739. Kaufmann von Berlin, der; Dr. in 5 Aufz. von B. A. Herrmann. (1)
740. Karl XII. einzige Liebe; L. in 3 Aufz. von E. Franke. (2)
741. Klopfgeister in Hamburg; P. in 1 Anfz. (1)
742. Keine Jesuiten mehr! L. in 4 Aufz. von L. Schubar. (1)
743. Kranke, der eingebildete; P. in 1 Aufz. nach dem Franz. von Treumund. (1)
744. Kugel, zur goldenen; L. in 3 Aufz. von Wandrow. (4)
745. Keine Feinde; L. in 1 Aufz. nach d. Franz. v. Görner. (2)
746. Kohle, eine glühende; L. in 1 Aufz. von Wehl und Horn. (5)
747. Kind, das erste; P. in 3 Aufz. von Langer. (4)
748. Königreich für einen Sohn, ein; P. in 1 Aufz. v. Salingré. (2)
749. Königslieutenant, der; L. in 4 Aufz. von Gutzkow. (12)
750. Klatschereien; P. in 1 Aufz. von Angely. (6)
751. Komikers erstes Lampenfieber, das; Genrebild in 1 Aufz. von Krüger. (11)
752. Künstlerleben, aus dem; dramatisches Fragment in 1 Aufz. von H. Marr. (1)
753. Krisen; L. in 1 Aufz. von Bauernfeld. (4)
754. Kuren, magnetische; L. in 4 Aufz. von Hackländer. (6)
755. Küchenroman, ein; L. in 1 Aufz. von Kläger. (2)
756. Katze, die entzauberte; S. in 1 Aufz. nach Scribe und Mazères. (1)
757. Kieselack und seine Nichte vom Ballet; P. in 4 Aufz. von Weirauch. (8)
758. Kind des Glücks, ein; L. in 5 Aufz. von Birch-Pfeiffer. (37)
759. Kuß, ein; L. in 1 Aufz. von Worttil. (2)
760. Komödianten, die deutschen; Dr. in 5 Aufz. v. Mosenthal. (10)
761. König und Citherschlägerin; Sch. in 5 Aufz. nach Dumanoir von Bärmann. (3)

762. Königin Bell; Sch. in 5 Aufz. von Birch-Pfeiffer. (3)
763. Kaufmann, ein geadelter; Sch. in 5. Aufz. von Görner. (15)
764. Kassenschlüssel, der; L. in 1 Aufz. von Benedix. (6)
765. Krethi und Plethi; Sch. in 3 Aufz. nach Berla v. Kalisch. (14)
766. Krone, um die; Sch. in 5 Aufz. von Putlitz. (6)
767. Kerl, ein ganzer; P. in 3 Aufz. von Salingré. (4)
768. Kind, sein einzigstes; P. in 3 Aufz. von Rosen. (3)
769. Lorenz und seine Schwester; B. in 1 Aufz. nach dem Franz. v. W. Friedrich. (57)
770. Liebesgeschichten und Heirathssachen; P. in 3 Aufz. v. Nestroy. (8)
771. Lenore; Sch. in 3 Aufz. Holtei. (1)
772. Landpartie nach Königstein, die; P. in 4 Aufz. v. Malß. (2)
773. Liebe kann Alles; L. in 4 Aufz. nach Shakespeare v. Holbein. (10)
774. Leibrente, die; L. in 1 Aufz. von Maltitz. (13)
775. List und Phlegma; B. in 1 Aufz. von Angely. (22)
776. Lumpacivagabundus; P. in 3 Aufz. von Nestroy. (31)
777. Liebe auf dem Lande, die; Sch. in 2 Aufz. von Iffland. (16)
778. Louise Bernard; Sch. in 5 Aufz. nach Dumas von B. A. Herrmann. (8)
779. Lady Harriet; B. in 5 Aufz. von W. Friedrich. (14)
780. Leben zweier Sängerinnen, aus; P. in 4 Aufz. von Ewald. (17)
781. Lieutenants-Uniform, die; L. in 1 Aufz. nach D'Ennery von Angely. (15)
782. Lucifer und der Pächter; Pantomime in 1 Aufz. (9)
783. Lorbeerbaum und Bettelstab; Sch. in 4 Aufz. von Holtei. (10)
784. Liebhaber, der unglückliche; Pantomime in 1 Aufz. (3)
785. Liebe im Eckhause, die; L. in 2 Aufz. nach Calderon v. Cosmar. (27)
786. Leichtsinn und Heuchelei; L. in 3 Aufz. nach Sheridan von L. Meyer. (7)
787. Löwenberg und Compagnie; L. in 1 Aufz. nach Bayard von Harrys. (4)
788. Laune des Königs, eine; L. in 1 Aufz. nach dem Frenz. (6)
789. Liebe und das Zufallsspiel, der; L. in 2 Aufz. nach Marivaux und Jünger von Lebrun. (5)
790. Lindane; P. in 2 Aufz. von Cartsch. (4)
791. Lumpensammler von Paris, der; Sch. in 6 Aufz. nach Pyat v. H. Smidt. (11)
792. Landstand, ein; B. in 1 Aufz. v. Kalisch. (3)
793. Liebhaber, der geliehene; B. in 1 Aufz. nach Scribe von Lewald. (2)
794. Landgraf Friedrich mit der gebissenen Wange; Sch. in 5 Aufz. von Rost. (2)
795. Lotte, Genreb. in 1 Aufz. von August Meyer. (1)
796. Landwirth, der; L. in 4 Aufz. von Amalie von Sachsen. (7)
797. Liebestrank, der; P. in 3 Aufz. von Benedix. (1)
798. Lebt er, oder ist er todt; L. in 1 Aufz. nach dem Franz. von Lembert. (3)
799. Liebesschwänke; L. in 1 Aufz. nach b. Franz. v. Bärmann. (1)

800. Liebesprotokoll; L. in 3 Aufz von Bauernfeld. (1)
801. Leier-Casper, der; Sch. in 5 Aufz. von Birch-Pfeiffer. (1)
802. Lärm um Nichts, viel; L. in 1 Aufz. nach Shakespeare von Holtey. (20)
803. Laubsknecht, der; L. in 1 Aufz. nach dem Franz. von Elmenreich. (1)
804. Liesli; Dr. in 3 Aufz. von Gutzkow. (1)
805. Leute Geld haben, wenn; P. in 3 Aufz. von Weirauch. (44)
806. Lästerschule, die; L. in 1 Aufz. nach Sheridan. (27)
807. Leute kein Geld haben, wenn; P. in 3 Aufz. v. Starcke. (45)
808. Lyoneserin; die schöne; L. in 5 Aufz. nach Bulwer von Bärmann. (2)
809. Liebesbrief, der; L. in 3 Aufz. von Benedix. (1)
810. Laura und Delphine; L. in 2 Aufz. nach Bayard von B. A. Herrmann. (2)
811. Lump, ein; P. in 3 Aufz. von Kaiser. (2)
812. Lügen, das; L. in 3 Aufz. von Benedix. (45)
813. Lügner, der leichtsinnige; L. in 3 Aufz. v. F. L. Schmidt. (4)
814. Landwehrmann und die französische Bäuerin, der preußische; Genreb. in 1 Aufz. nach dem Franz. von Kaiser. (8)
814. Levy auf der Alm, Heymann; kom. Scene in 1 Aufz. (9)
815. Lady Tartüffe; L. in 5 Aufz. nach Frau de Girardin von B. A. Herrmann. (27)
816. Lustspiel, ein; L. in 4 Aufz. von Benedix. (31)
817. Luftschlösser; L. in 4 Aufz. nach P. A. Wolf v. Weidner. (9)
818. Leben ein Traum, das; Sch. in 5 Aufz. nach Calderon von West. (1)
819. Liebesgeschichte eines Chevauxlegers; B. in 1 Aufz. von Braunecker. (1)
820. Liebe in Arrest; L. in 1 Aufz. v. Putlitz. (24)
821. Levassor, ein deutscher; P. in 1 Aufz. (1)
822. Leidenschaft flieht, die; L. in 1 Aufz. von Gaßmann. (4)
823. Lügner und sein Sohn, der; P. in 1 Aufz. nach Collin d'Harville von Kurländer. (1)
824. Lady Beefsteak; P. in 1 Aufz. von Jacobson. (2)
825. Liesels Hochzeitstag; Genreb. in 1 Aufz. nach dem Franz. von Waller. (3)
826. Leichtsinn aus Liebe; L. in 4 Aufz. von Bauernfeld. (3)
827. Lüge und Wahrheit; L. in 4 Aufz. v. Amalie von Sachsen. (1)
828. Leiermann und sein Pflegekind, der; Sch. in 5 Aufz. von Birch-Pfeiffer. (7)
829. Lustspiel ohne Liebhaber, ein; P. in 1 Aufz. von Görner (1)
830. Lämmerabend eines armen Schneiders, der; P. in 1 Aufz. (2)
831. Lotti ist todt; B. in 1 Aufz. von L. Günther. (3)
832. Lamm und Löwe; L. in 4 Aufz. von Schreiber. (4)
833. Leben, ein neues; L. in 4 Aufz. von Mügge. (2)
834. Letzte Liebe; Genreb. in 1 Aufz. von Otto Girndt. (3)
835. Leiden junger Frauen, die; L. in 1 Aufz. nach dem Franz. von G. v. Moser. (6)

836. Liebe zur Kunst, aus; P. in 1 Aufz. von G. v. Moser. (32)
837. Lützower Jäger, die; Sch. in 1 Aufz. von Putlitz. (4)
838. Lady in Trauer, die; Sch. in 5 Aufz. von Trauen. (3)
839. Liebe kann nicht Alles; P. in 1 Aufz. nach dem Franz. von Förster. (2)
840. Leiden des menschlichen Lebens, kleine; P. in 1 Aufz. nach dem Franz. von Adami. (1)
841. Lieserl, schlau; S. in 1 Aufz. von Schönberg. (2)
842. Lieschen Wildermuth; L. in 4 Aufz. v. Schreiber. (16)
843. Liebespolizei; L. in 4 Aufz. von Salingré. (2)
844. Lear, ein neuer; P. in 3 Aufz. von Dohm. (3)
845. Landleute, unsere braven; Sch. in 4 Aufz. nach Sardou von A. Winter. (12)
846. Liebhabereien; P. in 1 Aufz. nach d. Frz. v. Salingré. (5)
847. Liserl, 's; S. in 1 Aufz. von Kneiff. (1)
848. Liebestyrannei; L. in 1 Aufz. nach d. Franz. v. Treumann. (3)

849. Mariette und Jeanetton; B. in 3 Aufz. nach Dümas von W. Friedrich. (70)
850. Mädchen aus der Vorstadt, das; P. in 3 Aufz. v. Nestroy (2)
851. Muttersegen; Sch. in 5 Aufz. nach Lemoine von W. Friedrich. (27)
852. Minuten in Grüneberg, drei und dreißig; P. in 1 Aufz. von Holtei. (28)
853. Mädchen in Uniform; B. in 1 Aufz. von Angely (14)
854. Maskerade, die; B. in 1 Aufz. (5)
855. Mariette, die neue, B. in 3 Aufz. nach Bayard. (1)
856. Mirandolina; L. in 3 Aufz. von Carl Blum. (9)
857. Müller und Schiffmeister; P. in 2 Aufz. von Kaiser. (1)
858. Major Haudegen; P. in 1 Aufz. nach Lefranc von F. Friedrich. (33)
859. Mäntel, die; L. in 2 Aufz. nach Scribe von Carl Blum. (8)
860. Michel Perin; L. in 2 Aufz. nach Melesville und Duvegrier von Schneider. (7)
861. Madam Lafargues; Dr. in 5 Aufz. nach dem Franz. (6)
862. Maler, der; Sch. in 5 Aufz. nach Scribe v. B. A. Herrmann. (3)
863. Mutterherz und Gattenliebe; Dr. in 5 Aufz. von Ewald. (3)
864. Molière; L. in 4 Aufz. nach Desnoyer von B. A. Herrmann. (2)
865. Müllerin, die schöne; L. in 1 Aufz. nach Melesville und Duveyrier von Schneider. (7)
866. Mann, der reiche; L. in 4 Aufz. von Töpfer. (9)
867. Marie, die Tochter des Regiments; B. in 4 Aufz. nach St. Georges und Bayard von Fr. Blum. (6)
868. Minna von Barnhelm; L. in 5 Aufz. von Lessing. (30)
869. Müller und Müller; L. in 2 Aufz. von Elz. (41)
870. Maskerade, eine; L. in 3 Aufz. nach d. Franz. v. Lebrard. (2)
871. Männerschule, die; L. in 3 Aufz. nach Molière v. Holbein. (15)
872. Mein Herr Onkel; L. in 3 Aufz. von H. Schmidt. (5)
873. Margarethens Lieblingsfarben; L. in 2 Aufz. nach Bayard von W. Friedrich. (3)

874. Memoiren des Teufels, die; L. in 3 Aufz. nach Arago u. Vermond von Th. Hell. (16)
875. Mutter und Sohn; Sch. in 5 Aufz. von Birch-Pfeiffer. (13)
876. Majoratserbe, der; L. in 4 Aufz. von Amalie v. Sachsen. (19)
877. Magister, der alte; Sch. in 4 Aufz. von Benedix. (13)
878. Minister aus dem Volke, ein; Sch. in 6 Aufz. von Carl. (1)
879. Michels Wanderungen; P. in 4 Aufz. von Wollheim. (18)
880. Memoiren zweier Neuvermählten, die; L. in 1 Aufz. nach Clairville. (1)
881. Maskerade im Dachstübchen, die; P. in 3 Aufz. nach d. Franz. von Meixner. (15)
882. Macht der Vorurtheile, die; Dr. in 5 Aufz. von Elisabeth Sangalli. (3)
883. Mann hilft dem andern, ein; L. in 1 Aufz. v. Weißenthurn. (2)
884. Martin, der Findling; Dr. in 5 Aufz. (10)
885. Marie von Medicis; L. in 4 Aufz. von Berger. (5)
886. Mädchen aus dem Volke, ein; Dr. in 2 Aufz. nach Cormon und Grangé. (2)
887. Männlich und weiblich; Scherz in 1 Aufz. von Saphir. (1)
888. Maurice; Sch. in 2 Aufz. nach Melesville und Duvegrier von Düringer. (1)
889. Marquise von Billette, die; Sch. in 5 Aufz. von Birch-Pfeiffer. (25)
890. Malers Traumbild, des; B. in 1 Aufz. von Perrot. (5)
891. Mann, ein höflicher; L. in 3 Aufz. von Feldmann. (12)
892. Mönche, die; L. in 3 Aufz. nach dem Franz. v. Tenelli. (50)
893. Militärbefehl, der; L. in 2 Aufz. von C. W. Koch. (2)
894. Minister und der Seidenhändler, der; L. in 5 Aufz. nach Scribe von Marr. (16)
895. Marseillaise, die; Dr. in 1 Aufz. von Gottschall. (20)
896. Müllerin von Marly, die; Operette in 1 Aufz. (3)
897. Mittel, das letzte; L. in 4 Aufz. von Weißenthurn. (12)
898. Maurer, der; O. in 3 Aufz. von Lichtenstein. (7)
899. Marie, die Regimentstochter; O. in 2 Aufz. nach St. Georges. (2)
900. Mönch und Soldat; P. in 3 Aufz. von Kaiser. (7)
901. Mein Mann geht aus; L. in 2 Aufz. nach Börnstein von Scribe. (5)
902. Marmor-Herz, das; Zauberp. in 3 Aufz. von Haffner. (3)
903. Marqueur von Kroll, ein; P. in 1 Aufz. nach Labiche von B. A. Herrmann. (1)
904. Miethzettel; der; L. in 1 Aufz. von Th. G. Herrmann. (1)
905. Müller und Schulze; P. in 1 Aufz. von Genée. (12)
906. Mädchen aus der Feenwelt, das; Zauberp. in 4 Aufz. v. Raimund. (10)
907. Magisters Perrücke, des Herrn; L. in 1 Aufz. von Görner. (5)
908. Magdala; Sch. in 5 Aufz. von Birch-Pfeiffer. (6)
909. Mein Freund; P. in 4 Aufz. von Nestroy. (2)
910. Mißverständnisse, die; L. in 1 Aufz. von Steigentesch. (1)
911. Musikant, ein alter; Sch. in 1 Aufz. von Birch-Pfeiffer. (6)

912. Mann, ein; L. in 3 Aufz. von Curmick. (4)
913. Mein Bruder bläst die Flöte; L. in 1 Aufz. von Stephan Fröhlich. (3)
914. Mathilde; Sch. in 4 Aufz. von Benedix. (29)
915. Mädchen vom Dorfe, das; Sch. in 3 Aufz. von Krüger. (23)
916. Münchhausen; P. in 3 Aufz. von Kalisch. (25)
917. Maskerade vor der Maskerade, eine; L. in 1 Aufz. v. Elz. (2)
918. Mann, ein fleißiger; L. in 2 Aufz. von Elz. (7)
919. Mädchen von der Spule, das; P. in 3 Aufz. von Elmar. (3)
920. Mann mit der eisernen Maske, der; Dr. in 5 Aufz. nach Arnold und Fournier von Lebrun. (1)
921. Männer-Schönheit; P. in 3 Aufz. von Kaiser. (3)
922. Marketenderin und der Postillon, der; B. in 1 Aufz. (3)
923. Man sucht einen Erzieher; L. in 3 Aufz. nach dem Franz. von Bahn. (17)
924. Mein Glücksstern; L. in 1 Aufz. nach Scribe von Schlivian. (7)
825. Meer, über's; L. in 1 Aufz von Putlitz. (8)
826. Malchen und Milchen; L. in 1 Aufz. von Genée. (2)
927. Miß Lydia Thompson, mein Name ist Meyer. B. in 1 Aufz. von R. Hahn. (3)
928. Malers Meisterstück, des; L. in 2 Aufz. von Weißenthurn. (4)
929. Meine Tante — Deine Tante; P. in 1 Aufz. von Jacobson. (2)
930. Mädchen, ein junges; L. in 4 Aufz. von Görner u. Baun. (3)
931. Müller und Schultze; B. in 1 Aufz. (1)
932. Millionär, ein armer; P. in 3 Aufz. von Flamm. (3)
933. Milch der Eselin, die; P. in 1 Aufz. nach dem Franz. von Bittner. (1)
934. Maupin, die drei; L. in 3 Aufz. nach Scribe. (3)
935. Mutter Philipp; Genreb. in 1 Aufz. von Ernst Heiter. (1)
936. Musikalische Schelmenstreiche; P. in 1 Aufz. von Moritz Reichenbach. (8)
937. Musterkind, ein; L. in 3 Aufz. von H. v. Heller. (1)
938. Marketenderin vor der Hochzeit, die; Solosch. in 1 Aufz. von Volgemann. (1)
939. Maschinenbauer, die; P. in 3 Aufz. von Weirauch. (60)
940. Million für einen Erben, eine; P. in 3 Aufz. von Pohl. (11)
941. Mondfinsterniß, eine kleine; L. in 1 Aufz. nach v. Moser. (3)
942. Marie; L. in 5 Aufz. von Krüger. (1)
943. Moritz Schnörche; L. in 1 Aufz. von G. v. Moser. (33)
944. Marguerite; Dr. in 5 Aufz. nach Dumas (Sohn) von M. Ring. (16)
945. Monsieur Hercules; P. in 1 Aufz. von Belly. (6)
946. Minuten vor dem Scheidungstermin; fünfzehn; Genreb. in 1 Aufz. von H. Lustig (2)
947. Menschenbruder, ein schwarzer; P. in 1 Aufz. nach dem Franz. von Förster. (3)
948. Meinung, die öffentliche; Sch. in 5 Aufz. nach Augier von Neumann. (6)
949. Meine Memoiren; L. in 1 Aufz. von Poly Henrion. (2)

950. Master Hume; P. in 1 Aufz. von Louis Derneus. (6)
951. Montjoin; Sch. in 5 Aufz. nach Feuillet von Bahn. (9)
952. Maikönigin, die; Sch. in 5 Aufz. von Trauen. (4)
953. Mutter, nur; L. in 2 Aufz. von A. Bergen. (3)
954. Maria Stuart; Tr. in 5 Aufz. von Schiller. (1)
555. Mond, du gehst so stille, guter; P. in 1 Aufz. von Salingré. (12)
556. Mädchen, ein verlornes; P. in 3 Aufz. von Salingré. (6)
557. Man allein ausgeht, wenn; L. in 3 Aufz. nach Grangé und Rochefort von Förster. (2)
958. Mündel, die; Sch. in 5 Aufz. von Iffland. (1)
959. Muttersöhnchen, das; L. in 3 Aufz. von Benedix. (1)
960. Marionetten; L. in 4 Aufz. von Hackländer. (6)
961. Mädchen vom Brunnen, das; L. in 5 Aufz. von G. Horn. (2)
962. Margarethe; Solol. in 1 Aufz. von Salingré. (4)
963. Mamsell Uebermuth; P. in 1 Aufz. von Bahn. (1)
964. Minuten Berliner, fünf; P. in 1 Aufz. von Wilken. (8)
965. Mottenburger, die; P. in 2 Aufz. von Kalisch u. Weirauch. (14)

966. Nehmt ein Exempel dran; L. in 1 Aufz. von Töpfer. (17)
967. Nummer 777; L. in 1 Aufz. von Blum. (23)
968. Nacht auf Wache, eine; P. in 1 Aufz. von David. (49)
969. Nummer 23; P. in 1 Aufz. von David. (60)
970. Nasenstüber, der; P. in 3 Aufz. von Raupach. (4)
971. Namensbrüder, die; P. in 2 Aufz. von J. Mendelssohn. (3)
972. Nelly; Sch. in 6 Aufz. von Birch-Pfeiffer. (1)
973. Nelke und Handschuh; P. in 3 Aufz. von Nestroy. (1)
974. Nachtwandler, die beiden; P. in 4 Aufz. von Nestroy. (2)
975. Nachweisungscomptoir, das; Genreb. in 1 Aufz. von Volgemann. (8)
976. Nanette; P. in 3 Aufz. nach dem Franz. von A. Heinrich. (1)
977. Nach Sonnenuntergang; L. in 2 Aufz. von Georg Lotz. (26)
978. Nebenbuhler, die; L. in 3 Aufz. von J. Mendelssohn. (4)
979. Nur keine Berlinerin; P. in 1 Aufz. (6)
980. Nur Hindernisse; P. in 1 Aufz. nach Bricharre von W. Friedrich. (7)
981. Napoleons letzte Nacht auf Elba; Dr. Scenen in 1 Aufz. von Grabbe. (1)
982. Nachtwandler, der; P. in 1 Aufz. von Fenzl. (9)
983. Nebenbuhler, die; P. in 1 Aufz. nach Bayard und Laya von Meixner. (1)
984. Nacht voll Abenteuer, eine; P. in 1 Aufz. von Benoni. (9)
985. Nächtliches Abenteuer zweier Liebhaber; Pant. in 1 Aufz. (2)
386. Nacht und Morgen; Sch. in 5 Aufz. von Birch-Pfeiffer. (3)
987. Nur diplomatisch; L. in 5 Aufz. nach Dumas von Tietz. (5)
988. Naturmensch und Lebemann; P. in 3 Aufz. von Kaiser. (3)
989. November, der dreißigste; L. in 1 Aufz. von Feldmann. (10)
990. Namen will er sich machen, einen; L. in 1 Aufz. von Grandjean. (7)

991. Nacht, eine durchwachte; L. in 1 Aufz. nach Pozlar von B. A Herrmann (1)
992. Nähläthchen; Sch. in 3 Aufz. von Apel. (17)
993. Narr van Untersberg, der; P. in 3 Aufz. von Berla. (9)
994. Nacht auf Jamaica, eine; P. in 1 Aufz. nach dem Franz. von W. Herrmann. (1)
995. Nur Wahrheit; P. in 3 Aufz. von Räder. (9)
996. Nürnberger Puppe, die; P. in 1 Aufz. nach dem Franz. von Romberg. (5)
997. Nein; L. in 1 Aufz. nach Heiberg von Arthur. (3)
998. Nebenbuhler, die; B. in 1 Aufz. (1)
999. Nur keine Ehe zu Dreien; L. in 3 Aufz. nach dem Franz. v. Schlivian. (1)
1000. Neujahrsmorgen, ein; P. in 2 Aufz. von Miller. (1)
1001. Nur acht Tage vernünftig; L. in 1 Aufz. von Pohl. (2)
1002. Nur kein Miethscontract; P. in 1 Aufz. von Salingré. (7)
1003. Naturgrille, die; P. in 1 Aufz. von Bittner u. Morländer. (7)
1004. Nur nicht in's Schwurgericht; P. in 1 Aufz. von Floto. (1)
1005. Nacht in Berlin, eine; P. in 3 Aufz. von Hopf. (3)
1006. Nacht, Rosa! gute; Genreb. in 1 Aufz. von Kaiser. (2)
1007. Nie ohne dieses; P. in 1 Aufz. von Salingré u. Hübner. (4)
1008. Nein; L. in 1 Aufz. von Benedix. (6)
1009. Nacht, mitten in der; P. in 1 Aufz. nach dem Franz. (1)
1010. Noth aus Ueberfluß; L. in 1 Aufz. nach dem Franz. von Förster. (3)
1011. Novizen, die; L. in 3 Aufz. von Schücking und Moser. (3)
1012. Nachtigall und Nichte; P. in 1 Aufz. von R. Hahn. (6)
1013. Namenlos; P. in 3 Aufz. von Kalisch und Pohl. (34)
1014. Nachbars Aepfel; P. in 4 Aufz. nach Sardou v. Förster. (7)
1015. Nachbar zur Linken, der; P. in 1 Aufz. von Jacobson. (3)
1016. Nimrod; P. in 1 Aufz. von Salingré. (4)

1017. Otto von Wittelsbach; Sch. in 5 Aufz. von Babo. (4)
1018. Oscar; L. in 3 Aufz. nach Scribe von W. Friedrich. (19)
1019. Omnibusnachbarschaft, eine; P. in 1 Aufz. nach Dugard von Werner. (3)
1020. October, der erste; P. in 3 Aufz. von Wilhelmi. (1)
1021. Omelette, die verhängnißvolle; P. in 1 Aufz. nach dem Franz. von Beckmann. (11)
1022. Onkel und der alte Neffe, der junge; L. in 1 Aufz. nach dem Dän. von Kurt. (1)
1023. Onkel und Nichte; L. in 5 Aufz. von Birch-Pfeiffer. (6)
1024. Ottfried; Sch. in 5 Aufz. von Gutzkow. (5)
1025. Onkel Adam und Nichte Eva; L. in 2 Aufz. von Leimbert. (2)
1026. Othello, ein weißer; P. in 1 Aufz. nach Brisebarre von Braun (48)
1027. Oberrock, der; L. in 1 Aufz. von Bärmann. (2)
1028. Onkel Quäker; P. in 1 Aufz. von Trautmann. (4)
1029. Ordensritter, die; L. in 4 Aufz. von Krüger. (4)

c*

1030. Onkel Toms Hütte; Sch. in 4 Aufz. von Wollheim. (6)
1031. Opfer einer Tochter, das; Sch. in 3 Aufz. nach dem Franz. von B. A. Herrmann. (4)
1032. Oberst von 18 Jahren, der; L. in 1 Aufz. n. dem Franz. von Schneider. (8)
1033. Onkel in Verlegenheit, der; L. in 1 Aufz. nach Barin. (12)
1034. Othello, der Mohr von Venedig; P. in 1 Aufz. von Krüger. (1)
1035. Orchesterloge rechts; P. in 3 Aufz. (2)
1036. Otto Bellmann; P. in 3 Aufz. nach d. Franz. v. Kalisch. (11)
1037. Oben nach Unten, von; P. in 4 Aufz. von Löffler u. Hopf. (4)
1038. Oscars Regenschirm; P. in 1 Aufz. nach d Franz. von Denicke. (11)
1039. Omnibus, am; Genreb. in 1 Aufz. von Rudolf. (2)
1040. Orpheus in der Hölle; Parodie in 4 Aufz. nach Cremieux von Gaßmann. (37)
1041. Oheim, der; L. in 5 Aufz. von Amalie von Sachsen. (4)
1042. Oper, aus der komischen; L. in 1 Aufz. nach dem Franz. von Förster. (23)
1043. Opfer der Wissenschaft, ein; L. in 1 Aufz. von Schlesinger. (1)
1044. Opfer der Iphigenie, das; L. in 1 Aufz. nach dem Frz. von Neumann. (2)
1045. Ordre ist Schnarchen, die; P. in 3 Aufz. nach dem Franz. von Förster. (2)

1046. Pelzpalatin und Kachelofen; P. in 4 Aufz. von Hopp. (6)
1047. Poet, der arme; Sch. in 1 Aufz. von Kotzebue. (14)
1048. Paris in Pommern; B. in 1 Aufz. von Angely. (8)
1049. Pariser Taugenichts, der; L. in 4 Aufz. nach Bayard von Töpfer. (40)
1050. Preciosa; Sch. in 4 Aufz. von P. A. Wolf. (20)
1051. Pathe, die junge; L. in 1 Aufz. nach Scribe von Both. (18)
1052. Porträt der Mutter, das; L. in 4 Aufz. von F. L. Schröder. (5)
1053. Pfeffer-Rösel; Sch. in 5 Aufz. von Birch-Pfeiffer. (17)
1054. Proceß um ein halbes Haus, der; L. in 3 Aufz. von Vogel (2)
1055. Pagenstückchen, ein; P. in 1 Aufz. von Töpfer. (13)
1056. Pierrot Aeronaut; Pantomime in 2 Aufz. von Lehmann. (4)
1057. Prinz, der verwunschene; P. in 3 Aufz. von Plötz. (15)
1958. Pedros, die beiden; P. in 2 Aufz. (3)
1059. Platzregen als Eheprocurator, der; P. in 2 Aufz. von Raupach. (4)
1060. Protectionen; L. in 4 Aufz. von L. Schubar. (2)
1061. Pole und sein Kind, der; S. in 1 Aufz. von Lortzing. (1)
1062. Paraplümacher Staberl, der; P. in 3 Aufz. von Bäuerle. (1)
1063. Puff; L. in 5 Aufz. nach Scribe von W. Friedrich. (4)
1064. Pfarrherr, der; Sch. in 5 Aufz. von Birch-Pfeiffer. (19)
1065. Pikesche, die weiße; P. in 1 Aufz. von Töpfer. (5)
1066. Proberollen, die; P. in 1 Aufz. (2)
1067. Peri; B. in 2 Aufz. von Fenze. (6)

1068. Parlamentswahl; Dr. in 5 Aufz. nach dem Franz. von Marr (3); erster Act desselben Stückes (3)
1069. Pommersche Intriguen; L. in 3 Aufz. von Lebrün. (4)
1070. Proceß, der; L. in 1 Aufz. von Benedix. (11)
1071. Polenfeind, der; L. in 1 Aufz. (2)
1072. Peter im Frack; L. in 4 Aufz. (8)
1073. Prätendent und Protector; L. in 1 Aufz. nach Bayard. (3)
1074. Perlenschnur, die; Sch. in 2 Aufz. von Holtei. (2)
1075. Pantoffel und Degen; L. in 3 Aufz. nach Schröder von Holbein. (12)
1076. Primadonna in Krähwinkel, die falsche; P. in 2 Aufz. von Bäuerle. (14)
1077. Putzmacherinnen im Carneval; B. in 1 Aufz. von Benoni. (11)
1078. Posse als Medicin, eine; P. in 3 Aufz. von Kaiser. (14)
1079. Porträt des Geliebten, das; L. in 3 Aufz. von Feldmann. (14)
1080. Prinz Friedrich; Sch. in 5 Aufz. (15)
1081. Postillon von Lonjumeau, der; Oper in 3 Aufz. (3)
1082. Pierrot als Apotheker; Pantom. in 1 Aufz. (3)
1083. Peter Schlemihl; P. in 1 Aufz. von Kalisch. (1)
1084. Phrenolog, ein; P. in 1 Aufz. nach Kotzebue v. Starcke. (4)
1085. Perlenhalsband, ein; L. in 3 Aufz. nach dem Franz. von Th. G. Herrmann. (1)
1086. Paar verhängnißvolle Glacéhandschuhe, ein; P. in 1 Aufz. nach d. Franz. von Starcke. (1)
1087. Preislustspiel, das; L. in 3 Aufz. von Mautner. (1)
1088. Pariser Student, ein; P. in 1 Aufz. nach dem Franz. von Bernard. (1)
1089. Prinz Lieschen; P. in 4 Aufz. von Moritz Heiderich. (1)
1090. Pamphlet, das; L. in 1 Aufz. n. d. Engl. von Grandjean. (2)
1091. Prophet, ein; P. in 4 Aufz. von Räder. (4)
1092. Pflichten — keine Rechte, nur; P. in 1 Aufz. von Karl von Kessel. (1)
1093. Plauderstunden; L. in 1 Aufz. nach Potier und Montheau von Gaßmann. (10)
1094. Puppe, die; L. in 1 Aufz. nach Scribe von Castelli. (2)
1095. Partie Piquet, eine; L. in 1 Aufz. nach Fournier u. Meyer. (21)
1096. Prinz Honigschnabel; P. in 3 Aufz. von Görner u. Löffler. (14)
1097. Pappenheimer, ein alter; P. in 3 Aufz. von R. Hahn. (11)
1098. Preußisch Courant; P. in 1 Aufz. von Görner. (1)
1099. Partie, eine glänzende; L. in 3 Aufz. von H. v. Keller. (10)
1100. Peschke als Ehestifter; P. in 1 Aufz. von S. Herrmann. (10)
1101. Präsident, der; L. in 1 Aufz. von Kläger. (9)
1102. Pasquillanten, die; L. in 4 Aufz. von Benedix. (5)
1103. Phlegmatikus, der; L. in 1 Aufz. von Benedix. (2)
1104. Pech-Schulze; P. in 3 Aufz. von Salingré. (48)
1105. Person, eine leichte; P. in 3 Aufz. von Bittner u. Pohl. (20)
1106. Pflegetöchter, die; L. in 3 Aufz. von Benedix. (3)
1107. Pantoffel, unter dem; L. in 5 Aufz. nach dem Franz. (2)
1108. Pitt und Fox; L. in 5 Aufz. von Gottschall. (4)

1109. Prinzeſſin Mompenſier; Sch. in 5 Aufz. v. Brachvogel. (7)
1110. Partie Whist, eine; L. in 3 Aufz. v. Hildbrand. (2)
1111. Pikant; Geureb. in 1 Aufz. von R. Hahn. (3)
1112. Pelikan, ein; Sch. in 5 Aufz. nach Angier u. Laube. (16)
1113. Politik, hohe; L. in 1 Aufz. von Roſen. (3)
1114. Philippine Welſer; Sch. in 5 Aufz. von Redwitz. (5)
1115. Paroli; L. in 3 Aufz. von Otto Girndt. (5)
1116. Paul Foreſtier; Sch. in 4 Aufz. nach Angier. (3)
1117. Qualen des Tantalus, die; P. in 1 Aufz. nach Duvert von B. A. Herrmann. (2)
1118. Reiſe nach Rußland, die; L. in 3 Aufz. nach dem Franz. von Th. Hell. (3)
1119. Rataplan; P. in 1 Aufz. nach dem Franz. von Pillwitz. (2)
1120. Robert macaire und Bertrand; P. in 2 Aufz. (1)
1121. Richards Wanderleben; L. in 4 Aufz. nach O'Keefe v. Kettel. (13)
1122. Rebecca; S. in 2 Aufz. nach Scribe von G. Müller. (2)
1123. Roman zwiſchen zwei Eheleuten, ein; L. in 1 Aufz. nach dem Franz. (11)
1124. Roſen des Herrn von Malesherbes, die; Sch. in 1 Aufz. von Malesherbes. (3)
1125. Reiſe auf gemeinſchaftliche Koſten, die; P. in 5 Aufz. nach d. Franz. von Angely. (39)
1126. Räthſel, das; L. in 1 Aufz. von Conteſſa. (13)
1127. Royaliſten, die; Sch. in 4 Aufz. von Raupach. (1)
1128. Räuberanführer; P. in 2 Aufz. nach Duvert. (2)
1129. Rock und ein Gott, ein; P. in 1 Aufz. v. Stolz. (2)
1130. Rendez-vous auf der Leiter, das nächtliche; Pantomime in 1 Aufz. (4)
1131. Ritter Don Quixote, der; P. in 2 Aufz. von Räder. (1)
1132. Räuber der Ciärda, die; Pantom. in 1 Aufz. (4)
1133. Ränke und Schwänke der Gegenwart; L. in 5 Aufz. von Albrecht. (1)
1134. Rokoko; L. in 5 Aufz. von Laube. (40)
1135. Räuſchchen, das; L. in 4 Aufz. von Bretzner. (2)
1136. Reiſe, die verhängnißvolle; L. in 3 Aufz. von Mikolaſch. (2)
1137. Rückſichten; Dr. in 1 Aufz. von Th. Hagen. (5)
1138. Rubens in Madrid; Sch. in 5 Aufz. von Birch-Pfeiffer. (2)
1139. Rückkehr in's Dörfchen, die; S. in 1 Aufz. v. Carl Blum. (1)
1140. Rechnungsrath und ſeine Töchter, der; L. in 3 Aufz. von Feldmann. (5)
1141. Regiſtrator und ſein Paletot, der geheime; P. in 1 Aufz. von R. Hahn. (4)
1142. Roſenmüller und Finke; L. in 5 Aufz. von Töpfer. (42)
1143. Rückkehr des Landwehrmannes, die; Geureb. in 1 Aufz. von Cohnfeld. (22)
1144. Roſen im Norden; Zauberp. in 4 Aufz. von Wollheim. (30)
1145. Rente, eine; L. in 3 Aufz. nach Bailly v. Oscar Guttmann. (9)
1146. Roſe v. Avignon, die; Sch. in 4 Aufz. v. Birch-Pfeiffer. (12)

1147. Regimentstambour, der; B. in 1 Aufz. (1)
1148. Reise zur Hochzeit, die; L. in 3 Aufz. nach dem Franz. (2)
1149. Rechte, Linke und Centrum; dramat. Allegorie in 1 Aufz. (1)
1150. Rübezahl; Zauberp. in 3 Aufz. von Krüger. (5)
1151. Rehbock, der; L. in 3 Aufz. von Kotzebue. (7)
1152. Ring, ein; Sch. in 5 Aufz. von Birch-Pfeiffer. (19)
1153. Ruhe, nur; P. in 1 Aufz. (4)
1154. Rippenstöße; P. in 2 Aufz. nach dem Franz. v. Flerz. (8)
1155. Rothe Haare; L. in 1 Aufz. von Graudjean. (2)
1156. Rose vom Kaukasus, die; Dr. in 1 Aufz. von Gottschall. (1)
1157. Rückkehr aus der Stadt, die; P. in 1 Aufz. nach d. Frz. von Werner und Starcke. (24)
1158. Richter, ein seltener; L. in 2 Aufz. von Genée. (3)
1159. Rose und Röschen; Sch. in 4 Aufz. von Birch-Pfeiffer. (22)
1160. Ränke und Schwänke; P. in 3 Aufz. von Starcke. (9)
1161. Raimund, Ferdinand; P. in 3 Aufz. von Elmar. (6)
1162. Recept für Neuvermählte, ein; L. in 1 Aufz. nach dem Franz. von Bahn. (2)
1163. Reichthum der Arbeit, der; Sch. in 2 Aufz. nach dem Franz. von Ida Schusella. (2)
1164. Rum; B. in 1 Aufz. von Braunecker. (1)
1165. Reiseerinnerungen; L. in 1 Aufz. v. Herrmann. (1)
1166. Reiseabenteuer Pepita's, ein; P. in 1 Aufz. von Bahn. (14)
1167. Romulus; L. in 1 Aufz. nach Dumas. (1)
1168. Ring des Polykrates, der; Zauberp. in 4 Aufz. v. Krüger. (13)
1169. Romeo auf dem Bureau; P. in 1 Aufz. nach dem Engl. von Wehl. (16)
1170. Robert und Bertram; P. in 4 Aufz. von Räder. (45)
1171. Ruhe setzen, zur; P. in 4 Aufz. von Hackländer. (3)
1172. Ritter der Damen, der; L. in 1 Aufz. nach dem Franz. von Hiltl. (3)
1173. Rike und Piele; Genreb. in 1 Aufz. von C. Heiter. (8)
1174. Rochus Pumpernickel; P. in 4 Aufz. nach Stegmeyer von Räder. (8)
1175. Rosen, auf; L. in 4 Aufz. von Görner. (1)
1176. Redner, ein großer; L. in 4 Aufz. von Schreiber. (8)
1177. Ritter vom Zopfe, die; L. in 4 Aufz. nach Sardou. (2)
1178. Recept gegen Schwiegermütter; L. in 1 Aufz. nach Don Manuel Juan Diana. (9)
1179. Revanche; L. in 2 Aufz. von Birch-Pfeiffer. (2)
1180. Retter, ihr; P. in 1 Aufz. von Dohm. (11)
1181. Roland, ein rasender; B. in 1 Aufz. von Jacobson. (2)
1182. Reichstag, vom norddeutschen; P. in 1 Aufz. v. Salingré. (7)

1183. Sohn auf Reisen, der; L. in 1 Aufz. v. Feldmann. (8)
1184. Stellvertreter, der; L. in 1 Aufz. nach dem Franz. v. Angely. (2)
1185. Sie schreibt an sich selbst; L. in 1 Aufz. von Holtei. (16)
1186. Silbermann und Compagnie; L. in 1 Aufz. v. Bärmann. (1)
1187. Schloß und Kerker; Sch. in 5 Aufz. (1)

1188. Schleichhändler, die; L. in 4 Aufz. (7)
1189. Staberls Reiseabenteuer; P. in 2 Aufz. von Carl. (12)
1190. Schülerschwänke; B. in 1 Aufz. von Angely. (18)
1191. Schauspielers letzte Rolle, des; L. in 3 Aufz. v. Kaiser. (18)
1192. Schwäbin, die; L. in 1 Aufz. von Castelli. (37)
1193. Sololustspiel; Solol. von Saphir. (4)
1194. Schachmaschine, die; L. in 4 Aufz. von Beck. (6)
1195. Sieben die Häßlichste, von; L. in 4 Aufz. von Angely. (17)
1196. Schule der Verliebten, die; L. in 5 Aufz. nach Sheridan von Carl Blum. (39)
1197. Susettens Aussteuer; Sch. in 4 Aufz. von Dinaux u. Lemoine von Börner. (4)
1198. Satan; L. in 5 Aufz. nach Clairville v. B. A. Herrmann. (2)
1199. Schildwache, die weibliche; Sch. in 1 Aufz. nach Lemoine von W. Friedrich. (52)
1200. Ständchen vor dem Potsdamer Thore, ein; B. in 1 Aufz. v. C. Blum. (8)
1201. Scenischer Prolog zur Feier des hundertjährigen Geburtstages Friedrich Ludwig Schröders (1844) v. Bärmann. (1)
1202. Stadt und Land; P. in 4 Aufz. von Kaiser. (44)
1203. Spiegel des Tausendschön, der; P. in 2 Aufz. v. Blum. (6)
1204. Ständchen incognito, ein; L. in 2 Aufz. von Töpfer. (10)
1205. Schauspielerin, die; L. in 2 Aufz. von Töpfer. (10)
1206. Schauspielerin, die; L. in 1 Aufz. nach Fournier von W. Friedrich. (20)
1207. Sohn der Wildniß, der; Sch. in 5 Aufz. von Halm. (9)
1208. Sachs, Hans; Sch. in 4 Aufz. von Deinhardstein. (3)
1209. Student, der reisende; S. in 2 Aufz. von Schneider. (20)
1210. Spanische Vaterlandsliebe; Genreb. in 1 Aufz. v. Schneider. (6)
1211. Schauspielhaß und Reue; Solol. in 1 Aufz. von Saphir. (2)
1212. Sänger und der Schneider, der; S. in 1. Aufz. von Drieberg. (2)
1213. Seelenwanderung, die; P. in 1 Aufz. v. Kotzebue. (1)
1214. Serenade, die; kom. Scene in 1 Aufz. v. J. B. Moser. (1)
1215. Student, der alte; Sch. in 2 Aufz. von Maltitz. (17)
1216. Steffen Langer aus Glogau; L. in 5 Aufz. von Birch-Pfeiffer. (8)
1217. Stickerinnen; B. in 1 Aufz. von Angely. (6)
1218. Sesenheim; L. in 1 Aufz. von Christern. (2)
1219. Sie ist verheirathet; P. in 3 Aufz. von Kaiser. (11)
1220. Schiffsjunge, der; L. in 2 Aufz. nach Souvestre von B. A. Herrmann. (1)
1221. Sie ist wahnsinnig; Sch. in 2 Aufz. nach Melesville. (14)
1222. St! L. in 2 Aufz. nach dem Franz. von B. A. Herrmann. (4)
1223. Subscriptionsball, der; L. in 1 Aufz. nach dem Franz. von Alfonso. (12)
1224. Seeräuber, die; B. in 2 Aufz. nach d. Franz. v. Cosmar. (4)
1225. Ständchen in der Schule, ein; B. in 1 Aufz. nach Lockroy von W. Friedrich. (201.)

1226. Stündchen auf der Diele, ein; Genreb. in 1 Aufz. von Volgemann. (5)
1227. Sonderling, ein; L. in 1 Aufz. von J. Mendelssohn. (3)
1228. Sonntagsräuschchen, das; L. in 1 Aufz. von Floto. (15)
1229. Sandmann, Georgine; P. in 3 Aufz. von Gomansky. (7)
1230. Spiegelbild, das wandernde; B. in 2 Aufz. (1)
1231. Schwestern, die; L. in 1 Aufz. nach Varin von Angely. (16)
1232. Schützling, der; P. in 4 Aufz. von Nestroy. (3)
1233. Schein trügt, der; L. in 2 Aufz. v. Bridgmann. (2)
1234. Steckbrief, der; L. in 3 Aufz. v. Benedix. (4)
1235. Schreckwirkungen; P. in 1 Aufz. von J. R. Lenz. (33)
1236. Sündenböcke, die; L. in 3 Aufz von Benedix. (15)
1237. Spielzeugverkäufer, der; B. in 1 Aufz. nach Melesville. (7)
1238. Städtische Krankheit und ländliche Kur; P. in 3 Aufz. von Kaiser. (5)
1239. Schatzgräber, der; S. in 1 Aufz. (3)
1240. Salzdirector, der; L. in 3 Aufz. von Putlitz. (21)
1241. Struwelpeter; P. in 1 Aufz. (1)
1242. Schwestern von Prag, die; S. in 2 Aufz. nach Perinet von Hafner. (6)
1243. Schule der Alten, die; L. in 5 Aufz. nach Delavigne von Mosel. (1)
1244. Stolz und Liebe; L. in 3 Aufz. von Benedix. (7)
1245. Sennerhütte, die; Operette in 1 Aufz. nach Scribe. (2)
1246. Schwabenstreich, ein; Genreb. in 1 Aufz. vo Werner. (6)
1247. Sie weiß sich zu helfen; L. in 1 Aufz. von Wehl. (6)
1248. Späße des Zwerges, die; Pantomime in 1 Aufz. (9)
1249. Salz der Ehe, das; L. in 1 Aufz. von Görner. (5)
1250. Sohn und Enkel; L. in 1 Aufz. nach d. Franz. v. Mede. (1)
1251. Sieben Uhr, um; Melodr. in 2 Aufz. nach Premaury. (1)
1252. Secretär und der Koch, der; L. in 1 Aufz. nach Scribe. (1)
1253. Scheiben-Toni, der; Sch. in 5 Aufz. von Birch-Pfeiffer. (4)
1254. Sonntagskind, das neue; O. in 2 Aufz. (2)
1255. Seine Frau; L. in 1 Aufz. von Putlitz. (2)
1256. Spieler, der; Sch. in 5 Aufz. von Iffland. (12)
1257. Schicksalsbrüder, die; L. in 4 Aufz. von Feldmann. (12)
1258. Schwarzer Peter; L. in 1 Aufz. von Görner. (37)
1259. Starke überlistet Wilke; P. in 1 Aufz. (1)
1260. Shawl, der persische; L. in 1 Aufz. nach dem Franz. von W. Friedrich. (4)
1261. Stumme von Ingouville, die; Sch. in 2 Aufz. von Kaiser. (1)
1262. Schützling, der; L. in 1 Aufz. von Dr. Klein. (3)
1263. Schützen, die beiden; S. in Aufz. von Starcke. (3)
1264. Soldaten, die; Sch. in 5 Aufz. von Arresto. (6)
1265. Spitzbube, ein ehrlicher; P. in 3 Aufz. von Starcke. (3)
1266. Sie will sich trennen; L. in 1 Aufz. nach dem Franz. von Ida Schuselka. (1)
1267. Schule der Frauen, die; L. in 2 Aufz. von Weiße. (1)

1268. Stille Wasser sind tief; L. in 4 Aufz. nach Beaumont und Fletcher von F. L Schröder. (9)
1269. Segen ohne Mühe — Sorgen ohne Noth; L. in 5 Aufz. von Kotzebue. (2)
1270. Stricknadeln, die; Sch. in 4 Aufz. von Kotzebue. (5)
1271. Sonnwendhof, der; Sch. in 5 Aufz. von Mosenthal. (18)
1272. Schuldig; L. in 1 Aufz. von Lackländer. (7)
1273. Schall, ein; L. in 3 Aufz. von Floto. (1)
1274. Schlafen Sie wohl, Herr Nachbar! P. in 1 Aufz. nach d. Franz. von Scherzer. (1)
1275. Seemann, ein alter; P. in 4 Aufz. von Krüger. (10)
1276. Signor Pescatore; P. in 2 Aufz. von Räder u. Wulfes. (4)
1277. Schneewittchen und die Zwerge; Kinderkomödie in 4 Aufz. v. Görner. (13)
1278. Spiegelglätte; Zauberp. in 3 Aufz. von Krüger. (2)
1279. Sächsische Schulmeister und die Berliner Näherin, der; Genreb. in 1 Aufz. von Pohl. (78)
1280. Silbergroschen, ein; P. in 1 Aufz. nach dem Franz. von B. A. Herrmann. (7)
1281. Stündchen, ein lehrreiches; L. in 1 Aufz. von Görner. (2)
1282. Sieben Häuser und keine Schlafstelle; P. in 4 Aufz. (5)
1283. Signora Pepita, mein Name ist Meyer; P. in 1 Aufz. von R. Hahn. (5)
1284. Stella, die Gauklerin; B. in 2 Aufz. von Levasseur. (5)
1285. Saltarello; B. in 1 Aufz. v. Frappart u. Levasseur. (3)
1286. Sonntagskind, ein; L. in 5 Aufz. nach dem Franz. von Winterfeld. (2)
1287. Schöne Seelen finden sich; S. in 1 Aufz. von Schall. (1)
1288. Sonett, das; L. in 3 Aufz. von Raupach. (5)
1289. Sperling und Sperber; P. in 1 Aufz. von Görner. (17)
1290. Schwiegersohn, ein vornehmer; L. in 1 Aufz. von Augier und Sandeau von Fenelli. (3)
1291. Schuldbewußten, die; L. in 3 Aufz. von Benedix. (1)
1292. Schneidermamsellen, die; P. in 1 Aufz. nach Scribe von Angely. (4)
1293. Schreibereien; L. in 1 Aufz. von Gollwick. (1)
1294. Studenten, die weiblichen; L. in 3 Auz. von Lederer. (7)
1295. Schildwachtabenteuer; P. in 3 Aufz. von Bartich (2)
1296. Sohn, der natürliche; L. in 5 Aufz. nach Dumas v. Ring. (9)
1297. Schwester, eine schlimme; B. in 1 Aufz. nach Bäuerle von Kalisch. (2)
1298. Schiffscapitain, der; P. in 1 Aufz. von C. Blum. (4)
1299. Schwärmereien der Liebe; L. in 3 Aufz. nach Scribe von Beckmann. (4)
1300. Schwiegerältern, die lieben; L. in 1 Aufz. nach dem Franz. von Winterfeldt. (9)
1301. Schillers Flucht aus Stuttgart; Sch. in 2 Aufz. (4)
1302. Sohn, mein; L. in 1 Aufz. von Schlesinger. (11)
1303. Sylphide außer Dienst, eine; P. in 1 Aufz. von J. Weien. (4)

1304. Schön, nicht; L. in 1 Aufz. von Schlesinger. (5)
1305. Scrupel, ein kleiner; L. in 1 Aufz. von Schlesinger. (2)
1306. Stoff von Gerson, ein; L. in 1 Aufz. von G. v. Moser. (6)
1307. Störenfried, der; L. in 4 Aufz. von Benedix. (18)
1308. Schwarz auf Weiß; L. in 1 Aufz. von Danis. (2)
1309. Sterne wollen es, die; L. in 3 Aufz. von Pohl. (2)
1310. Schule des Lebens, die; Sch. in 4 Aufz. von Raupach. (10)
1311. So muß man's machen; L. in 1 Aufz. nach dem Franz. von Förster. (6)
1312. Schatz des Webers, der; Sch. in 5 Aufz. von Birch-Pfeiffer. (3)
1313. Sand in die Augen; L. in 2 Aufz. nach d. Franz. (13)
1314. Splitter und Balken; L. in 1 Aufz. von G. v. Moser. (7)
1315. So paßt's; L. in 1 Aufz. nach dem Franz. von Arnold Hirsch. (10)
1316. Sonntagsjäger, die; B. in 1 Aufz. von G. von Moser und Kalisch. (15)
1317. Strohwittwer, der; P. in 1 Aufz. von Berla. (1)
1318. Schwert des Damokles, das; L. in 1 Aufz. von Putlitz. (43)
1319. Stiefmütter, die; Sch. in 3 Aufz. von Benedix. (5)
1320. Schachzüge; L. in 2 Aufz. nach dem Franz. von Förster. (1)
1321. Schraube des Glücks, die; L. in 1 Aufz. von Schlesinger. (2)
1322. Soirée, die erste; P. in 1 Aufz. von Georg Horn. (2)
1323. Sohn, der verlorne; L. in 3 Aufz. von Hackländer. (4)
1324. Singvögelchen; S. in 1 Aufz. von Jacobson. (6)
1325. Sie hat ihr Herz entdeckt; L. in 1 Aufz. von Wolfgang Müller von Königswinter. (15)
1326. Steine, harte; P. in 3 Aufz. von Kaiser und Dohm. (2)
1327. Stündchen auf dem Comptoir, ein; P. in 1 Aufz. von Haber. (30)
1328. Supernumerar, der; L. in 1 Aufz. von W. Müller von Königswinter. (2)
1329. Schachtel, die alte; P. in 3 Aufz. nach Berg von Pohl. (4)
1330. Salon pour la coupe de cheveux; P. in 1 Aufz. von Haber. (2)
1331. Schwager Spürnas; P. in 1 Aufz. nach dem Franz. von Förster. (3)
1332. Sprechstunde, die; P. in 1 Aufz. (2)
1333. Statthalter von Bengalen, der; Sch. in 4 Aufz. von Laube. (8)
1334. Schulden; L. in 3 Aufz. von Rosen. (1)
1335. Selige an den Verstorbenen, die; P. in 5 Aufz. nach Clairville und Bernard von R. Friedrich. (9)
1336. Saus und Braus, in; P. in 3 Aufz. von Jacobson und R. Hahn. (7)
1337. Stellvertreter, der Genreb. in 1 Aufz. (2)
1338. Schulz von Altenbüren, der; Sch. in 4 Aufz. von Mosenthal. (8)

d

1339. Talisman, der; P. in 3 Aufz. von Nestroy. (21)
1340. Tochter Figaro's, die; L. in 4 Aufz. nach dem Franz. von Börnstein. (6)
1341. Thorschluß, vor; L. in 1 Aufz. nach Varin von Kettel. (19)
1342. Turnier zu Kronstein, das; L. (3r Aufzug) von Holbein. (1)
1343. Tagebuch, das; L. in 2 Aufz. von Bauernfeld. (19)
1344. Tante, die gefährliche; L. in 5 Aufz. von Albini. (17)
1345. Taubstumme, der; Sch. in 5 Aufz. nach Bouilly von Kotzebue. (2)
1346. Tulpe; P. in 1 Aufz. nach dem Frz. von Ewald. (5)
1347. Tischlers Meisterstück, des; L. in 1 Aufz. nach dem Franz. von Heigel. (5)
1348. Tag im Lager, ein; B. in 2 Aufz. von Angely. (2)
1349. Töchter Lucifers, die; P. in 5 Aufz. von W. Friedrich. (78)
1350. Tempora mutantur; L. in 2 Aufz. von R. Blum. (20)
1351. Tante und Nichte; L. in 1 Aufz. von Görner. (24)
1352. Tochter, die gefährliche; P. in 1 Aufz. nach Deligny von B. A. Herrmann. (8)
1353. Tochter der Luft, die; P. in 4 Aufz. nach dem Franz. (3)
1354. Tänzerin, die spanische; P. in 1 Aufz. von Wegener. (2)
1355. Tartüffe; L. in 5 Aufz. nach Molière. (7)
1356. Ton, der beste; L. in 4 Aufz. von Töpfer. (22)
1357. Tochter des Gefangenen, die; Dr. in 6 Aufz. nach dem Franz. von J. R. Lenz. (12)
1358. Todsünden, die sieben; Dr. in 6 Aufz. nach Bourgeois und D'Eubeny von Dawison. (3)
1359. Tänzerin auf Reisen, die; B. in 1 Aufz. von Hoguet. (1)
1360. Tasse, die zerbrochene; L. in 1 Aufz. nach Bermond. (10)
1361. Tanzmeister Purzel, der; P. in 2 Aufz. (3)
1362. Traum, ein orientalischer; B. in 1 Aufz. von Corally. (3)
1363. Teufelchen, das; Pantom. in 1 Aufz. (5)
1364. Tante aus Schwaben, die; L. in 1 Aufz. von Wehl. (3)
1365. Tanzstunde in der Dachstube, die; P. in 1 Aufz. nach dem Franz. von Zierrath. (21)
1366. Traubenwirth, der; L. in 3 Aufz. von Tiedemann. (1)
1367. Teufels Zopf, des; P. in 3 Aufz. nach dem Franz. von Heymann. (22)
1368. Taschendieben wird gewarnt, vor; L. in 1 Aufz. von Kläger. (3)
1369. Tag in der Residenz, ein; P. in 3 Aufz. von Dehnicke und Hahn. (7)
1370. Traum, ein schöner; Solol. in 1 Aufz. von Krüger. (15)
1371. Theatralischer Unsinn; P. in 4 Aufz. von Morländer. (31)
1372. Trumpf, der letzte; L. in 1 Aufz. von Wilhelm. (5)
1373. Tantchen Unverzagt; L. in 3 Aufz. von Görner. (12)
1374. Tantchen Rosmarin; L. in 2 Aufz. von Gollnick. (2)
1375. Trina, die Bierländerin; Solol. in 1 Aufz. (1)
1376. Timon, ein moderner; L. in 4 Aufz. von Genée. (2)
1377. Tannhäuser; P. in 3 Aufz. (38); 2ter Act (4).
1378. Tantchen Aurelia; L. in 1 Aufz. von West. (5)
1379. Tochter der Grille, die; L. in 5 Aufz. (17)

1380. Tasse Thee, eine; L. in 1 Aufz. nach dem Franz. von Neumann. (2)
1381. Tasse Thee, eine; L. in 1 Aufz. nach d. Franz. von Niemann-Seebach. (1)
1382. Trödler, ein; Sch. in 5 Aufz. von Brachvogel. (7)
1383. Tische, bei; L. in 1 Aufz. von Niebauer. (6)
1384. Tochter des Südens, eine; Sch. in 5 Aufz. v. Birch-Pfeiffer. (7)
1385. Testament des Onkels, das; L. in 3 Aufz. nach dem Franz. von Neumann. (7)
1386. Taufschein, ihr; L. in 1 Aufz. von E. Wichert. (2)
1387. Tag der Erkenntniß, die; Sch. in 5 Aufz. nach Sardou von Förster. (8)
1388. Tag, ein toller; L. in 5 Aufz. nach Beaumarchais von Dingelstedt. (9)
1389. Tochter, eine musikalische; P. in 1 Aufz. nach Labiche und Delacour von Förster. (2)
1390. Thaler, der letzte; P. in 3 Aufz. von Görner u. Dohm. (5)
1391. 1733 Thaler 22½ Sgr.; P. in 1 Aufz. von Jacobson. (20)
1392. Taschentuch verlieren, kein; P. in 1 Aufz. nach dem Frz. (4)
1393. Testament eines Sonderlings, das; Sch. in 5 Aufz. v. Birch-Pfeiffer. (8)
1394. Tisch, am grünen; P. in 1 Aufz. von Haber. (5)
1395. Tischgast, ein; P. in 1 Aufz. (4)
1396. Ueberraschungen, die; L. in 1 Aufz. nach Scribe von W. Friedrich. (9)
1397. Unverhofft; P. in 3 Aufz. nach Bayard von Nestroy. (1)
1398. Ueberall Jesuiten; P. in 1 Aufz. von J. Mendelsjohn. (12)
1399. Unbedeutende, der; P. in 3 Aufz. von Nestroy. (3)
1400. Urbild des Tartüffe, das; L. in 5 Aufz. von Gutzkow. (17)
1401. Unter der Erde; P. in 3 Aufz. von Elmar. (27)
1402. Unsichtbare, der; S. in 1 Aufz. von Costenoble. (1)
1403. Unerbittlich; Dr. in 5 Aufz. nach Foucher v. L. Meyer. (1)
1404. Unterthänig und unabhängig; P. in 3 Aufz. von Elmar. (5)
1405. Undine; Zauberp. in 3 Aufz. von Wollheim. (9)
1406. Ueberall Irrthum; P. in 1 Aufz. von A. W. Hesse. (5)
1407. Universalerbe; L. in 2 Aufz. nach dem Franz. v. Starcke. (9)
1408. Untergang der Welt, der; P. in 1 Aufz. von Stettenheim. (3)
1409. Unglücklichen, die; L. in 1 Aufz. nach Kotzebue v. Schneider. (6)
1410. Uhrenhändler und der Kuckuck, der; B. in 1 Aufz. (1)
1411. Unterm Regenbogen; L. in 1 Aufz. von H. Schmidt. (3)
1412. Unsere Freunde; L. in 5 Aufz. von Max Ring. (4)
1413. Ueberraschung, eine freudige; L. in 1 Aufz. von Görner. (4)
1414. Umkehr der Wissenschaft, eine kleine; L. in 1 Aufz. v. Pauly. (5)
1415. Unschuld, eine verfolgte; P. in 1 Aufz. von Langer u. Pohl. (19)
1416. Unbeständelei, die; L. in 3 Aufz. nach d. Franz. v. Förster. (2)
1417. Und; L. in 4 Aufz. von Otto Girndt. (21)
1418. Ursache, nicht; L. in 1 Aufz. von Otto Girndt. (1)
1419. Unerwartet; P. in 1 Aufz. von Helmerding. (2)
1420. Unerträglich; L. in 1 Aufz. von Putlitz. (2)

1421. Verräther, der; L. in 1 Aufz. von Holbein. (9)
1422. Vater der Debütantin, der; P. in 4 Aufz. nach dem Franz. von B. A. Herrmann. (17)
1423. Verschwender, der; Zauberp. in 3 Aufz. von Raimund (23); 3. Aufz. (3)
1424. Vater und Sohn; Sch. in 3 Aufz. (5)
1425. Vagabunden, die; Dr. in 5 Aufz. nach D'Ennery von W. Friedrich. (8)
1426. Vicomte de Létorières, der; L. in 3 Aufz. nach Bayard von C. Blum. (30)
1427. Verirrungen; Sch. in 5 Aufz. von Devrient. (6)
1428. Verlobung in Genf, die; L. in 2 Aufz. von C. Blum. (1)
1429. Vorleserin, die; S. in 2 Aufz. nach Bayard von Koch. (15)
1430. Vierundzwanzig Stunden Königin; L. in 3 Aufz. v. Koch. (2)
1431. Voltaires Ferien; L. in 2 Aufz. nach dem Franz. von B. A. Herrmann. (11)
1432. Vertrauen, im; L. in 1 Aufz. nach d Franz. v. Ewald. (2)
1433. Vater, der; L. in 4 Aufz. von Bauernfeld. (4)
1434. Versöhnung, die; Sch. in 4 Aufz. von Kotzebue. (4)
1435. Vor dem Balle; L. in 1 Aufz. (3)
1436. Vetter, der; L. in 3 Aufz. von Benedix. (32)
1437. Verstorbene, der; P. in 1 Aufz. nach dem Franz. v. Fenelli. (4)
1438. Valentine, die; Sch. in 5 Aufz. von Freitag. (15)
1439. Versprechen, das; L. in 1 Aufz. von Bauernfeld. (1)
1440. Versuche; S. v. Schneider. (46)
1441. Vaterliebe; L. in 1 Aufz. nach Scribe von Castelli. (2)
1442. Vormundschaft, die; L. in 2 Aufz. von Gale u. Uffo Horn. (3)
1443. Verbot und Befehl; L. in 5 Aufz. von Halm. (1)
1444. Vernunftheirath, die; Sch. in 2 Aufz. nach Scribe v Hell. (5)
1445. Vor hundert Jahren; L. in 4 Aufz. von Raupach. (3)
1446. Vetter Benedict; L. in 1 Aufz. von Angely. (2)
1447. Volk und Soldat; Dr. in 5 Aufz. von Töpfer. (11)
1448. Vater und Sohn; Sch. in 4 Aufz. v. Elisabeth Sangalli. (4)
1449. Versprechen hinter'm Herd, 's; B. in 1 Aufz. von Baumann. (55)
1450. Vatersorgen; L. in 1 Aufz. von G. v. P. (3)
1451. Verschwiegene wider Willen, der; L. in 2 Aufz. v. Kotzebue. (10)
1452. Volksvertreter auf Urlaub; L. in 1 Aufz. nach Clairville von W. Friedrich (10)
1453. Vertrauten, die; L. in 1 Aufz. von Müllner. (14)
1454. Verlobung der Arragonier, die; B. in 1 Aufz. v. Fenzl. (1)
1455. Vogelschießen, das; L. in 5 Aufz. von Clauren. (2)
1456. Verschwörung, die; L. in 2 Aufz. von Trautmann. (2)
1457. Verrechnet; P. in 3 Aufz. v. Kaiser. (13)
1458. Vorsehung der Liebe, die; L. in 5 Aufz. nach Overskou von Wachenhusen. (3)
1459. Vetter Flausing; P. in 3 Aufz. von Weirauch und Wachenhusen. (14)

1460. Verlegenheit, eine brillante; P. in 4 Aufz. nach Delacour und Montjoye von Denecke. (3)
1461. Vergnügungsreise, eine; P. in 3 Aufz. von Starcke. (9)
1462. Vive la concurrence; Genreb. in 1 Aufz. von Krüger. (4)
1463. Viola; L. in 5 Aufz. nach Shakespeare von Deinhardstein. (2)
1464. Versteck, ein; L. in 1 Aufz. von H. Mendelssohn. (3)
1465. Vertauschte Schicksale; L. in 4 Aufz. von J. Müller. (2)
1466. Vater und Richter; Sch. in 5 Aufz. von Krüger. (3)
1467. Virtuosen, die; L. in 2 Aufz. von Bauernfeld. (13)
1468. Vetter aus Bremen, der; L. in 1 Aufz. v. Theod. Körner. (1)
1469. Valérie; L. in 3 Aufz. nach Scribe. (17)
1470. Verrechnet; L. in 1 Aufz. von Emil. (2)
1471. Vetter Christoph; L. in 1 Aufz. von Theod. Oswald. (2)
1472. Verschwörung der Frauen, die; L. in 5 Aufz. von Arthur Müller. (7)
1473. Vormittag in Sanssouci, ein; L. in 2 Aufz. von Louise Mühlbach. (5)
1474. Vetter Benjamin aus Polen; L. in 5 Aufz. von Cuno. (2)
1475. Vater Martins Haus; Sch. in 3 Aufz. von Dr. Oßmann. (3)
1476. Vater, ein verschwenderischer; L. in 5 Aufz. nach Dumas Sohn. (4)
1477. Vampyr, der; P. in 1 Aufz. von Löffler und Belly. (2)
1478. Verlobung, die; Sch. in 3 Aufz. von Benedix. (2)
1479. Verschwörer, die; L. in 3 Aufz. (5)
1480. Vorzimmer seiner Excellenz, im; Sch. in 1 Aufz. von R. Hahn. (16)
1481. Viel Vergnügen; P. in 3 Aufz. nach d. Franz. v. Salingré. (4)
1482. Verwandten, die zärtlichen; L. in 3 Aufz. von Benedix. (31)
1483. Verlobungsanzeige, eine ländliche; S in 1 Aufz. von Arthur Müller. (2)

1484. Weiberfeind, der; L. in 1 Aufz. von Benedix. (42)
1485. Wer trägt die Schuld? L. in 1 Aufz. v. C. Blum. (1)
1486. Wiedersehen, das; Solol. in 1 Aufz. von B. A. Herrmann. (1)
1487. Weltumsegler wider Willen, der; P. in 3 Aufz. nach dem Franz. von Räder. (22)
1488. Wildschütz, der; O. in 3 Aufz. von Lortzing. (1)
1489. Wiener in Berlin, die; P. in 1 Aufz. von Holtei. (17)
1490. Wer wird Amtmann? P. in 4 Aufz. von Kaiser. (3)
1491. Weg der beste, der gerade; L. in 1 Aufz. von Kotzebue. (25)
1492. Werner; Sch. in 5 Aufz. von Gutzkow. (13)
1493. Wie denken Sie darüber? P. in 1 Aufz. von R. Hahn. (7)
1494. Wohnungen zu vermiethen; P. in 5 Aufz. von Angely. (1)
1495. Waffengang, der erste; L. in 2 Aufz. nach dem Franz. von Heine. (17)
1496. Wer ißt mit? P. in 1 Aufz. n. Desaugier v. W. Friedrich. (82)
1497. Wille auf Gastrollen; P. in 1 Aufz. (1)
1498. Wette, die; L. in 1 Aufz. von Paunasch. (3)

1499. Weib aus dem Volke, ein; Sch. in 6 Aufz. nach d'Ennery u. Mallian von B. A. Herrmann. (28)
1500. Wette, die seltsame; L. in 1 Aufz. nach dem Franz. (8)
1501. Wirrwarr, der; L. in 5 Aufz. von Kotzebue. (1)
1502. Witzigungen; L. in 3 Aufz. von Vogel. (4)
1503. Wittwe von 15 Jahren, die; L. in 5 Aufz. nach Dupenth u. Sicaudin von B. A. Herrmann. (2)
1504. Weiber von Windsor, die lustigen; L. in 5 Aufz. nach Shakespeare und Tieck von Julius Schramm. (1)
1505. Weg durch's Fenster, der; L. in 1 Aufz. nach Scribe von B. Friedrich. (40)
1506. Wollmarkt, der; L. in 4 Aufz. von Clauren. (3)
1507. Washington, Georg; Dr. in 5 Aufz. von Jul. Dornau. (1)
1508. Wiener in Paris, die; S. in 2 Aufz. von Holtei. (18)
1509. Wohlthat und ihr Lohn, eine; P. in 3 Aufz. von Elmar. (4)
1510. Whistpartie, die unterbrochene; L. in 2 Aufz. von Schall. (10)
1511. Walde, im; Sch. in 4 Aufz. von Birch-Pfeiffer. (3)
1512. Weltreise eines Capitalisten, die; Zauberp. in 5 Aufz. von Elmar. (22)
1513. Warum? L. in 1 Aufz. nach d. Franz. (3)
1514. Widerspenstige, die; L. in 4 Aufz. nach Shakespeare v. Deinhardstein. (24)
1515. Waise und der Mörder, die; Melodr. in 3 Aufz. v. Castelli. (1)
1516. Wenn man Häuser baut; Sch. in 4 Aufz. v. Birch-Pfeiffer. (13)
1517. Weib des Soldaten, das; Sch. in 1 Aufz. nach d. Franz. von B. A. Herrmann. (9)
1518. Wette des Jules-Demis, die; Sch. in 2 Aufz. nach Frau Adam-Boisgoutier. (4)
1519. Wechsel, ein unbezahlter; P. in 1 Aufz. nach dem Franz. von Lamberti. (1)
1520. Weihnachtabend eines pensionirten Nachtwächters, der; L. in 1 Aufz. von Krüger. (12)
1521. Waise aus Lowood, die; Sch. in 5 Aufz. v. Birch-Pfeiffer. (62)
1522. Weib, ein seltenes; Sch. in 1 Aufz. nach d. Franz. v. Bahn. (2)
1523. Wohnung, eine möblirte; P. in 1 Aufz. von Görner. (1)
1524. Waise von Jüterbogk, die; P. in 1 Aufz. (2)
1525. Welche ist die Braut? L. in 5 Aufz. von Johanna v. Weißenthurn. (8)
1526. Wer wagt, gewinnt; L. in 2 Aufz. nach Scribe. (6)
1527. Wie zwei Tropfen Wasser; L. in 1 Aufz. nach dem Franz. v. Julius. (2)
1528. Während der Börse; L. in 1 Aufz. von Mautner. (5)
1529. Wölfen muß man heulen, mit den; L. in 1 Aufz. von Wilhelmi. (9)
1530. Weibliche Seeleute; B. in 2 Aufz. von Weirauch. (4)
1531. Weihnachtabend, ein; Genreb. in 1 Aufz. von R. Hahn. (3)
1532. Wurm und Würmer; P. in 3 Aufz. von Krüger. (9)
1533. Wem gehört die Frau? P. in 1 Aufz. (1)

1534. Welt und Theater; L. in 3 Aufz. von Bauernfeld, theilweise von H. Marr bearbeitet. (2)
1535. Wallensteins Lager; Soldatensp. in 1 Aufz. v. Schiller. (7)
1536. Waffen ruhn, die; Genreb. in 1 Aufz. von R. Hahn. (5)
1537. Wie denken Sie über Rußland? L. in 1 Aufz. von G. von Moser. (4)
1538. Welt, die neue; L. in 5 Aufz. von Georg Horn. (1)
1539. Winkelschreiber, der; L. in 5 Aufz. nach Terenz v. Adolphi. (9)
1540. Wintermärchen, ein; L. in 4 Aufz. nach Shakespeare von Dingelstedt. (35)
1541. Wenn man nicht tanzt; L. in 1 Aufz. von Schlesinger. (2)
1542. Wasser und Brod, bei; L. in 1 Aufz. von Jacobson. (20)
1543. Waldkönigin, die; Sch in 5 Aufz. von Ludwig Kern. (2)
1544. Wittwen, zwei junge; L. in 1 Aufz. nach dem Franz. von Förster. (5)
1545. Wachsfigurencabinet, ein; P. in 1 Aufz. von Anton Reichenbach. (8)
1546. Wartesalon erster Classe, im; L. in 1 Aufz. v. Hugo Müller. (16)
1547. Wechsel, ein; L. in 1 Aufz. von Woltereck. (5)
1548. Waggon, Coupé erster Classe, im; L. in 1 Aufz. v. Görner. (16)
1549. Wanderleben; Genreb. in 1 Aufz. v. Belly u. Henrion. (12)
1550. Was die Welt regiert; L. in 4 Aufz. von Georg Horn. (4)
1551. Was ihr wollt; L. in 5 Aufz. nach Shakespeare von Schlegel und Tieck. (1)
1552. Weinprobe, eine; P. in 1 Aufz. von Fellechner und Helmerding. (5)
1553. Wildfeuer; Dr. in 5 Aufz. von Halm. (4)
1554. Waldintrigue, eine; L. in 1 Aufz. von Paul. (2)
1555. Wenn Einer eine Reise macht; L. in 4 Aufz. nach d. Franz. von Neumann. (2)

1556. Yelva; Sch. in 2 Aufz. nach dem Franz. v. Theod. Hell. (9)
1557. Y. I.; L. in 3 Aufz. von Otto Girndt. (14)

1558. Zurücksetzung; L. in 4 Aufz. von Töpfer. (27)
1559. Zwei Herren und ein Diener; P. in 1 Aufz. nach Goldoni und Barin von W. Friedrich. (34)
1560. Zart und grob; L. in 2 Aufz. nach Sand und Lemoine von W. Friedrich. (2)
1561. Zigeuner, der; P. in 2 Aufz. von Kaiser. (10)
1562. Zerstreuten, die; L. in 3 Aufz. von Kotzebue. (4)
1563. Zopf und Schwert; L. in 5 Aufz. von Gutzkow. (13)
1564. Zohrab, der Zigeunerkönig; S. in 2 Aufz. nach Beyrat von W. Friedrich. (3)
1565. Zweikampf im dritten Stock, der; P. in 1 Aufz. v. Angely. (2)
1566. Zu glücklich; L. in 1 Aufz. nach dem Franz. v. Willibald. (20)
1567. Zauberpflanze, die; Pantom. in 4 Aufz. von Lehmann. (2)
1568. Zauberstab, der goldene; Pantom. in 1 Aufz. (3)

1569. Zwei Tage aus dem Leben eines Fürsten; L. in 4 Aufz. von Deinhardstein. (1)
1570. Zeitgeist, der; P. in 4 Aufz. von Raupach. (1)
1571. Zimmer mit zwei Betten, ein; P. in 1 Aufz. nach Varin von Werner. (2)
1572. Zwei Bräutigame und keiner der Rechte; P. in 3 Aufz. nach dem Franz. von Ernheisel. (3)
1573. Zauberfisch, der; B. in 2 Aufz. von Fenzl. (14)
1574. Zeitgemälde, ein; Sch. in 5 Aufz. von Elisab. Sangalli. (2)
1575. Zinngießer, der politische; B. in 2 Aufz. nach Holberg von Treitschke. (21)
1576. Zillerthaler, die; S. in 1 Aufz. von Nesmüller. (14)
1577. Zauberschleier, der; Zauberp. in 5 Aufz. von Told. (7)
1578. Zauberblume, die; B. in 2 Aufz. von Fenzl. (4)
1579. Zögling, der; L. in 4 Aufz. von Amalie von Sachsen. (1)
1580. Zwillinge; L. in 4 Aufz. von Trautmann. (11)
1581. Zwei Häuser voll Eifersucht; L. in 4 Aufz. v. Altmann. (2)
1582. Zwei; P. in 1 Aufz. von Elz. (2)
1583. Zwei Waisen; L. in 1 Aufz. von Starke. (6)
1584. Zwei Testamente; P. in 3 Aufz. von Kaiser. (5)
1585. Zeit, die gute alte; P. in 4 Aufz. v. Tietz. (3)
1586. Zwei Tanten; P. in 1 Aufz. von Sternberg. (4)
1587. Zündhölzchen zwischen zwei Feuer, ein; P. in 1 Aufz. nach dem Franz. von Hiltl. (18)
1588. Zugvögel, die; L. in 1 Aufz. von Bauernfeld. (18)
1589. Zwillingsbrüder, die; P. in 2 Aufz. nach dem Franz. von Schneider. (1)
1590. Zwist um eine Kleinigkeit, ein großer; L. in 1 Aufz. von Görner. (8)
1591. Zopfabschneider, der; P. in 1 Aufz. von Floto. (2)
1592. Zeitungsente, eine; P. in 3 Aufz. von Kneisel. (1)
1593. Zigeuner, der; Genreb. in 1 Aufz. von Berla. (2)
1594. Zeiten, unruhige; P. in 3 Aufz. von Pohl. (46)
1595. Zeichen der Liebe, die; L. in 1 Aufz. von Putlitz. (4)
1596. Zeitgemäß; P. in 3 Aufz. von Pohl. (12)
1597. Zwischenträgerei; L. in 4 Aufz. von Benedix. (2)
1598. Zaubersoirée, eine; P. in 1 Aufz. von Moritz Reichenbach. (6)
1599. Zungen, böse; Sch. in 5 Aufz. von Laube. (10)

(Berichtigung. In vorliegendem Verzeichniß finden sich die Zahlen 421, 454, 477, 564, 676 doppelt gedruckt und mit den Buchstaben a. b. unterschieden. Die obige Schlußzahl vermehrt sich nun um diese fünf und heißt demnach 1604 statt 1599.)

Nachtrag.

Die vom Beginn der Herbstsaison am 1. August 1868 bis zum Tage des Jubiläums am 9. November aufgeführten Stücke.

1605. Adelaide; L. in 1 Aufz. v. Hugo Müller. (2)
1606. Alte Schachtel, eine; L. in 1 Aufz. von G. v. Putlitz. (2)
1607. Acht und achzigste Geburtstag, der; Sch. in 3 Aufz. v. Rod. Benedix. (5)
1608. Am andern Tage; L. in 3 Aufz. von Otto Girndt. (4)
1609. Anonymer Kuß, ein; L. in 1 Aufz. nach A. Second und J. Blerzy von A. Winter. (5)
1610. Ballschuhe, L. in 1 Aufz. von A. Winter. (2)
1611. Elzevir; L. in 1 Aufz. von H. Wilken. (3)
1612. Ein Schütz bin ich! Schw. in 1 Aufz. von E. Dohm. (4)
1613. Er will sich auszeichnen; P. in 1 Aufz. von Pohl. (5)
1614. Garibaldi! Schw. in 1 Aufz. von J. Rosen. (7)
1615. Gute Nacht Hänschen! L. in 1 Aufz. von Arthur Müller. (4)
1616. Liebesdiplomaten; L. in 1 Aufz. nach Vanderbuch v. Henriou. (3)
1617. Neujahrsnacht, die; Sch. in 1 Aufz. von R. Benedix. (4)
1618. Sündenregister; L. in 1 Aufz. n. d. Franz. v. A. Lahn. (2)
1619. Spielt nicht mit dem Feuer; L. in 3 Aufz. v. G. v. Putlitz. (3)
1620. Toilette meiner Frau, die; Schw. in 1 Aufz. nach Alfred Duru und Henry Chivot von Förster. (3)
1621. Urlaub nach dem Zapfenstreich; L. in 1 Aufz. nach Charmouche und Melesville von Carl Treumann. (3)
1622. Vermischtes; P. in 1 Aufz. von R. Jonas. (5)
1623. Versalzen; L. in 1 Aufz. von R. Benedix. (2)
1624. Vom Land und von der See! L. in 1 Aufz. v. A. Langer. (4)
1625. Weiche P, das; Schw. in 1 Aufz. nach Labiche und Jolly von E. Herbst. (8)

Die in dem Hauptverzeichniß bereits enthaltenen folgenden Stücke verändern demnach die Zahl ihrer Gesammt-Aufführungen wie folgt:

Aschenbrödel. (8)
Berlin wird Weltstadt. (27)
Böse Zungen. (12)
Bursche, flotte. (36)
Benjamin, der seinen Vater sucht. (26)
Diplomat oder wenn ich's nur selber wüßte. (21)
Donna Diana. (26)
Dienstboten. (35)
Eigensinn. (62)
Einfalt vom Lande. (43)
English spoken here! (2)
Glas Wasser. (30)

Geheime Agent, der. (36)
Ich werde mir den Major einladen. (22)
Im Waggon, Coupé erster Classe. (21)
Jude, der. (11)
Journalisten. (46)
Juristentage, vom, oder Ein Berliner in Wien. (41)
Kaufmann, der. (29)
Kunst und Natur. (24)
Lästerschule. (33)
Mottenburger. (36)
Moritz Schnörche. (34)
Mathilde. (33)
Und. (24)
Von Sieben die Häßlichste. (19)
Viel Lärm um Nichts. (23)
Versuche, oder die Familie Fliedermüller. (47)
Werner. (15)
Weiberfeind, der. (43)
Weg durchs Fenster, der. (41)
Welche ist die Braut? (11)

Englische Theaterstücke.

1. Billes strategem; Comedy 1 Act by Doroley. (1)
2. Bachelor's buttons, the; Farce, 1 Act. (1)
3. Fishout of water; Farce, 1 Act. (1)
4. Hunchback, the; Com. 5 Act by Sheridan Knowles. (2)
5. Honey morn, the; Comedy 1 Act, by Talin. (1)
6. Hewould be an actor; Farce, 1 Act. (1)
7. Manager's daughter, the; Comedy, 1 Act. (1)
8. Queen, the youthful; Comedy, 2 Act. (1)
9. Rendez-vous; Farce, 1 Act. (1)
10. Secret, the; Farce, 1 Act. (1)
11. Sisters, the four; Com., 1 Act by Davenport. (1)
12. Spoil'd child, the; Farce, 2 Act. (1)
13. Shot, the dead; Com., 1 Act. (1)
14. School for scandal; Com. 3 Act by Sheridan. (1)
15. Will, the; Com. 3 Act. (1)
16. Warlock of the queen; Dr., 3 Act. (1)

Französische Theaterstücke.

1844.

1. Quand l'amour s'en va, Vaudeville en 1 acte, par Laurencin. (1)
2. Les premières amours, Vaudev. en 1 acte, par Scribe. (1)
3. Boquet père et fils, Vaudev. en 2 actes par Laurencin. (1)
4. Bruno le fileur, Drame-Vaudev. en 3 actes. par Coignard frères. (3)
5. Le capitaine Roland, Vaud. en 1 acte, par Varin et Desverger. (1)
6. Indiana et Charlemagne. Folie de Carnaval, en 1 acte, par Bayard et Dumanoir. (1)
7. Nanon, Ninon et Maintenon, Pièce historique, 1 acte, par Théaulon. (1)
8. Les projets de mariage, Comédie, 1 acte, par Duval. (1)
9. En pénitence, Vaud., 1 acte, par Bourgeois. (1)
10. Le protégé, Vaud., 1 acte, par Rosier. (1)
11. Quinze jours de fayerse, Vaud., 1 acte, par Mélesville. (1)
12. Le voyage à Pontoise, Com., 1 acte, par Royer et Vaez. (1)

1845.

13. Une chaîne, Com., 1 acte, par Scribe. (1)
14. Le mari à la campagne, 1 acte, par Bayard et Vailly. (2)
15. L'omelette fantastique, Vaud. en 1 Acte, par Duvert et Boyer. (1)

1850.

16. Andromaque, Tragédie an 5 actes, par Racine (1)
17. Adrienne Lecouvreur, Drame en 5 actes, par Scribe. (1)
18. Les Horaces, Tragédie en 5 actes par Corneille. (1)
19. Le mari de la veuve, Com. en 1 acte. (1)
20. Marie Stuart, Tragédie en 1 acte par Lebrün. (1)

1852.

21. Un bal du grand monde, Vaud. en 1 acte par Varin et Desverger. (1)
22. Brutus, lâche César, Vaud. en 1 acte par Rosier. (1)
23. La courte-paille, Vaud. en 3 actes par Cagniard frères. (1)

24. Un caprice, Comédie en 1 acte par Musset. (1)
25. Croque-Poule, Vaud. en 1 acte par Rosier. (1)
26. La demoiselle majeure, Vaud. en 1 acte par Laurencin. (1)
27. Embrassons-nous, Folleville en 1 acte par Labiche et Lefranc. (1)
28. E. H., Vaud. en 1 acte par M. Siraudin. (1)
29. La femme qui trompe sa vie, Vaud. en 1 acte par Delacour. (1)
30. Une fille terrible, Vaud. en 1 acte par Deligny. (1)
31. La ferme de Primerose, Com. en 1 acte par Cormon. (1)
32. Jobin et Nanette, Vaud. en 1 acte par M. Carré. (3)
33. Il faut qu'une porte soit ouverte et fermée, Com. en 1 acte, par Mussin. (3)
34. Jeanne Matthieu, Vaud. en 1 acte par Fournier. (1)
35. Le marchand de jouets d'enfant, Vaud. en 1 acte par Mélesville. (1)
36. Manche à manche, Vaud. en 1 acte par Rosier. (1)
37. Le mobilier de Rosine, Vaud en 1 acte par Leuven et Brunswick. (1)
38. Le petits moyens, Vaud. en 1 acte par Lemoine. (1)
39. Un jeune mari, Com. en 3 actes par Mazères. (1)
40. La Niaise de Saint-Flour; Vaud. en 1 acte par Bayard. (1)
41. Rue de la lune; Vaud. en 1 acte par Varin. (1)
42. Riche d'amour; Vaudeville en 1 acte par Duvert et Lausanne. (2)
43. Simon Terre-Neuve, V. en 1 acte par M. Colomb. (2)
44. Un tigre du Bengale, Com. en 1 acte par Brisebarre et Marc Michel. (2)

1855.

45. Le lait d'anesse, Vaudeville en 1 acte. (2)

1856.

46. L'amour pris aux chevaux, Vaud. en 1 acte. (2)
47. L'amour de l'argent, Vaud. en 2 actes. (1)
48. Les deux aveugles, Vaud. en 1 actes. (1)
49. Un bas-bleu; Vaud. en 1 acte. (1)
50. Le bougeoir, C. en 1 acte. (2)
51. Brelan le troupier, V. en 1 acte. (2)
52. Sir John Esdrouff, V. en 1 acte. (1)
53. La noitaux souffleurs, Vaud. en 2 actes par Dumanoir et D'Eunery. (1)
54. A deux pas du bonheur; proverbe lyrique en 1 acte par Godefroy. (1)
55. Romeo et Juliette, V. en 1 acte par Dumanoir. (2)

56. La sœur de Jocrisse, V. en 1 acte par Duvert et Lauzanne. (1)
57. Le village. Com. en 2 actes par Feuillet. (1)
58. Le violonneux. V. en 1 acte. (1)

1857.

59. Le cocle des femmes; C. en 1 acte. (1)
60. Le capitaine Charlotte; C. en 2 actes par Bayard et Dumanoir. (1)
61. La chauvinesse; C. en 1 acte par Scribe. (1)
62. La corde sensible; C. en 1 acte par Clairville et Lambert-Thiberest. (3)
63. Le camp des bourgeoises; C. en 1 acte par Dumanoir. (2)
64. Un changement de main; C. en 2 actes par Bayard et Lafont. (1)
65. La dame aux camélias, C. en 5 actes par Dumas fils. (3)
66. L'Echelle de femmes, C. en 2 actes par D'Ennery et Decourcelle. (1)
67. La Fiamina; C. en 4 actes par Mario Uchard. (2)
68. Une femme qui se jette par la fenêtre; V. en 1 acte par Scribe et Lemoine. (2)
69. Ce que femme veut; C. en 2 actes par Duvert et Lauzanne. (1)
70. 55 Francs de voiture; V. en 1 acte par Delacour et Harmant. (1)
71. Le gendre de monsieur Poivrier; C. en 4 actes par Augier et Sandeau. (1)
72. L'Honneur et l'argent; C. en 5 actes par Besard. (?)
73. L'invention à la valse; C. en 1 acte par Dumas. (2)
74. Madame Bertrand et Mademoiselle Raton; V. en 1 acte. (1)
75. Le mari de la veuve; C. en 1 acte par Dumas. (1)
76. Un monsieur qui prend la mouche; V. en 1 acte par Michel et Labiche. (1)
77. Le marquis de Lauzun; C. en 1 acte par Carmouche et Vermond. (1)
78. Madame d'Ormessan s'il vous plait? C. en 1 acte par Monier et Martin. (1)
79. Un monsieur et une dame; C. en 1 acte par Xavier, Duvert et Lausanne. (2)
80. Le piano de Berthe; C. en 1 acte par Barrière et Lorin. (1)
81. On demande un gouverneur; C. en 2 actes par Decourcelle et Jaimefils. (3)
82. Où passerai-je mes soirées? C. en 1 acte par Potier et de Montbeau. (1)
83. Oscar C. en 3 actes par Scribe et Debveyrier. (1)
84. Tambour battant; V. en 1 acte par Barrière et Decourcelle. (1)

1858.

85. Les Anglaises pour rire; V. eu 1 acte. (1)
86. Le camp et le pensionat; V. en 1 acte. (1)
87. Une fille terrible; C. en 1 acte. (1)
88. Pas de fumée sans feu; C. en 1 acte. (1)
89. Le fils naturel; C. en 5 actes par Dumas fils. (1)
90. Monsieur va au cercle; V. en 1 acte. (1)
91. Monsieur Folichon; V. en 1 acte par Moras. (1)
92. Une mauvaise nuit est bientôt passée; V. en 1 acte par Honoré. (1)
93. Midi à quatorze heures; C. en 1 acte par Barrière. (1)
94. Mademoiselle de Belle-Isle; C. en 5 actes par Dumas. (1)
95. Les vieux pechés; V. en 1 acte par Melesville et Dumanoir. (1)

1861.

96. Le mal de mer; V. en 1 acte par Pierre. (1)

1864.

97. L'amour qui c'est que ça? V. en 1 acte par Clairville, Thibout et Delacour. (1)
98. Le débutant; C. en 1 acte par Desnoyers. (1)
99. Ele est folle; C. en 2 actes par Mélesville. (1)
100. Les enfants de troupe; Com. en 2 actes par Bayard et Biéville. (1)
101. La joie fait peur; C. en 1 acte par Mad. de Girardin. (2)
102. Le joueur de Manheim; C. en 3 actes par Dumas. (1)
103. Les mémoires du diable; C. en 3 actes par Arago et Vermont. (1)
104. Le médecin des enfants; C. en 5 actes par Anicet, Bourgeois et D'Ennery. (1)
105. Le marquis de Villemer; Com. en 1 acte par Georges Sand. (1)
106. Un mari dans du coton; C. en 1 acte par Barrière et Thiboust. (1)
107. Une tasse du thé; C. en 1 acte par Nuitter et Derley. (1)

1868.

108. L'aventurière; C. en 4 actes par Augier. (1)
109. Les brebis de Panurge; Com. en 1 acte par Meilhac et Halevy. (1)
110. Bataille des dames; C. en 3 actes par Scribe et Legouvé. (1)
111. La cameraderie; C. en 5 actes par Scribe. (1)
112. Pardroit de conquête; C. en 3 actes par Legouvé. (1)

113. Gabriele; C. en 5 actes par Augier. (1)
114. La grammaire; C. en 1 acte par Labiche et A. Jolly. (1)
115. L'Histoire d'un sou; C. en 1 acte par Lambert Thibaust. (1)
116. Les jurons de Cadillon; C. en 1 acte par Berton. (1)
117. Montjoie; C. en 5 actes par Feuillet. (1)
118. La Niaisede Saint-Fiour: C. en 1 acte par Lemoine. (1)
119. Les pattes de mouche; C. en 3 actes par Sardou. (1)
120. La partie de piquet; Com. en 1 acte par Fournier et Meyer. (1)
121. Riche d'amour; C. en 1 acte par Duvert et Lauzanne. (1)
122. Tartuffe; C. en 5 actes par Molière. (1)

III.

Zahl und Gattung der aufgeführten Stücke.

1843

wurden aufgeführt an 52 Abenden 89 Stücke in 310 Acte und zwar: 24 Originale, 15 Bearbeitungen, 19 Lustspiele, 8 Possen, 6 Baudevilles, 1 Prolog.

1844

wurden aufgeführt an 294 Abenden 526 Stücke in 1199 Acte und zwar: 96 Originale, 50 Bearbeitungen, 19 Schauspiele, 60 Lustspiele, 46 Possen, 17 Baudevilles und Operetten, 4 Ballets und Pantomimen.

1845

wurden aufgeführt an 355 Abenden 669 Stücke in 1618 Acte und zwar: 100 Originale, 60 Bearbeitungen, 33 Schauspiele, 68 Lustspiele, 44 Possen, 24 Baudevilles und Operetten, 5 Ballets und Pantomimen.

1846

wurden aufgeführt an 353 Abenden 656 Stücke in 1545 Acte und zwar: 110 Originale, 77 Bearbeitungen, 1 Trauerspiel, 27 Schauspiele, 82 Lustspiele, 41 Possen, 20 Baudevilles und Operetten, 9 Ballets und Pantomimen.

1847

wurden aufgeführt an 356 Abenden 664 Stücke in 1527 Acte und zwar: 110 Originale, 68 Bearbeitungen, 23 Schauspiele, 84 Lustspiele, 50 Possen, 20 Baudevilles und Operetten, 2 Ballets und Pantomimen.

1848.

wurden aufgeführt an 358 Abenden 648 Stücke in 1703 Acte und zwar: 126 Originale, 54 Bearbeitungen, 37 Schauspiele, 72 Lustspiele, 30 Possen, 25 Baudevilles und Operetten, 5 Ballets und Pantomimen.

1849

wurden aufgeführt an 353 Abenden 701 Stücke in 1589 Acte und zwar: 112 Originale, 56 Bearbeitungen, 30 Schauspiele, 78 Lustspiele, 33 Possen, 27 Vaudevilles und Operetten, 4 Ballets und Pantomimen.

1850

wurden aufgeführt an 326 Abenden 615 Stücke in 1377 Acte und zwar: 114 Originale, 47 Bearbeitungen, 18 Schauspiele, 64 Lustspiele, 26 Possen, 22 Vaudevilles und Operetten, 15 Ballets und Pantomimen.

1851

wurden aufgeführt an 349 Abenden 677 Stücke in 1505 Acte und zwar: 98 Originale, 50 Bearbeitungen, 25 Schauspiele, 72 Lustspiele, 38 Possen, 18 Vaudevilles und Operetten, 1 Ballet.

1852

wurden aufgeführt an 364 Abenden 654 Stücke in 1520 Acte und zwar: 112 Originale, 61 Bearbeitungen, 1 Trauerspiel, 24 Schauspiele, 63 Lustspiele, 43 Possen, 16 Vaudevilles und Operetten, 1 Ballet.

1853

wurden aufgeführt an 363 Abenden 721 Stücke in 1666 Acte und zwar: 111 Originale, 50 Bearbeitungen, 2 Trauerspiele, 25 Schauspiele, 60 Lustspiele, 40 Possen, 21 Vaudevilles und Operetten.

1854

wurden aufgeführt an 269 Abenden 551 Stücke in 1197 Acte und zwar: 68 Originale, 29 Bearbeitungen, 12 Schauspiele, 36 Lustspiele, 21 Possen, 11 Vaudevilles und Operetten, 4 Ballets und Pantomimen.

1855

wurden aufgeführt an 243 Abenden 578 Stücke in 1240 Acte und zwar: 42 Originale, 37 Bearbeitungen, 42 Lustspiele, 20 Possen, 13 Vaudevilles und Operetten.

1856

wurden aufgeführt an 264 Abenden 578 Stücke in 1232 Acte und zwar: 101 Originale, 38 Bearbeitungen, 1 Schauspiel, 75 Lustspiele, 31 Possen, 22 Vaudevilles und Operetten.

1857

wurden aufgeführt an 273 Abenden 596 Stücke in 1401 Acte und zwar: 111 Originale, 57 Bearbeitungen, 1 Schauspiel, 87 Lustspiele, 32 Possen, 26 Vaudevilles und Operetten, 3 Ballets und Pantomimen.

1858

wurden aufgeführt an 292 Abenden 556 Stücke in 1422 Acte und zwar: 103 Originale, 46 Bearbeitungen, 78 Lustspiele, 39 Possen, 20 Vaudevilles und Operetten.

1859

wurden aufgeführt an 293 Abenden 503 Stücke in 1386 Acte und zwar: 96 Originale, 44 Bearbeitungen, 76 Lustspiele, 25 Possen, 18 Vaudevilles und Operetten.

1860

wurden aufgeführt an 292 Abenden 496 Stücke in 1389 Acte und zwar: 94 Originale, 45 Bearbeitungen, 95 Lustspiele, 23 Possen, 16 Vaudevilles und Operetten.

1861

wurden aufgeführt an 301 Abenden 573 Stücke in 1424 Acte und zwar: 91 Originale, 47 Bearbeitungen, 21 Schauspiele, 68 Lustspiele, 22 Possen, 18 Vaudevilles und Operetten.

1862

wurden aufgeführt an 304 Abenden 554 Stücke in 1413 Acte und zwar: 88 Originale, 46 Bearbeitungen, 29 Schauspiele, 67 Lustspiele, 22 Possen, 11 Vaudevilles und Operetten, 1 Ballet.

1863

wurden aufgeführt an 264 Abenden 545 Stücke in 1884 Acte und zwar: 97 Originale, 54 Bearbeitungen, 30 Schauspiele, 71 Lustspiele, 23 Possen, 11 Vaudevilles und Operetten.

1864

wurden aufgeführt an 298 Abenden 524 Stücke in 1379 Acte und zwar: 71 Originale, 46 Bearbeitungen, 1 Trauerspiel, 28 Schauspiele, 62 Lustspiele, 22 Possen, 10 Vaudevilles und Operetten.

1865

wurden aufgeführt an 167 Abenden 537 Stück in 1372 Acte und zwar: 77 Originale, 31 Bearbeitungen, 22 Schauspiele, 59 Lustspiele, 25 Possen, 11 Vaudevilles und Operetten.

1866

wurden aufgeführt an 298 Abenden 516 Stücke in 1337 Acte und zwar: 100 Originale, 50 Bearbeitungen, 29 Schauspiele, 76 Lustspiele, 31 Possen, 18 Vaudevilles und Operetten.

1867

wurden aufgeführt an 297 Abenden 494 Stücke in 1384 Acte und zwar: 80 Originale, 33 Bearbeitungen, 24 Schauspiele, 50 Lustspiele, 12 Possen, 6 Vaudevilles und Operetten.

1868

wurden aufgeführt an 149 Abenden 398 Stücke in 1097 Acte und zwar: 46 Originale, 11 Bearbeitungen, 18 Schauspiele, 27 Lustspiele, 12 Possen, 6 Vaudevilles und Operetten.

IV.

Verzeichniß der Autoren und Bearbeiter,
von welchen und wie oft deren Stücke gegeben wurden.

(Die erste Zahl bedeutet die Anzahl der Stücke, die zweite die der Aufführungen.)

Adami u. Auvray 1 2.
Adami n. d. Fr. 1 1.
Adami und Wilhelm Müller 1 1.
Adami u. Soulié u. Aricet 1 2.
Adel 2 11.
Adolphi n. Terenz 1 9.
Albert nach Scribe 1 1.
Albini 3 44.
Albrecht 1 1.
Alfonso nach Dumanoir 1 9.
Alfonso n. d. Fr. 1 12.
Altmann 1 2.
Alvensleben nach Corneo 1 2.
Amalia von Sachsen 5 32.
Andres n. d. Fr. 1 2.
Angely 14 150.
Angely nach Ducange 1 3.
Angely nach d'Ennery 1 15.
Angely n. d. Fr. 5 54.
Angely nach Melesville 1 14.
Angely nach Scribe 1 4.
Angely nach Varin 1 16.
Anonymus 80 278.
    „ nach Augier 1 3.
    „ „ Bayard 2 4.
    „ „ Bäuerle 1 1.
    „ „ Adam-Boisgoutier 1 4
    „ „ Clairville 1 1.

Anonymus n. Cormon u. Grangé 1 2
    „ „ Cumberland 1 9.
    „ „ Deslones 1 5.
    „ „ Don Manuel Juan Diana 1 9.
    „ „ Dumas 1 1.
    „ „ Dumas Sohn 1 4.
    „ „ Duvert 1 2.
    „ „ d. Engl. 1 10.
    „ „ Feuillet 2 10.
    „ „ Fournier und Meyer 1 21.
    „ „ d. Fr. 21 136.
    „ „ St. Georges 1 5.
    „ „ Gostariza 1 4.
    „ „ Labiche u. Delcour 1 1.
    „ „ Lockroy 1 1.
    „ „ Melesville 1 7.
    „ „ Mercier 1 1.
    „ „ Najac 1 1.
    „ „ Sardou 1 2.
    „ „ Scribe 6 31.
    „ „ Scribe u. Magères 2 7
    „ „ Premaury 1 1.
    „ „ Varin 1 12.
    „ „ Varner 1 1.
    „ „ Vermond 1 10.

Apel 2 22.
Arresto 1 6.
Arthur nach Heiberg 1 3.
Ascher n. d. Fr. 1 12.

Babo 1 4.
Bahn 2 15.
Bahn nach Feuillet 1 9.
Bahn n. d. Fr. 7 65.
Banville 1 8.
Bartsch 2 6.
Bauernfeld 15 142.
Bauernfeld nach Feuillet 1 1.
Baumann 2 58.
Bärmann 5 24.
   " n. Bulwer 1 1.
   " " Dumanoir 1 3.
   " " d. Fr. 1 1.
   " " d. Sp. 1 5.
Bäuerle 5 20.
Beck 1 6.
Beckmann nach Feuillet 1 17.
   " " d. Fr. 1 11.
   " " Scribe 1 4.
Belly 3 15.
Belly und Henrion 2 16.
Benedix 46 429.
Benoni 3 23.
Berg und Kalisch 1 22.
Bergen 1 3.
Berger 5 41.
Berger n. d. Fr. 1 4.
Berla 4 7.
Bernard n. d. Fr. 1 1.
Berthold 1 8.
Biedenfeld 1 1.
Birch-Pfeiffer 39 319.
Bittner 1 1.
   " n. d. Frz. 1 1.
   " und Morländer 1 7.
   " " Pohl 1 20.
Karl Blum 14 85.
   " n. Aubray 1 15.
   " " Bayard 1 30.
   " " d. Fr. 2 56.
   " " Scribe 2 15.
   " " Sheridan 1 39.
   " " Sheridan-Knowles 1 4.
   " " Sografi 1 7.

Karl Blum nach Xavier 1 8.
Fr. Blum n. d. Frz. 3 14.
Fr. Blum nach St. Georges und Bayard 1 6.
Boas 1 19.
Bonin 1 4.
Börnstein nach Dumas 1 23.
Börnstein n. d. Frz. 1 6.
Börnstein nach Scribe 1 5.
Brachvogel 2 14.
Braun 1 32.
Braun nach Brisebarre 1 48.
Braunecker 3 3.
Braunecker n. d. Frz. 1 2.
Bretzner 1 2.
Bridgmann 2 5.

Carl 1 12.
Carlschmidt 4 29.
Castelli 2 38.
Castelli nach Dumanoir 1 9.
Castelli nach Scribe 2 16.
Christern 1 2.
Clauzen 3 30.
Cohnfeld 1 22.
Constant nach Korzeniowsky 1 18.
Contessa 1 13.
Corally 1 3.
Cosmar 3 19.
Cosmar nach Calderon 1 27.
Cosmar n. d. Frz. 1 4.
Cosmar nach Scribe 3 34.
Costenoble 1 1.
Cramelini 1 1.
Cuno 1 2.
Curmid 1 4.

Danis 1 2.
David 3 128.
Davison nach Bourgeois u. d'Ennery 1 3.
Deinhardstein 3 8.
Deinhardstein nach Molière 1 2.
Deinhardstein u. Shakespeare 2 26.
Demens 1 5.
Denecke nach Delacour und Montjoie 1 3.
Denecke n. d. Frz. 1 11.
Denide 1 3.

Denicke und Hahn 1 7.
Devrient 2 9.
Devrient nach Souvestre 1 12.
Dilg 1 2.
Dingelstedt n. Beaumarchais 1 9.
Dingelstedt n. Shakespeare 1 35.
Dohm 1 4.
Dornau 1 1.
Drieberg 1 2.
Düringer nach Melesville u. Duveyrier 1 1.

Eichler nach Scribe 1 2.
Elias 1 12.
Ellmenreich 1 4.
Ellmenreich n. d. Frz. 1 2.
Elmar 9 68.
Elsholtz 1 5.
Elz 4 94.
Elz nach Desnoyer 1 7.
Emil 1 2.
Erich 1 7.
Erlach n. d. Frz. 1 4.
Ernheisel n. d. Frz. 1 3.
Ernst 2 6.
Ewald 1 3.
Ewald n. d. Frz. 2 7.

Feldmann 12 79.
Feldmann und Flamm 1 2.
Felechner und Helmerding 1 5.
Fenz 6 38.
Flamm 1 3.
Flerz n. d. Frz. 1 8.
Floto 4 20.
Förster n. d. Frz. 18 108.
  „ n. Grangé u. Rochefort 1 2.
  „ „ Labiche u. Delacour 1 2.
  „ „ Meilhac 1 4.
  „ „ Sardou 2 15.
Frank 1 4.
Franke 2 3.
Frappart u. Levasseur 1 3.
Freitag 3 60.
M. G. Friedrich nach Brunswick u. v. Leuven 1 3.
W. Friedrich 2 92.
  „   n. Bayard 4 55.
  „   „ Bayard u. Lafont 1 25
  „   „ Bayard u. Bailly 1 38

W. Friedrich n. Brisebarre 1 7.
  „   „ Clairville 1 4.
  „   „ Desaugier 1 82.
  „   „ Desforgues 1 10.
  „   „ Deslandes und Didier 1 1.
  „   „ Desnoyer 1 4.
  „   „ Dumanoir 3 21.
  „   „ Dumas 1 70.
  „   „ Duvert 1 27.
  „   „ D'Ennery 1 8.
  „   „ Fournier 2 23.
  „   „ dem Frz. 4 125.
  „   „ Lafont 1 7.
  „   „ Laya 1 3.
  „   „ Lefranc 2 36.
  „   „ Lemoine 2 79.
  „   „ Lockroy 2 292.
  „   „ Lopez 1 65.
  „   „ Melesville 1 5.
  „   „ Nyon 1 8.
  „   „ Presnaury 1 7.
  „   „ Sand u. Lemoine 1 2
  „   „ Sandeau 1 27.
  „   „ Scribe 6 84.
  „   „ Scribe und Legouvé 1 51.
  „   „ Barin und Goldoni 1 27.
  „   „ Bayrat 1 3.
Frohberg 1 3.
Fröhlich 1 10.
Frühauf 1 1.
Fuchs 1 1.
Fuchs n. d. Frz. 1 2.
Fürbringer 1 2.

Louise von G. 2 11.
Gaßmann 2 5.
  „   n. Crémieux 1 37.
  „   „ d Frz. 1 2.
  „   „ Godefroy 1 10.
  „   „ Lefranc 1 4.
  „   „ Scribe und Melesville 1 1.
Genée 5 48.
Gerle und Uffo Horn 1 3.
Girndt 7 57.
Gnauth n. d. Frz. 1 5.

Goethe 4 28.
Golmick 3 5.
Gomansky 2 14.
Gottschall 2 3.
Görner 35 370.
„   n. d. Frz. 3 11.
„   und Löffler 1 14.
„   Paum 1 3.
Ida Görner n. d. Frz. 2 6.
Grabbe 1 1.
Grandjean 5 41.
„   n. d. Engl. 1 2.
„   n. d. Frz. 1 4.
„   nach Mad. de Girardin
Grantzow 1 1.   1 22.
Graven nach Scribe 1 36.
Gräser n. d. Engl. 1 2.
Gries nach Calderon 1 2.
Gubitz 1 4.
Günther 1 3.
Guttmann n. d. Engl. 1 11.
„   nach Bailly 1 9.
Gutzkow 7 66.

Haake 1 5.
Haber 6 30.
Hackländer 5 57.
Haffner 1 3.
Haffner nach Perinet 1 6.
Hagen 2 7.
Hahn 12 71.
Halm 4 15.
Harrys nach Bayard 1 4.
„   n. d. Frz. 1 15.
Hartmann 1 2.
Hauptner nach Dumanoir und Lafarque 1 3.
Heine 1 1.
Heine n. d. Fr. 4 44.
Heinrich n. d. Fr. 1 1.
Heiter 4 31.
Hell 1 8.
Hell nach Arago u. Vermond 1 16.
Hell n. d. Fr. 4 33.
Hell nach Scribe 2 21.
Helm nach Labiche u. Martin 1 4.
Helm n. Thies u. Germain 1 5.
Helmerding 1 2.
Helmerding n. d. Fr. 1 2.

Henrich 1 13.
Henrion 2 5.
Heusler 2 17.
Hentschel 1 1.
Herbst n. Labiche u. Jolly 1 8.
Herclots 1 1.
B. A. Herrmann 2 2.
„   n. Bayard 1 2.
„   „ Brisebarre 1 6.
„   „ Clairville u. Dainarin 1 2.
„   „ d. Dän. 1 20.
„   „ Decomberousse 1 1
„   „ Deligny 1 8.
„   „ Desnoyer 1 2.
„   „ Dumas 1 8.
„   „ Duvert 1 2.
„   „ Dyprenty und Siraudin 1 2.
„   „ D'Ennery u. Mallian 1 28.
„   „ d. Fr. 11 55.
„   „ Gautier 1 1.
„   „ Mad. de Girardin 1 27.
„   „ Gozlan 1 1.
„   „ Jünger 1 4.
„   „ Labiche 1 1.
„   „ Léon und Lubize 1 12.
„   „ Scribe 2 5.
„   „ Scribe u. Varner 1 5.
„   „ Souvestre 2 7.
S. Herrmann 1 10.
Th. G. Herrmann 1 5.
„   n. d. Fr. 1 1.
„   n. Scribe 1 19.
W. Herrmann 1 1.
„   n. d. Engl. 1 1.
„   n. d. Frz. 1 4.
Hersch 1 42.
Herzenskron 1 1.
Hesse 2 29.
Heymann n. d. Frz. 2 28.
Hexje 1 11.
Hildebrandt 1 2.
„   n. d. Frz. 1 7.
Hillern 1 12.

Hilll n. d. Fr. 3   27.
Hirsch 1   3.
„   n. d. Fr. 1   10.
Hoguet 1   1.
Holbein 4   18.
„   n. Dumas 1   10.
„   „ d. Fr. 1   4.
„   „ Molière 1   1.
„   „ Schröder 1   12.
„   „ Shakespeare 1   10.
Hollpein 1   6.
Holtei 5   33.
„   n. d. Frz. 1   16.
„   Shakespeare 2   39.
Hopf 1   3.
Fr. Hopp 5   31.
Julius Hopp 1   8.
Horn 4   18.
Hult 1   5.

Jacobson 11   96.
Jacobson und Hahn 1   7.
Jeitteles 1   6.
Jerrmann 1   4.
Iffland 8   50.
Immermann 1   10.
Jonas 1   5.
Juin 2   5.
Julius 1   3.
„   n. Mad. Ancelot 1   2.
„   „ Dumas 1   1.
„   „ d. Fr. 1   2.
Jünger 1   1.

Kaiser 24   222.
„   n. Scribe 1   2.
Kalisch 10   253.
„   n. Bäuerle 1   2.
„   „ Berla 1   44.
„   „ Choler 1   17.
„   „ d. Fr. 1   11.
„   und Pohl 1   34.
„   n. Savetier 1   37.
„   „ Barin 1   11.
„   und Weirauch 2   56.
Kayser und Lindener 1   2.
Kern 1   2.
Kessel 1   2.
Kettel 1   28.
„   n. d. Fr. 2   6.

Kettel nach O'Keefe 1   13
„   Barin 1   19.
Kläger 3   14.
Klein 1   3.
Kleist 2   4.
Klesheim 1   1.
Kneiff 1   1.
Kneisel 1   1.
Koller 1   5.
Koch 2   4.
Koch nach Bayard 1   15.
Kotzebue 20   119.
Kotzebue nach Bouilly 2   18.
Wolfgang Müller von Königswinter 2   17.
Körner 3   7.
Krickeberg nach Scribe und Melesville 1   1.
Krüger 20   143.
Kupelwieser nach Bayard und Dumanoir 1   1.
Kurländer 1   3.
„   n. Collin d'Harville 1   1.
Kurt n. d. Dän. 1   1.
Lambert nach Calderon 1   5.
„   n. d. Frz. 2   4.
Lamberti n. d. Frz. 1   1.
Lange 2   8.
„   und Kalisch 1   38.
„   „ Pohl 1   19.
Langer und Salingré 1   7.
A. Langer 1   4.
Laster 1   2.
Laube 5   98.
„   nach Augier 1   16.
„   n. d. Fr. 2   18.
Lebrun 3   23.
„   n. Arnold u. Fournier 1   1.
„   „ D'Epagnay und Dupin 1   6.
„   „ d. Fr. 3   9.
„   „ Jünger u. Marinaux 1   5.
Lederer 4   39
Lehmann 4   16.
Lehnard n. d. Fr. 1   3.
Lehwald n. d. Fr. 1   2.
Lembert 1   1.
Lenz 1   33.
Lenz n. d. Frz. 1   12.

Leo nach Herz 1 12.
Leopoldus 1 1.
Lessing 1 30.
Levasseur 1 5.
Lewald und Scribe 2 4.
Lichtenstein n. d. Fr. 1 7.
Lorm 1 3.
Lortzing 2 4.
Lotz 1 22.
Löffler und Belly 1 2.
„   „   Hopf 1 4.
Ludwig 1 1.
Lustig 3 7.
Lyncker n. d. Frz. 1 10.

Malß 3 5.
Malten nach Morinaux 1 5.
Maltitz 3 32.
J. E. Mand 1 5.
Marr 1 1.
„ n. d. Frz. 2 4.
„ nach Scribe 1 16.
Marsano 1 11.
Mautner 3 9.
May 1 2.
Mecklenburg n. d. Frz. 1 1.
Meidel 1 1.
Meißner nach Masson 2 6.
Meixner n. Bayard u. Laya 1 1.
Mendelssohn 5 25.
Merzer n. d. Fr. 2 9.
A. Meyer 1 1.
L. Meyer 1 10.
„ n. Dumanoir 1 1.
„ „ D'Ennery und Mallian 1 7.
„ „ Foucher 1 1.
„ „ d. Fr. 1 9.
„ „ Sheridan 1 7.
Mikolasch 1 2.
Mitsch nach Goldoni 1 3.
Müller 1 1.
Mirani 1 3.
Moltke n. d. Fr. 1 1.
Morländer 2 34.
Mosel nach Delavigne 1 1.
Mosenthal 4 38.
G. v. Moser 10 85.
G. v. Moser n. d. Frz. 1 22.

G. v. Moser und Kalisch 1 15.
J. B. Moser 1 1.
Mügge 1 2.
Mühlbach 1 5.
Mühler n. d. Fr. 1 2.
Arthur Müller 3 13.
Hugo Müller 4 27.
J. Müller 1 2.
G. Müller nach Scribe 1 2.
Müllner 1 14.

Nesmüller 1 14.
Nestroy 12 156.
„ n. Bayard 1 1.
„ „ Holten 1 8.
Neumann nach Augier 1 6.
„ n. d. Frz. 5 22.
„ „ Meilhac u. Halévy 1 3
„ „ Sardou 1 7.
Niebauer 1 6.
Niemann-Seebach n. d. Frz. 1 1.

Olfers n. d. Fr. 1 7.
Oßmann 1 3.
Oswald 2 4.

A. P. 1 24.
G. v. P. 1 3.
Paunasch 1 3.
Paul 2 6.
Pauly 1 5.
Perrot 1 5.
Pillnitz n. d. Frz. 1 2.
Plötz 1 15.
„ n. d. Frz. 1 1.
Pohl 12 178.
Pohl und Berg 1 4.
Pohl nach Goethe 1 24.
Prechtler 1 2.
Preuße nach Mazères 1 1.
„ „ Melesville 1 5.
Prix nach Dumanoir 1 4.
Prix nach Ponsard 1 1.
Putlitz 17 223.
„ und Alexix 1 1.

Quanter nach Shakespeare 1 1.

Raeder 5 122.

f

Raeder n. d. Frz. 2 9.
„ „ Stegmeyer 1 8.
„ „ und Wulfes 1 2.
Raimund 3 40.
Raupach 10 59.
Redwitz 1 5.
Anton Reichenbach 2 14.
Moritz Reichenbach 2 16.
Ring 2 8.
Ring nach Dumas Sohn 1 16.
A. Robert 1 2.
Roger n. d. Frz. 1 9.
Romberg n. d. Fr. 1 5.
Rosen 7 20.
Rost 1 2.
Rudolf 1 2.

Walter von S. 1 1.
Salingré 17 117.
„ n. d. Frz. 1 4.
„ u. Haffner 1 7.
Sangalli 3 9.
Saphir 3 6.
Schalk 1 1.
Schall 1 10.
Scharffenstein 1 3.
Scherzer n. d. Frz. 1 1.
Schich 3 18.
Schiller 3 10.
Schlegel nach Shakespeare 1 11.
Schleich 3 8.
Schlesinger 12 57.
Schlivan nach Berton 1 2.
„ n. d. Fr. 1 4.
„ „ Herz 1 3.
„ „ Scribe 1 7.
Schloenbach 1 3.
F. L. Schmidt 1 4.
Schneider 7 243.
„ n. d. Frz. 2 9.
„ „ Kotzebue 1 6.
„ „ Melesville und Dubeytier 1 7.
„ „ Scribe und Sauvage 1 23.
„ „ Voß 1 1.
„ und Wollheim 1 28.
Scholz 1 9.
Schönberg 1 2.

Schramm nach Shakespeare und Tieck 1 1.
Schreiber 5 43.
Schröder 2 9.
„ n. Beaumont u. Fletscher 1 9.
„ „ Miß Lee 1 1.
Schubar 3 4.
Schufelka n. d. Frz. 3 11.
Schuster nach Dumas 1 6.
Schüding und Moser 1 3.
Schütze 1 5
Seidl 2 48.
Seymour 1 1.
Smidt 2 8.
„ nach Pyat 1 11.
Sommerfeld n. d. Frz. 1 1.
Starke 7 89.
„ n. d. Frz. 1 9.
„ „ Kotzebue 1 4.
Steigentesch 1 1.
Stein n. d. Frz. 1 1.
Sternberg 1 4.
Stettenheim 2 9.
Stolz 1 2.
Stotz n. d. Frz. 2 5.

Tenelli n. Augier u. Sandeau 1 3.
„ „ Dupaty 1 2.
„ „ d. Frz. 2 54.
„ „ Scribe 1 47.
Tescher 2 3.
Tetzlaff 1 3.
„ nach Sardou 1 5.
Thiele n. d. Frz. 1 9.
Thiele und A. Meyer 1 1.
Adalbert vom Thale 1 20.
Tiedemann 1 1.
Tietz 2 5.
„ n. Dumas 1 5.
„ „ Dupaty 1 2.
„ „ d. Frz. 2 5.
„ „ Friederici 1 1.
„ „ Kotzebue 1 2.
Toepfer 18 241.
„ n. d. Engl. 1 12.
„ „ Planché 1 3.
Told 1 7.
Trauen 2 7.

Trautmann 8 46.
Treitschle nach Holberg 1 21.
Treumann n. d. Frz. 2 6.
Treumund 1 1.
Turteltaub 1 4.

Vogel 3 9.
Volgemann 4 15.
Volkmann 1 1.
Voß 1 1.

Wachenhusen 4 7.
„ n. Holberg 1 1.
„ „ Oberskow 1 3.
Wages n d. Fr. 1 2.
Waldherr 1 4.
Wall 1 1.
Waller n. d. Frz. 1 3.
Walther 1 1.
Wandrow 1 4.
Wangenheim 1 2.
Warburg 1 1.
Wegener 1 2.
Wehl 6 43.
Wehl n. d. Engl. 1 16.
Wehl und Horn 1 5.
Weidner nach P. A. Wolff 1 9.
J. Weien 1 4.
Weihe 1 4.
Weiland n. d. Fr. 1 4.
Weirauch 6 122.
Weirauch und Wachenhusen 1 14.

Weiße 1 1.
Weißenthurn 6 44.
Werner 2 10.
„ nach Dugard 1 3.
„ u. Starke n. d. Fr. 1 24.
„ nach Barin 1 2.
West 1 5.
West nach Calderon 1 1.
West nach Moreto 1 23.
Wichert 1 2.
Wilhelmi 7 54.
Wilken 3 14.
Willibald n. d. Fr. 1 20.
Winter nach Augier 3 9.
„ u. Cormon u. Grangé 1 10.
„ „ d. Fr. 1 8.
„ „ Sardou 1 12.
Winterfeld 1 10.
„ n. d. Frz. 3 27.
Wollheim 8 94.
Woltereck 1 5.
Worttil 1 2.

X. Y. Z. 1 1.

Jedlitz 1 1.
Zehden n. Grangé u. Thiboust 1 5.
Zierrath n. d. Fr. 1 21.
Zscholle 1 2.
„ nach Molière 1 2.
Zwengiahn 1 8.

V.

Historischer Kalender.

1843.

Novbr. 9. Eröffnung des Theaters. Erste Vorstellung. Prolog: Alt und Neu. Der Freundschaftsdienst. Köck und Guste.
„ 11. Erstes Auftreten der Mad. Hübsch (Petzold) als Frau v. Lobel in „Zurücksetzung".
Decbr. 21. Erste Aufführung von „Mariette und Jeanetton".

1844.

Januar 6. Herr Wallner vom Josephstädtischen Theater in Wien eröffnet sein Gastspiel als Windmüller in „Der Vater der Debütantin".
Febr. 15. Zum 1. Male: „Muttersegen".
März 16. Mad. Schreiber-St. Georges eröffnet ihr Gastspiel als Bicomte von Lótorières.
„ 22. Räder's erste Gastrolle als Andreas Pimpernuß.
„ 28. Erste Aufführung von „Der Weltumsegler wider Willen".
April 10. Herr v. Lehmann gastirt als Hypolyte Hyper in „Der Enthusiast".
„ 11. Herr Edmüller vom Stadttheater in Altona gastirt als Jeremias Klagejanst.
Mai 2. Dem. Scheurich tritt als Mad. Kißner zum ersten Male nach ihrer Verheirathung auf als Salame im „Talisman".
„ 3. Erstes Gastspiel des Herrn Hassel vom Stadttheater zu Frankfurt am Main als Mr. Pudding in „Die Benefizvorstellung".
Juni 4. Erste Gastrolle der Mad. Peroni-Glaßbrenner: Margarethe Western.
Juli 2. Erste Vorstellung Bosco's. Wilhelm Kläger vom Hoftheater zu Cassel gastirt als Robert in „Die Leibrente".
„ 13. Erstes Gastspiel des Herrn Gomansky als Carl von Ruf in „Die Schachmaschine".
„ 24. Erste Gastrolle des Frl. Höfer aus Pesth und des Herrn Wollrabe aus Leipzig: Louis und General Morin.

August 10. Erste Gastrolle des Frl. Heigel (spätere Kupfer-Gomansky) aus Cöln als Marie in „Zurücksetzung".
„ 13. Erste Gastrolle des Herrn Kunst: General Morin.
„ 16. „ „ „ Feltscher: Julius in „Hedwig".
„ 24. Herr Kunst als Otto von Wittelsbach.
„ 30. Erstes Gastspiel des Herrn Scholz als Augustin in „Die Entführung vom Maskenball".
Sept. 21. Erste Vorstellung der französischen Gesellschaft Delcour aus Berlin.
October 1. Herr Gomansky und Frl. Heigel treten als Ernst Hellwald und Ernestine in „Von Sieben die Häßlichste" in's Engagement.
„ 3. Frl. Julie Herrmann tritt als Margarethe Western und Guste in „Köck und Guste" wieder in's Engagement.
„ 17. Erste Aufführung von „Die weibliche Schildwache".
„ 18. Zum 1. Male: „Zopf und Schwert".
„ 21. Erstes Gastspiel des Herrn Gern als Schelle in „Die Schleichhändler".
Novbr. 3. Feier von Schröder's hundertjährigem Geburtsfeste. Scenischer Prolog von Bärmann und Schröder's „Portrait der Mutter".
„ 9. Erste Aufführung von „Er muß auf's Land".
„ 23. „ „ „ „Stadt und Land".
„ 29. „ „ „ „Michel Perin".
Decbr. 20. „ „ „ „Graf Irun".
„ 28. „ „ „ „Artesische Brunnen".

1845.

Januar 9. Erste Gastrolle des Herrn Schirmer aus Schwerin als Karl XII. auf Rügen. (Zum 1. Male.)
„ 23. Zum 1. Male „Pfeffer-Rösel".
Febr. 13. Zum 1. Male „Die weiblichen Drillinge".
April 11. Erstes Gastspiel des Herrn Hendrichs als Dr. Robin (neu) und Cäsar in „Der Freimaurer".
„ 13. Zum 1. Male „Werner", Präsident Herr Hendrichs.
„ 15. „ 1. „ „Der Sohn der Wildniß", Ingomar Herr Hendrichs.
„ 16. „ 1. „ „Doctor und Friseur".
„ 20. „ 1. „ „Dornen und Lorbeeren", Rolla: Herr Hendrichs.
„ 24. „ 1. „ „Canova's Jugendliebe", Canova: Herr Hendrichs.
Mai 5. Erstes Gastspiel des Herrn L. Schneider als Flott und Mauser in „Drei Frauen und keine".
„ 16. Zum 1. Male „Kurmärker und Picarde", Schulze: Herr Schneider.
„ 27. Erstes Gastspiel des Herrn Peters von Schwerin: Purzel.
Juni 7. „ „ „ „ Franz: Faugére.

Juni 8. Erste Gastrolle des Fräul. Charlotte Hagn als Margarethe Wester und Julie in „Die Schwäbin".
 „ 10. „ „ des Herrn Baumeister: Baron Ellernbrum.
 „ 16. Herr Carl Müller von Schwerin debütirt als Lieutenant Born in „Das Tagebuch".
Juli 1. Erstes Gastspiel des Herrn Jenke von Oldenburg: Elias Krumm und Meister Stenks in „Der Sänger und der Schneider".
 „ 2. Erstes Gastspiel des Herrn Carl La Roche: Capitain Cobridge und Lorenz Kindlein.
 „ 6. Herr La Roche: Vater in „Die beiden Klingsberge".
 „ 11. Erstes Gastspiel des Frl. Miller von Petersburg: Capitän Charlotte (neu).
 „ 13. Zum 1. Male „Der reiche Mann". Herr La Roche; Commerzienrath Glittern.
 „ 19. Zum 1. Male „Der Kaufmann von Venedig".
 „ 23. Erste Vorstellung der englischen Direction Davenport, actress Miss Davenport.
 „ 25. Erstes Gastspiel der Mad. Günther-Bachmann von Leipzig in „Der Vicomte von Létorières".
 „ 29. Zum 1. Male „Marie die Regimentstochter". Frau Günther-Bachmann: Marie. Herr Günther von Riga: Sergeant Trouillon.
August 8. Frl. Höfer tritt als Schwäbin ins Engagement. Erstes Gastspiel der Herren Scholz und Groiß in „Der Zigeuner".
 „ 13. Zum 1. Male „'s letzte Fensterln".
Sept. 7. Herr Ludwig Meyer von Riga debütirt als Zolky und Füsterleis.
 „ 26. Zum 1. Male „Minna von Barnhelm".
Octbr. 1. „ 1. „ „Die Gefangenen der Czarin".
 „ 8. „ 1. „ „Der erste Waffengang".
 „ 23. „ 1. „ „Müller und Miller".
 „ 27. „ 1. „ „Wer ist mit?"
Novbr. 8. Erste Vorstellung von Lehmann's Gesellschaft.]
 „ 15. Zum 1. Male „Jocko, der brasilianische Affe".
Decbr. 5. Zum 50. Male „Der fliegende Holländer".
 „ 22. Herr Strampfer debütirt als Hans Sachs.

1846.

Januar 1. Zum 1. Male „Ein Weib aus dem Volke".
 „ 6. Hochzeitstag von Herrn Gomansky und Frl. Heigel.
 „ 7. Frl. Heigel zum 1. Male als Frau Gomansky auf dem Theaterzettel.
Febr. 28. Zum 1. Male „Die Töchter Lucifers".
April 4. Herrn Gruners Abschiedsrollen als Essighändler, Scene aus „Nathan" und Declamation der Glocke.

April 12. Zum 1. Male, Gastspiel des Herrn Emil Devrient in „Die Memoiren des Teufels" als Robert.
„ 13. Zum 1. Male „Das Glas Wasser". Bolingbroke: Herr Devrient.
„ 17. „ „ „ „Mutter und Sohn". Bruno: Herr Devrient.
„ 20. „ „ „ „Lorbeerbaum und Bettelstab". Heinrich: Herr Devrient.
„ 25. Erstes Gastspiel des Komikers Lang als Valentin in „Der Verschwender".
„ 26. Zum 1. Male „Der Majoratserbe". Paul: Herr Emil Devrient.
„ 28. „ „ „ „Der verwunschene Prinz". Wilhelm: Hr. Lang.
Mai 1. „ „ „ „Sie ist wahnsinnig". Harleigh: Herr Devrient.
„ 4. „ „ „ „Nach Sonnenuntergang". Abendstern: Hr. Devrient.
„ 21. Erstes Gastspiel des Herrn Gasprini und Dem. Polin.
Juni 2. „ „ der Dem. Baumeister von Hannover. als Franziska in „Mutter und Sohn".
Juli 13. Herr La Roche gastirt als Oberförster.
„ 15. Zum 1. Male „Die Royalisten". Cromwell: Herr La Roche.
„ 20. Erste Aufführung des Benedix'schen Schauspieles „Der alte Magister".
„ 27. „ „ des Deinhardstein'schen Schauspieles „Zwei Tage aus dem Leben eines Fürsten".
August 4. Herr und Madame Grobecker beginnen ihr Gastspiel als Purzel und Ludwig in „Der Weltumsegler wider Willen".
„ 5. Dem. Damböck vom Hoftheater zu Hannover beginnt ihr Gastspiel als Marie in „Muttersegen".
„ 16. Mad. Peroni-Glasbrenner gastirt als Lucie in „Das Tagebuch" und als Capricciosa.
„ 23. Erste Aufführung des Schauspieles „Das goldene Kreuz".
Oct. 2. Herr Landt tritt als Biberstein in „Ich bleibe ledig" und als Purzel in „Rock und Guste" ins Engagement.
„ 11. Erste Aufführung des Benedix'schen Lustspieles „Der Vetter".
„ 19. Gern gastirt als Matz in „Das Intermezzo" und als Lina in „Ein Stündchen vor dem Potsdamer Thor".
Nov. 2. Fünfzigste Aufführung der Zauberposse „Die Töchter Lucifers".
„ 3. Erste Aufführung des Raupach'schen Lustspieles „Der Zeitgeist".
„ 21. „ „ der Posse „Ein Stündchen in der Schule".
Dec. 9. Fünfzigste Aufführung des Baudevilles „Mariette u. Jeanette".
„ 27. Erste Aufführung des Drama's „Der Graf von Monte-Christo".

1847.

Januar 2. Erste Aufführung der Wollheim'schen Zauberposse „Meisels Wanderungen".

Febr. 13. Erstes Auftreten Bogumil Dawisons als Zolky und Hans Jürge.

März 18. Erste Aufführung des Shakespeare'schen Lustspieles „Die lustigen Weiber von Windsor".

„ 24. Erste Aufführung des Berger'schen Lustspieles „Jean Bart am Hofe".

April 4. Räder gastirt als Punzel in „Der Weltumsegler wider Willen".

„ 16. Erste Aufführung Dumas'schen Schauspieles „Kean".

Mai 9. Erste Gastrolle Marr's: Lamoignon in „Das Urbild des Tartüffe". (Erste Aufführung.)

„ 16. Erste Aufführung des Laube'schen Schauspieles „Rokoko".

„ 23. „ „ von Molière's „Tartüffe".

Juni 2. „ „ des Freytag'schen Schauspieles „Die Valentine".

„ 7. Mad. Peroni-Glasbrenner gastirt als Marie in „Ein Weib aus dem Volke".

„ 8. Mad. Hübsch tritt nach ihrer zweiten Heirath zuerst unter dem Namen Madame Petzold in Gomansky's Schauspiel „Georgine Sandmann" auf.

„ 19. Mad. Haizinger-Neumann und Dem. Louise Neumann vom Hofburgtheater beginnen ihr Gastspiel in „Die Frau im Hause" und in „Die junge Pathe".

Juli 3. Herr Feltscher debütirt als Hofrath in „Tante u. Nichte"; 50. Aufführung der Posse „Ein Stündchen in der Schule".

„ 4. Herr Wilhelmi beginnt sein Gastspiel als Kaufmann Busch in „Das Räuschchen".

„ 31. Herr Carl La Roche tritt auf als alter Magister.

August 7. Nestroy als Gast in der Rolle des Schnüffler in „Das Mädchen aus der Vorstadt".

„ 27. Die Komiker Scholz und Grois gastiren in „Stadt und Land."

Sept. 16. Erstes Auftreten des Herrn Bachmann als Freiherr von Emmerling in „Die gefährliche Tante".

„ 19. Erste Aufführung des Phat'schen Drama's „Der Lumpensammler von Paris".

Oct. 10. „ „ des Drama's „Die Tochter des Gefangenen".

Nov. 11. „ „ des Laube'schen Schauspieles „Die Karlsschüler".

Dec. 4. „ „ des Töpfer'schen Schauspieles „Böttcher der Goldmacher".

„ 19. „ „ des L. Meyer'schen Drama's „Martin der Findling".

1848.

Jan. 16. Erste Aufführung des Rost'schen Schauspieles „Landgraf Friedrich mit der gebissenen Wange"
Febr. 10. „ „ der Kalisch'schen Posse „Einmalhunderttausend Thaler.
„ 17. „ „ des Schloenbach'schen Drama's „Gustav III"
„ 28. „ „ des Albini'schen Lustspieles „Kunst und Natur".
März 19. „ „ des Birch-Pfeiffer'schen Schauspieles „Dorf und Stadt".
April 1. „ „ des Birch-Pfeiffer'schen Schauspieles „Rubens in Madrid".
„ 13. „ „ des Schauspieles „Der Landwirth".
„ 23. Herr Hermann Hendrichs gastirt als Ingomar.
„ 30. Erste Aufführung des Birch-Pfeiffer'schen Schauspieles „Die Marquise von Villette".
Mai 7. „ „ des Moreto'schen Lustspieles „Donna Diana".
„ 13. „ „ des Birch-Pfeiffer'schen Schauspieles „Eine Familie".
(Charlotte Birch-Pfeiffer als Mad. Brunn als erste Gastrolle.)
„ 20. Erste Aufführung des Birch-Pfeiffer'schen Schauspieles „Der Pfarrherr.
Juni 7. Herr Louis Schneider gastirt als Fritz Flott und als Kapellmeister von Venedig.
Juli 4. Herr Carl La Roche beginnt sein Gastspiel als alter Magister.
„ 11. Frl. Louise von Hagn gastirt als Adolfine in „List und Phlegma".
August 13. Herr Dolt vom ständischen Theater zu Prag beginnt sein Gastspiel als Lorenz Wind in „Sie ist verheirathet".
„ 15. Herr und Mad. Schütz vom Hoftheater zu Braunschweig beginnen ihr Gastspiel als Herzog Karl und Gräfin Franziska in „Die Karlsschüler".
„ 20. Erste Aufführung von „Vor hundert Jahren".
„ 26. Director Carl gastirt als Rosambeau in „Die Figurantin".
„ 31. Herr Brüning gastirt als Richard Wanderer.
Sept. 5. Herr Marr gastirt als Lamoignon in „Das Urbild des Tartüffe".
„ 14. Erste Aufführung des Scribe'schen Lustspieles „Minister und Seidenhändler".
„ 23. Dem. Gerber gastirt als Emilie in „Emiliens Herzklopfen" und als Marie in „Der Kurmärker und die Picarde".
Oct. 4. Herr Danielsonn debütirt als Alsdorf in „Das bemooste Haupt".
„ 13. Dramatische Vorlesung des Herrn Carl von Holtei.

Oct.	17.	Herr Nesmüller gastirt als Jean in „Die schöne Müllerin" und als Lorenz in „Zwei Herren und ein Diener".
„	28.	Erste Gastrolle des Herrn de Marchion als Hans in „Die Rückkehr in's Dörfchen".
„	31.	Erste Aufführung des Putlitz'schen Lustspieles „Badekuren".
Nov.	1.	„	„ von „Farinelli".
„	7.	„	„ des Gutzkow'schen Schauspieles „Ottfried".
„	16.	„	„ des Töpfer'schen Lustspieles „Volk und Soldat".
„	26.	„	„ des Putlitz'schen Lustspiels „Familienzwist und Frieden".
„	24.	Herr Friedrich Gomansky tritt als Rudolf in „Der Weg durch's Fenster" zum letzten Male vor seiner letzten Krankheit auf.
„	30.	Erste Aufführung des Elmar'schen Lebensbildes „Unter der Erde".
Dec.	14.	„	„ von „Der Spielzeugverkäufer".
„	17.	„	„ des Singspieles „Die Kunst, geliebt zu werden".
„	29.	„	„ des Elmar'schen Lebensbildes „Städtische Krankheit und ländliche Kur".

1849.

Jan.	1.	Erste Aufführung von „Hamburg". (Vaterstädtische Bilder aus der Chronik.)
„	12.	Herr Hendrichs gastirt als Reinhard in „Dorf u. Stadt".
„	18.	Erste Aufführung des Birch-Pfeiffer'schen Lustspieles „Anna von Oesterreich".
„	30.	Hundertste Aufführung der Posse „Ein Stündchen in der Schule".
Febr.	1.	Erste Aufführung des ersten Theiles von „Das Donauweibchen.
„	3.	„ „ des Drama's „Frauenehre".
März	4.	Frl. Therese Herrmann gastirt als Louise v. Schlingen in „Wiener in Berlin" und als Marie in „Der Kurmärker und die Pikarde".
„	8.	Erste Aufführung vom 2. Theil des „Donauweibchens".
„	15.	„ „ des Gottschall'schen Drama's „Die Marseillaise".
„	18.	„ „ des Shakespeare'schen Lustspiels „Die Komödie der Irrungen".
„	29.	„ „ des Holtei'schen Schauspieles „Zum grünen Baum".
April	1.	Vereinigung des Stadt- und Thalia-Theaters. Erste Vorstellung des Thalia-Theaters: „Zum grünen Baum" und „Der Polenfeind".
„	12.	Erste Aufführung des Singspieles „Die Schwestern von Prag".

April 14. Erster Gesangsvortrag des Herrn Theodor Wachtel und des Herrn Scharff: Duett aus „Der Barbier v. Sevilla".
„ 22. Erste Aufführung des Vaudevills „Fanchon, das Leiermädchen".
„ 26. „ „ des Töpfer'schen Lustspieles „Rosenmüller und Finke".
Mai 2. Erstes Auftreten des Herrn Klischnigg als Affe Mamock in „Der Affe und der Bräutigam".
„ 5. Erste Aufführung von Halms „Griseldis".
„ 8. „ Gastrolle des Herrn Moritz Rott als Danville in „Die Schule der Alten".
Juni 5. Herr Döring gastirt als Banquier Müller in „Das Liebesprotokoll" (Novität) und als Commissionsrath Frosch in „Der Verschwiegene wider Willen".
„ 7. Erste Aufführung des Lustspieles „Die Drillinge".
„ 17. „ „ „ „ „Die unterbrochene Whistpartie".
„ 28. Erste Gastrolle des Herrn Ludwig Dessoir als Bolingbroke in „Das Glas Wasser."
Juli 4. Dem. Louise Neumann gastirt als Lorle in „Dorf und Stadt".
„ 7. Erste Aufführung des Birch-Pfeiffer'schen Schauspieles „Im Walde".
„ 18. „ „ des Shakespeare'schen Lustspieles „Viel Lärm um Nichts".
„ 21. „ Gastrolle des Herrn Alexander Kökert als Richard Wanderer.
„ 30. Dir. Carl gastirt als Staberl.
„ 31. Dem. Fanny Elsler gastirt als Helva.
Aug. 18. Herr Scholz und Grois gastiren in „Stadt und Land".
„ 20. Erste Gastrolle des Herrn Grabowsky: Baron Ringelstern.
Sept. 2. Erste Aufführung von Thalbein's „Pantoffel und Degen".
„ 3. Dem. Viereck gastirt als Anna von Oestereich; in demselben Stücke tritt Herr Hungar als Cardinal Richelieu zum ersten Male im Thalia-Theater auf.
„ 4. Erste Gastrolle des Herrn Emil Bürde: Rolla in „Dornen und Lorbeer".
„ 23. Erste Aufführung des Raimund'schen Zauberspieles „Der Alpenkönig und der Menschenfeind".
„ 28. Letztes Auftreten des Herrn Bogumil Dawison als Rouget de L'Isle in „Die Marseillaise", Bonjour in „Wiener in Paris" und Zawisga in „Das Fenster im ersten Stock".
Oct. 15. Erste Aufführung des Nesmüller'schen Liederspieles „Die Zillerthaler".
„ 24. Erste Gastrolle des Directors Herrn Pichler vom Hoftheater zu Detmold.
„ 25. Erstes Auftreten des Frl. Fuhr: Lorle in „Dorf u. Stadt".
„ 29. 1. Aufführung d. Wollheim'schen Zauberp. „Rosen im Norden".

Nov. 20. Erste Aufführung von „Ein weißer Othello".
Dec. 15.   „   „   der Kalisch'schen Posse „Berlin bei Nacht".
 „   25.   „   „   der Oper „Marie, die Tochter des Regiments" und des Benedix'schen Lustspieles „Die Hochzeitsreise".

1850.

Jan. 6. Erste Aufführung der Kaiser'schen Posse „Mönch u. Soldat".
 „   26.   „   „   des Laube'schen Lustspieles „Gottsched und Gellert".
Febr. 2.   „   „   der Kaiser'schen Posse „Eine Posse als Medicin".
 „   3.   „   „   des Laube'schen Schauspieles „Prinz Friedrich".
 „   9.   „   „   der Oper „Der Postillon v. Lonjumeau".
 „   21.   „   „   des Birch-Pfeiffer'schen Schauspieles „Die Rose von Avignon".
 „   22. Erster Maskenball.
 „   28. Erste Aufführung der Oper „Die vier Haimonskinder".
März 14.   „   „   von Gutzkow's „Liesli".
 „   —.   „   „   des Benedix'schen Schauspieles „Der Kaufmann".
 „   24.   „   „   der Zauberposse „Der Zauberschleier".
April 14. „   „   des Raupach'schen Schauspieles „Die Geschwister".
 „   24. Herr Emil Devrient gastirt als Bolingbroke in „Das Glas Wasser".
 „   25. Erste Aufführung der Oper „Der Wildschütz".
Mai 14.   „   „   der Deinhardstein'schen Bearbeitung von Shakespeare's „Die Widerspenstige".
 „   27.   „   „   der Kleist'schen Schauspieles „Das Käthchen von Heilbronn". (Käthchen: Dem. Biletta.)
Juli 2.   „   „   des Kleist'schen Lustspieles „Der zerbrochene Krug". (Adam: Herr Carl La Roche.)
 „   6. Mad. Haizinger-Neumann und Dem. Louise Neumann beginnen ihr Gastspiel als Bärbel und Lorle in „Dorf und Stadt".
 „   14. Erste Aufführung des Sheridan'schen Lustspieles „Die Lästerschule".
 „   17. Erste Gastrolle der Dem. Mathilde Wildauer: Rosel in „'s letzte Fensterle".
 „   21. Erste Aufführung des Goethe'schen Schauspieles „Die Geschwister".
 „   31. Erstes Auftreten des Admirals Tom Pouce.
August 8. Erste Gastrolle der Dem. Rachel: Camille in „Les Horaces".
 „   25. Erste Aufführung des Bauernfeld'schen Schauspieles „Ein deutscher Krieger".

Sept. 17. Herr Bachmann tritt als Brummer in „Familienzwist und Frieden" in's Engagement.
" 22. Erste Aufführung des Müller'schen Lustspieles „Die Vertrauten".
Oct. 2. Letztes Auftreten des Herrn Birkbaum in „Um sieben Uhr"; in „Secretär und Koch" und in „Schreckwirkungen".
" 3. Erstes Auftreten des Herrn Caspar: Pfeiffer, Fritz Flott und Peter Lütje.
" 4. Letztes Auftreten der Mad. Gomansky: Marie-Anne.
" 6. Erste Aufführung des Benedix'schen Lustspieles „Die Eifersüchtigen".
" 11. Herr und Mad. Stotz gastiren zuerst als Stuhlmüller und Wilhelmine in „Einmalhunderttausend Thaler".
" 25. Dem. Zeller betritt als Pauline in „Versuche" zum ersten Male die Bühne.
Nov. 10. Erste Aufführung des Clauren'schen Lustspieles „Der Bräutigam aus Mexiko".
" 17. " " des Birch-Pfeiffer'schen Schauspieles „Das Forsthaus".
Dec. 8. " " des Wilhelmi'schen Lustspieles „Einer muß heirathen".
" 14. " " des Birch-Pfeiffer'schen Drama's „Der Glöckner von Notredame".
" 22. " " der Weirauch'schen Posse „Wenn Leute Geld haben".

1851.

Jan. 26. Erste Aufführung des Kotzebue'schen Lustspieles „Der Rehbock".
" 30. " " des Dramas „Bajazzo und seine Familie".
Febr. 12. " " " Birch-Pfeiffer'schen Drama's „Nacht und Morgen".
" 20. " " " Melodramas „Die Waise und der Mörder".
" 27. " " von Krügers „Rübezahl".
März 1. " " des Scribe'schen Drama's „Adrienne Lecouvreur".
" 13. " " der Starcke'schen Posse „Wenn Leute kein Geld haben".
" 27. " " des Birch-Pfeiffer'schen Schauspieles „Scheibentoni".
April 6. " " von Töpfer's Bearbeitung des Schauspieles „Gebrüder Forster".
" 10. " " des Drama's „Das Weib des Soldaten".
" 21. " " des Görner'schen Schwankes „Schwarzer Peter".
" 29. Mad. Starcke debütirt als Margarethe Western.
Mai 3. Räder gastirt als Hans Bierschrot in „Unter der Erde".

Mai 4. Erste Aufführung des Benedix'schen Lustspieles „Der Liebesbrief".
„ 19. Döring gastirt als Banquier Müller, Elias Krumm und Commissionsrath Frosch.
„ 29. Wilhelm Kunst gastirt als Otto von Wittelsbach.
Juni 1. Erste Aufführung von Goethe's „Götz von Berlichingen".
„ 8. „ „ des Kotzebue'schen Schauspieles „Die Kreuzfahrer".
Juli 1. „ „ des Wolf'schen Lustspieles „Der Kammerdiener".
„ 4 Dawison gastirt als Harleigh und Garrick.
„ 11. Scholz und Grois gastiren in „Lumpacivagabundus".
„ 12. Brüning gastirt als Hans in „Hans und Hanne" und als Baron Jakob von Ellerbrunn.
„ 26. Erste Aufführung von „Verrechnet".
„ 30. Dem. Steinau gastirt als Gretchen Lieblich in „Die Schwestern" und als Sabine in „Die Einfalt vom Lande".
August 3. Erste Aufführung des Toepfer'schen Lustspieles „Des Königs Befehl". Börner tritt in's Engagement als Kind.
„ 19. Dem. Lina Höfer gastirt als Nandl in „'s Versprechen hinterm Herd" und als Pariser Taugenichts.
„ 27. Erste Aufführung von „Ein Berliner im Schwarzwalde".
„ 29. Herr Wallner gastirt als Keck in „Doctor und Friseur". Mad. Wallner als Georges in „Der Stumme von Jegouville".
Sept. 28. Erste Aufführung des Birch-Pfeiffer'schen Schauspieles „Magdala".
Octbr. 5. „ „ „ Hackländer'schen Lustspieles „Der geheime Agent".
„ 11. „ „ „ Görner'schen Lustspieles „Des Magisters Perücke".
„ 12. „ „ „ Raimund'schen Zauberspieles „Das Mädchen aus der Feenwelt".
„ 26. „ „ „ Benedix'schen Lustspieles „Das Gefängniß".
Novbr. 4. „ „ „ Scribe'schen Lustspieles „Ein Damenkampf", und des Bockroy'schen Vaudevilles „Guten Morgen Herr Fischer!"
„ 16. „ „ „ Birch-Pfeiffer'schen Schauspieles „Ein Ring".
Decbr. 26. „ „ „ Drama's „Drei Tage aus dem Leben eines Spielers".

1852.

Januar 2. Erste Aufführung des Lustspieles „Gänschen von Buchenau".
„ 25. „ „ „ Birch-Pfeiffer'schen Schauspieles „Graf Woltron".
„ 28. „ „ von „Helene von Seiglière".

Jan.	29.	Erste Aufführung des Arresto'schen Schauspieles „Die Soldaten".
Febr.	19.	" " Schauspieles „Die schöne Klosterbäuerin".
"	29.	" " von Lederer's „Häusliche Wirren".
März	21.	" " des Drama's „Gustav Adolf's Ehrenschuld".
"	26.	" " des Krüger'schen Charakterbildes „König Wein", und des Birch-Pfeiffer'schen Drama's „Der alte Musikant".
April	1.	Auf dem Personenzettel steht zuerst statt „Madame" und „Demoiselle" die Bezeichnung „Frau" und „Fräulein".
"	18.	Erste Aufführung des Elz'schen Lustspieles „Er ist nicht eifersüchtig".
"	22.	" " des Gottschall'schen Drama's „Die Rosa vom Kaukasus".
Mai	11.	Frau Schusella-Brüning gastirt als Indienne in „Die Tanzstunde in der Dachstube"; als Emma in „Sie will sich trennen" und als Pauline in „Versuche".
"	20.	Hendrichs gastirt als Giuseppe Bamburini in „Ein alter Musikant" und als Dr. Hagen in „Das Gefängniß".
Juni	22.	Erste Aufführung des Schiller'schen Trauerspieles „Kabale und Liebe".
"	23.	Frau Elisabeth Schröder-Schmidt gastirt als Marie-Anne.
Juli	11.	Erste Aufführung von Shakespeare's „Viola (Was ihr wollt)".
"	13.	Erste Gastrolle des Herrn Wentzel als Hans Sachs.
"	19.	" " des Frl. Marie Seebach als Lorle in „Dorf und Stadt".
"	20.	" " des Frl. Janauschek als Eugenie in „Die Geschwister".
"	22.	Herr Pischek singt am Benefizabende des Herrn Wentzel „die Fahnenwacht" von Lindpaintner und „Die Heimath" von Reißiger.
Aug.	1.	Erste Aufführung des Schmidt'schen Lustspieles „Der leichtsinnige Lügner".
"	14.	Frl. Henriette Müller gastirt als Antonie in „Die Hochzeitsreise" und Marie in „Zurücksetzung".
"	17.	Herr Carl Treumann gastirt in „Rothe Haare"; in „Der preußische Landwehrmann und die französische Bäuerin"; in „Der Gang in's Irrenhaus" und in „Heymann Levy auf der Alm".
"	27.	Erste Aufführung von „Ein Filz als Prasser".
Sept.	1.	Herr Wilhelm Herrmann gastirt als Ernst Hellwald in „Von Sieben die Häßlichste".
"	2.	Weirauch gastirt als Stuhlmüller und Carmagnole.
Oct.	10.	Erste Aufführung von „Kampl".
"	21.	" " der Lustspiele „Das Lügen" u. „Englisch".
Nov.	3.	" " des Singspieles „Hans und Hanne".
"	6.	" " von „Eine Vergnügungsreise".

Nov. 14. Erste Aufführung des Wehl'schen Lustspieles „Aufgeschoben ist nicht aufgehoben".
" 27. " " von „Vetter Flausing".
Dec. 19. " " von „Des Teufels Zopf".
" 25. " " von „Nähkäthchen".

1853.

Jan. 1. Erste Aufführung von „Die Zwillinge".
" 4. " " von „Nein".
" 9. " " von „Eine Frau".
" 16. " " von „Onkel Toms Hütte".
" 20. " " des Benedix'schen Schauspiels „Mathilde".
Febr. 3. " " des Heyderich'schen Lustspieles „Prinz Lieschen".
" 12. " " von „Undine".
April 17. " " des Zschocke'schen Schauspieles „Abällino".
" 18. Frl. Boßler gastirt als Rosamunde von Kronan in „Rosenmüller und Finke".
" 24. Erste Aufführung des Kotzebue'schen Lustsp. „Pagenstreiche".
" 30. Erste Gastrollen des Frl. Chorherr: Rose in „Die weibliche Schildwache" und Nandl in „'s Versprechen hinterm Herd".
Mai 5. Erste Gastvorstellung der Sennora Pepita de Oliva.
" 16. Erste Aufführung des Lustspieles „Stille Wasser sind tief".
" 22. " " des Schauspieles „Der Mann mit der eisernen Maske".
Juni 8. " " des Birch-Pfeiffer'schen Schauspieles „Die Waise von Lowood (Rochester-Hendrichs).
Juli 3. " " des Calderon'schen Schauspieles „Das Leben ein Traum".
" 10. " " des Goethe'schen Trauerspieles „Egmont".
" 18. Herr Carl La Roche gastirt als Commerzienrath von Glittersdorf in „Der reiche Mann".
" 17. Herr Treumann als Gast.
Aug. 3. Frl. Antonie Wilhelmi gastirt als Pompadour in „Keine Jesuiten mehr".
" 11. Erste Gastrolle der Frau Frieb-Blumauer: Madame Leipziger in „Luftschlösser".
" 19. Erste Aufführung des Kotzebue'schen Schauspieles „Die Stricknadeln".
" 25. Erste Gastrolle des Herrn Ulzam: General Morin.
Sept. 19. Humoristische Vorlesung von M. G. Saphir.
" 27. Erste Gastrolle des Herrn Emil Hahn: Jobst in „Die Schule der Verliebten".
Oct. 18. Erste Aufführung des Birch-Pfeiffer'schen Schauspieles „Rosa und Röschen".
" 24. Herr Treumund gastirt als Ferdinand Raimund.
Nov. 6. Erste Aufführung von „Münchhausen".

Novbr. 20. Erste Aufführung des Krüger'schen Schauspieles „Das Mädchen vom Dorfe".
Decbr. 25. „ „ „ Schauspieles „Der alte Fritz und die Jesuiten".

1854.

März 16. Erste Aufführung des Mosenthal'schen Schauspieles „Der Sonnwendhof".
„ 30. „ „ „ Krüger'schen Schauspieles „Ein alter Seemann".
April 27. „ „ „ Birch-Pfeiffer'schen Schauspieles „Die Günstlinge".
„ 29. Letztes Auftreten des Herrn Wille: Taube in „Ein alter Seemann".
Mai 4. Räder gastirt als Hans Klotz in „Nur Wahrheit".
„ 16. Humoristische Vorlesung von M. G. Saphir.
Juni 26. Fräul. Auguste Rudloff gastirt als Monica in „Der Sonnwendhof".
Juli 2. Marr beginnt sein Gastspiel als Marquis von Seiglière.
„ 7. Erste Aufführung von Freitags „Journalisten".
„ 21. Carl La Roche gastirt als Baron Klingsberg (Vater) und Lorenz Kindlein.
„ 31. Letzte Vorstellung während der Vereinigung beider Theater: „Der Bräutigam aus Mexiko" und „Eine Nacht auf Wache".

1855.

Septbr. 1. Wiedereröffnung des Theaters; „Die Geschwister" (Goethe); „Das goldene Kreuz"; „Ein Berliner im Schwarzwalde". Debüt des Herrn Jsoard und der Damen Goßmann, Hartmann und Kratz.
„ 2. Debüt des Frl. Miller: Baronin in „Christoph und Renate"; Antoinette in „Die Dienstboten".
„ 3. „ „ Herrn Triebler: Pudel in „Ein Fuchs".
„ 11. Erste Aufführung von „Eine kleine Erzählung ohne Namen".
Octbr. 3. Frl. Doris Krempien betritt als Walpurgis in „Des Goldschmieds Töchterlein" zum ersten Male die Bühne.
„ 5. Erste Aufführung der Posse „Theatralischer Unsinn".
„ 13. Miß Lydia Thompson vom Drurylane-Theater als Gast.
Decbr. 9. Erste Aufführung des Bauernfeld'schen Lustspieles „Die Virtuosen" wie des Pohl'schen Schwankes „Der sächsische Schulmeister" und „Die Berliner Näherin".
„ 15. Erste Aufführung des Görner'schen Märchens „Schneewittchen und die Zwerge."

1856.

Jan. 17. Herr Levassor und Mademoiselle Tesseire als Gäste.
„ 20. Erste Aufführung von „Ueber's Meer".

Febr. 21. Erste Aufführung von „Die Frau Wirthin" und von „Die Zugvögel".
April 17. „ „ der Räder'schen Posse „Robert und Bertram".
„ 24. „ „ des Lustspieles „Plauderstunden".
Aug. 16. „ „ von „Ein glücklicher Familienvater".
Sept. 14. „ „ „ „Appel contra Schwiegersohn".
Octbr. 1. 25jähriges Directions-Jubiläum des Directors **Chéri Maurice**.
„ 2. Gastspiel der **Senora Pepita de Oliva**.
„ 10. Erste Aufführung von Görner's „Tantchen Unverzagt".
„ 18. „ „ „ „Tantchen Rosmarin".
„ 25. „ „ „ „Der Actienbudiker".
Nov. 21. Erste Gastrolle des Frl. Geistinger als Clementine in „Die Braut aus Pommern".
Decbr. 4. Wille gastirt als Doctor Hippe.
„ 16. Die Kinder des Herrn W. Rottmayer gastiren.
„ 23. Erste Aufführung von Anton Wall's „Die beiden Billets".
„ 25. „ „ des Birch-Pfeiffer'schen Schauspieles „Die Grille".

1857.

Jan. 22. Wille gastirt als Desperrières in „Der Vicomte von Litorières".
„ 31. Erste Aufführung von „Prinz Honigschnabel".
Febr. 12. „ „ „ „Die weiblichen Seeleute".
März 18. „ „ „ „Der Doppelgänger".
„ 24. **Dawison** beginnt sein Gastspiel als Harleigh und Bonjour.
„ 25. Erste Aufführung der Schneider'schen Bearbeitung von Kotzebue's „Die Unglücklichen".
„ 27. „ „ des Gutzkow'schen Lustspieles „Der Königslieutenant.
April 12. Frl. **Marie Seebach** als Gast.
„ 13. Erste Aufführung des Reichenbach'schen Schauspieles „Barfüßele".
„ 15. Frl. Lanner, Herr Franz Fenzl und Herr Levasseur gastiren in „Saltarello".
„ 30. Letztes Auftreten des Frl. Marie Goßmann als Julie in „Sie schreibt an sich selbst"; und als Margarethe Western.
Mai 2. Anton Ascher gastirt als Bornheim in „Er weiß nicht, was er will"; Georg Holly in „Ein Bräutigam, der seine Braut verheirathet"; Meisler in „Der dreißigste November"; Valentin Willert in „Romeo auf dem Bureau".
„ 6. Erste Aufführung von „Otto Bellmann".
„ 9. Rosa Dibbern gastirt als Wolfgang Goethe in „Der Königslieutenant".
„ 13. Letztes Auftreten des Frl. Geistinger als Chonchon.
„ 16. Erste Aufführung der Kalisch'schen Posse „Doctor Peschke".

Mai 17. Herr Marr gastirt als König in „Des Königs Befehl" und als Girolamo in „Des Malers Meisterstück".
August 3. Herr Carl Baum debütirt als Grignon und als Johann in „Ueberall Irrthum".
„ 4. Frl. Schüler debütirt als Agnes in „Gänschen von Buchenau; Herr Marr debütirt als König in „Des Königs Befehl".
„ 16. Lina Höfer gastirt als Gustchen vom Sandkrug und als Julie in „Eine Posse als Medicin".
Septbr. 7. Hendrichs gastirt als Don Cesar in „Donna Diana".
„ 8. Hungar debütirt als Biberstein in „Ich bleibe ledig".
Octbr. 1. Erste Aufführung von „Ein alter Pappenheimer".
„ 12. „ „ des Görner'schen Lustspieles „Sperling und Sperber".
„ 24. Gastspiel des Frl. Albina di Rhona.
Decbr. 13. Erste Aufführung der Posse „Etwas Kleines".
„ 25. „ „ der Krüger'schen Posse „Wurm und Würmer".

1858.

Jan. 1. Erste Aufführung von „Ein kleiner Dämon"
„ 18. Levassor als Gast.
„ 25. Erste Aufführung der Parodie „Tannhäuser".
Febr. 13. Erstes Gastspiel der drei Zwerge Jean Petit, Piccolo und Kiß Joffi.
„ 16. Erste Aufführung der F. Blum'schen Posse „Das Auffinden der Zwerge".
März 4. „ „ von „Der natürliche Sohn".
„ 19. Friedrich Devrient gastirt als Jules Franz, Garrick und Gibbon.
„ 25. Erste Aufführung der Krüger'schen Posse „Die Bummler von Hamburg".
April 7. Erstes Gastspiel der Zouaven vom Feldtheater bei Inkermann in der Krimm.
„ 26. Frl. Anna Schramm gastirt als Louis in „Der Pariser Taugenichts" und als Gretchen in „Faust und Gretchen".
Mai 1. Bogumil Dawison beginnt sein Gastspiel als Harpagon in „Der Geizige".
„ 2. Gast: Herr Sonntag: Reinhold in „Badekuren".
„ 9. Gäste: Frl. Paula Krieg und Herr A. Schultze als Biberstein und Karoline in „Ich bleibe ledig."
„ 10. Erste Aufführung von „Die weiblichen Studenten".
„ 16. „ „ des Hiller'schen Singspieles „Die Jagd".
August 1. „ von „Ein gebildeter Hausknecht". Die Damen Banini, von Petrikowska und Herr L. Schmidt debütiren als Marie, Mathilde und von Heeren in „Zurücksetzung".
„ 2. Debüt des Herrn Emil Hahn und des Frl. Paula Krieg als Baron Ringelstern und Katharina von Rosen.

Sept. 19. Erste Aufführung von Scribe's „Feenhände".
„ 23. Debüt des Herrn Anton Reichenbach als Jacojo in „Die Blutrache" und als Kapellmeister von Venedig.
Octbr. 8. Letztes Auftreten des Frl. Melchior als Adele Müller in „Die gefährliche Tante" und als Lorle.
„ 23. Erste Aufführung der Kalisch'schen Posse „Berlin, wie es weint und lacht"
„ 31. „ „ des Hersch'schen Lustspieles „Die Anna Lise".
Nov. 14. „ „ „ Müller'schen Lustspieles „Die Verschwörung der Frauen".
„ 25. Emil Devrient gastirt als Robert in „Die Memoiren des Teufels".
Decbr. 7. Erste Aufführung des Lustspieles „Cato von Eisen".

1859.

Jan. 9. Erste Aufführung von „Ein verarmter Edelmann".
Febr. 3. „ „ des Scribe'schen Lustspieles „Erzählungen der Königin von Navarra".
„ 26. Carl Wilke gastirt als Henne in „Ein Stündchen in der Schule".
März 24. Erste Aufführung von „Rochus Pumpernickel"
„ 31. „ „ „ „Die gefährlichen Frauen".
April 14. „ „ „ „Ein ungeschliffener Diamant".
„ 24. Döring beginnt sein Gastspiel als Elias Krumm und als Timotheus Bloom.
„ 29. Erste Aufführung der Lustspiele „Krisen" und „Der Copist".
Mai 5. Friederike Goßmann gastirt als Margarethe Western und als Cora in „Ueber's Meer".
„ 18. Erste Aufführung des Clauren'schen Lustspieles „Der Wollmarkt".
„ 23. „ „ von „Fata Morgana".
August 2. „ „ „ „Lüge und Wahrheit".
Sept. 15. Paula Krieg gastirt als Franziska in „Minna von Barnhelm".
Octbr. 1. 25jähriges Jubiläum des Capellmeisters Herrn Stiegmann: Jubel-Ouverture; „Die glücklichen Inseln"; großes Potpourri; „Ein Hauskreuz"; Potpourri-Ouvertüre; „Guten Morgen, Herr Fischer".
„ 16. Erste Aufführung von Ring's „Unsere Freunde".
„ 30. „ „ „ Calderon's „Dame Kobold".
Nov. 11. Schillertag: Ouvertüre zu „Egmont"; „Schiller's Flucht aus Stuttgart"; Ouvertüre zu „Wallenstein's Lager"; „Wallensteins Lager".
Dec. 18. Erste Aufführung von „Der Leiermann und sein Pflegekind".
„ 25. „ „ des Benedix'schen Lustspieles „Junker Otto".

1860.

Jan. 26. Karl Wilke gastirt als Henne.
" 30. Erste Aufführung der Kalisch'schen Posse „Einer von uns're Leut'".
Febr. 2. " " von „Die entzauberte Katze".
" 23. " " des Kläger'schen Lustspieles „Der Präsident".
März 22. " " der Pohl'schen Posse „Der Jongleur".
" 29. " " des Töpfer'schen Lustspieles „Bube und Dame".
April 8. " " des Calderon'schen Lustspieles „Das öffentliche Geheimniß".
Mai 1. " " " Hackländer'schen Lustspieles „Magnetische Kuren".
" 4. Erste Gastrolle des Herrn Jauner: Girolamo in „Des Malers Meisterstück" und Katzmeier in „Die Virtuosen".
August 2. Debüt des Frl. Berthold: Anna-Lise.
" " " Hoppé: Elise in „Das Räthsel".
" 31. Erste Aufführung des Birch-Pfeiffer'schen Lustspieles „Ein Kind des Glücks".
Sept. 3. Frl. Puls gastirt als Katharina von Rosen.
" 9. Erste Aufführung des Schlesinger'schen Lustspieles „Mit der Feder".
" 12. " " von „Orpheus in der Hölle".
Octbr. 7. " " der Lustspiele „Die Pasquillanten" und „Feuer in der Mädchenschule".
" 18. " " von „Ein verschwenderischer Vater".
" 28. " " des Berla'schen Genrebildes „Der Zigeuner".
Nov. 16. Frl. Anna Schramm gastirt als Chanchon.
" 18. Erste Aufführung des Adolphi'schen Lustspieles „Der Winkelschreiber".
Decbr. 9. " " des Lustspieles „Eine Tasse Thee".
" 15. " " der Weirauch'schen Posse „Kieselack und seine Nichte vom Ballet".
" 25. " " von „Die Tochter der Grille".

1861.

Jan. 11. Erste Aufführung von „Ich werde mir den Major einladen".
Febr. 1. " Gastrolle des Herrn Härting: Bolingbroke in „Das Glas Wasser".
März 7. Erste Schauspielvorstellung nach Erweiterung der Concession: „Die Jäger".
" 25. Erste Aufführung des Birch-Pfeiffer'schen Schauspieles „Der Goldbauer".
April 16. Dawison gastirt als Benedict in „Viel Lärm um Nichts" und als Bonjour.

Mai	4.	Herr Julius Hübner gastirt als Bolz in „Die Journalisten".
„	20.	Herr Friedrich Haase gastirt als Graf Klingsberg (Vater) und Arthur Derwood.
„	30.	Letztes Auftreten der Damen Monhaupt und Miller in „Die Grille".
„	31.	Letztes Auftreten des Herrn Hahn und des Frl. Banini in „Donna Diana".
August	2.	Antrittsrolle des Herrn Hübner: Schiller in „Die Karlsschüler".
„	4.	„ der Frau Kupfer-Gomansky: Generalin und „ des Herrn Dreßler: Brauer in „Mutter und Sohn".
„	9.	Erste Aufführung des Otto Ludwig'schen Schauspieles „Der Erbförster".
„	19.	„ Gastrolle des Frl. Charlotte Wolter: Adrienne Lecouvreur.
Sept.	4.	Debüt des Frl. Kraft: Pauline in „Versuche".
„	24.	Alexander Köfert gastirt als Moritz von Sachsen in „Adrienne Lecouvreur."
Octbr.	2.	Erste Aufführung des Shakespeare'schen Schauspieles „Ein Wintermärchen".
„	16.	„ „ des Raupach'schen Schauspieles „Die Schule des Lebens."
„	31.	„ „ „ Kotzebue'schen Schauspieles „Die silberne Hochzeit".
Novbr.	2.	„ Gastrolle Friederike Goßmann's: Hermance in „Ein Kind des Glücks".
„	10.	„ Aufführung des Benedix'schen „Störenfried".
„	22.	„ „ „ Dumas'schen Schauspieles „Marguerite".
Dec.	25.	„ „ der Stettenheim'schen Posse „Gottes Segen bei Cohn."

1862.

Jan.	1.	Erste Aufführung des Brachvogel'schen Schauspieles „Der Trödler"
„	27.	„ „ von „Arm und Reich" und von „Sand in die Augen".
Febr.	6.	„ „ von „Aus Liebe zur Kunst".
März	3.	„ „ des Dumas'schen Schauspieles „Gabriele von Belle-Isle".
„	18.	„ Gastrolle des Herrn Osten: Ramiro in „Die Schule des Lebens".
„	20.	„ Aufführung des Schreiber'schen Lustspieles „Ein großer Redner".
„	24.	„ „ „ Birch-Pfeiffer'schen Schauspieles „Der Schatz des Webers".

April 3. Erste Aufführung der Belly'schen Burleske „Monsieur Hercules".
„ 7. „ „ „ Pohl'schen Posse „Der Goldonkel".
„ 12. Frl. Marie Singer gastirt als Deborah.
„ 30. Erste Aufführung der Goethe'schen „Iphigenie".
Mai 5. Friederike Goßmann eröffnet ihr Gastspiel als Grille.
„ 30. Letztes Auftreten des Frl. Monhaupt: Angelika in „Der Salzdirector" und Elise in „Bei Wasser und Brod".
„ 31. Letztes Auftreten des Frl. Ch. Wolter: Adrienne Lecouvreur.
August 1. Erste Aufführung von „Eine verfolgte Unschuld".
„ 2. Debüt des Herrn Emil Hahn: Fallenstein in „Der Goldbauer".
„ 3. „ „ Frl. Grösser: Caroline in „Die Vorleserin".
„ 9. „ „ „ Claussen: Anna-Lise.
„ 11. „ „ „ Wolff: Mathilde (Schauspiel v. Benedix).
Sept. 1. „ „ „ Singer: Marianne in „Die Geschwister".
„ 14. Erste Aufführung von „Die Fremden".
„ 23. Erste Gastrolle der Frau Jachmann-Wagner: Iphigenie.
„ 29. Debüt der Frau Kupfer-Gomansky: Pauline in „Ein Wintermärchen".
Oct. 10. Erste Aufführung des Augier'schen Schauspieles „Die öffentliche Meinung".
„ 16. „ „ des Schauspieles „Die Eine weint, die Andere lacht".
Nov. 2. „ „ des Schreiber'schen Lustspieles „Der Jesuit und sein Zögling".
„ 16. „ „ des Birch-Pfeiffer'schen Schauspieles „Eine Tochter des Südens".
„ 27. „ „ des Rosenthal'schen Schauspieles „Die deutschen Kommödianten".
Dec. 12. „ „ der Pohl'schen Posse „Unruhige Zeiten".
„ 20. Erste Gastrolle der Frau Niemann-Seebach: Jane Eyre.

1863.

Jan. 8. Karl Toepfers fünfzigjähriges Jubiläumsbenefiz: „Rosenmüller und Finke".
Febr. 12. Erste Aufführung der Salingré'schen Posse „Alexander der Große".
März 7. Frl. Satran gastirt als Marie in „Feuer in der Mädchenschule" und als Dorothea in „Hermann und Dorothea".
„ 17. Vorfeier des 18. März: Prolog; „Die Lützower Jäger"; „Des Königs Befehl".
April 17. Fräul. Charlotte Wolter beginnt ihr Gastspiel als Adrienne Lecouvreur.
Mai 1. Erste Aufführung des Schauspieles „Eglantine".
„ 15. Erste Gastrolle des Frl. Schneeberger: Anna in „Der Hausspion" und Julie in „Die Schwäbin".

Mai 21. Erste Aufführung des Freitag'schen Schauspieles „Graf Waldemar".
Aug. 7. Debüt des Herrn Görner: Girodot in „Das Testament des Onkels"
„ 23. „ „ „ Jacobi: Knabe in „Im Vorzimmer seiner Excellenz".
Sept. 10. „ „ Frl. Zitt: Rosaura in „Die Schule des Lebens".
„ 13. „ „ „ Lemcke: Herzogin in „Das Glas Wasser".
„ 25. Erste Aufführung des Görner'schen Schauspieles „Der geadelte Kaufmann".
Octbr. 8. „ „ des Singspieles „Flotte Bursche".
„ 18. Fünfzigjährige Feier der Leipziger Schlacht: Fest-Prolog; „Die Lästerschule"; „Flotte Bursche".
Novbr. 6. Erste Aufführung der Pohl'schen Posse „Bruder Liederlich".
Dec. 10. „ „ des Putlitz'schen Lustspieles „Das Schwert des Damokles".
„ 20. „ „ der Salingré'schen Posse „Pech-Schulze".
„ 25. „ „ des Birch-Pfeiffer'schen Schauspieles „Königin Bell".

1864.

Jan. 18. Benedix' 25jähriges Schriftsteller-Jubiläum: „Das Lügen"; „Die Dienstboten".
„ 21. Erste Aufführung des Trauen'schen Schauspieles „Die Maikönigin".
Febr. 6. Debüt des Frl. Schneeberger: Lorle in „Dorf und Stadt".
„ 11. Erste Aufführung des Gutzkow'schen Schauspieles „Ein weißes Blatt".
März 7. „ „ der Posse „Eine leichte Person".
„ 31. „ „ von „Die Großmutter".
Mai 5. „ „ von „Eine vornehme Ehe".
„ 20. „ „ des Schiller'schen Trauerspieles „Maria Stuart".
„ 27. Abschiedsbenefiz des Herrn Holt: „Valerie"; „Nr. 23"; „Ein Bräutigam, der seine Braut verheirathet".
August 1. Debüt des Herrn Becker: Baron von Sanft in „Das war ich".
„ 2. „ „ „ L. Schmidt: Flavigneul in „Damenkampf".
„ 5. „ „ „ Neumann: Reinhard in „Dorf und Stadt".
„ 10. „ „ Frl. Herrlinger: Adrienne Lecouvreur.
Sept. 4. „ „ „ Buse: Lorle in „Ein Berliner im Schwarzwald".
Erste Aufführung des Benedix'schen Lustspieles „Doctor Treuwald".
„ 20. „ „ der Posse „Viel Vergnügen".

Sept. 22. Erste Gastvorstellung der französischen Schauspielegesellschaft unter Leitung des Herrn Laferrière.
Octbr. 2. Erste Aufführung des Schreiber'schen Lustspieles „Lieschen Wildermuth".
„ 21. „ „ der Posse „Namenlos".
Decbr. 8. „ „ des Diana'schen Lustspieles „Recept gegen Schwiegermütter".
„ 23. „ „ des Gottschall'schen Lustspieles „Pitt und Fox".

1865.

Jan. 5. Erste Aufführung des Heyse'schen Schauspieles „Hans Lange".
Febr. 2. „ „ der Posse „Aurora in Oel".
„ 16. „ „ des Beaumarchais'schen Lustspieles „Ein toller Tag".
März 2. „ „ des Hartmann'schen Lustspieles „Gleich und Gleich".
„ 16. „ „ von „Die Tage der Kenntniß".
„ 23. Bachmann's 60jähriges Künstlerjubiläum: „Ein neuer Lear"; „Ein Wechsel"; „Die Zeichen der Liebe".
„ 30. Erste Aufführung der Posse „Krethi und Plethi".
April 12. Marr's 50jähriges Künstlerjubiläum: „Rokoko".
„ 27. Frl. Charlotte Wolter beginnt ihr Gastspiel als Deborah.
Mai 10. Erste Aufführung des Brachvogel'schen Schauspieles „Prinzessin Montpensier".
Aug. 1. „ „ des Belly'schen Schwankes „Hohe Gäste".
Sept. 22. „ „ des Augier'schen Schauspieles „Ein Pelikan".
Oct. 18. „ „ von „Der geheimnißvolle Dudelsack".
„ 20. „ „ des Putlitz'schen Schauspieles „Um die Krone".
„ 27. „ „ des Benedix'schen Lustspieles „Die zärtlichen Verwandten".
Dec. 9. „ „ der Posse „Graupenmüller".
„ 11. Frau Niemann-Seebach beginnt ihr Gastspiel als Eugenie in „Die Geschwister".

1866.

Jan. 1. Erste Aufführung von Girndt's „P. I." und von Haber's „Ein Stündchen auf dem Comtoir".
März 8. „ „ der Salingré'schen Posse „Die Afrikanerin in Kalau".
„ 15. „ „ der Posse „Zeitgemäß".
April 5. „ „ des Iffland'schen Schauspieles „Die Mündel".
„ 12. „ „ von „Die Familie Benoiton".
Mai 3. „ Gastrollen des Frl. Pauline Ulrich: Jolanthe in „König René's Tochter" und Leopoldine von Strehlen in „Der beste Ton".

„	5.	Erste Aufführung des Redwitz'schen Schauspieles „Philippine von Welser".
„	31.	Letztes Auftreten des Herrn Reichenbach, der Damen Satran und Eichberger: „Die junge Pathe"; „Ein Stündchen auf dem Comptoir"; „Der Kapellmeister von Venedig".
Aug.	2.	Debüt des Frl. Zipser: Königin in „Das Glas Wasser".
„	4.	„ „ Herrn Thomas: Jean Fanfaron in „Ihr Retter"; Kälbchen in „1733 Thlr. 22½ Sgr."; August in „Hermann und Dorothea".
„	21.	„ „ Frl. Minna Wagner: Adolfine in „List und Phlegma"; Liesel in „'s Lieserl".
Sept.	3.	Antrittsrolle des Herrn Reichenbach: Kiewe in „Namenlos".
Oct.	22.	Erste Aufführung von „Liebhabereien".
Nov.	1.	„ „ des Girndt'schen Lustspieles „Und".
„	11.	„ „ der Posse „Berlin wird Weltstadt".
Dec.	3.	„ „ „ „Die alte Schachtel".
„	10.	„ „ des Birch-Pfeiffer'schen Drama's „Die Frau in Weiß".
„	26.	„ „ von „Unsere braven Landleute".

1867.

Jan.	17.	Erste Aufführung des Birch-Pfeiffer'schen Schauspieles „Der Herr Studiosus".
Febr.	28.	„ „ des Girndt'schen Lustspieles „Die Ephraimiten".
März	14.	„ „ des Hackländer'schen Lustspieles „Die Marionetten".
April	21.	„ „ von „Gringoire".
Mai	2.	Frl. Pauline Ulrich beginnt ihr Gastspiel als Adrienne Lecouvreur.
„	31.	Letztes Auftreten des Frl. Schneeberger: Lorle in „Dorf und Stadt".
Aug.	7.	Frl. Herrlinger debütirt als Jolanthe in „König René's Tochter" und als Julie in „Die Bekenntnisse".
Sept.	1.	Frl. Rottmayer debütirt als Hedwig in „Sie hat ihr Herz entdeckt" und als Agnes in „Gänschen v. Buchenau".
„	22.	Erste Aufführung des Goethe'schen Schönbartspieles „Das Jahrmarktsfest zu Plundersweilen".
„	26.	Erste Aufführung des Benedix'schen Schauspieles „Aus der Gesellschaft".
„	30.	Säcularfeier der ersten Aufführung von Lessings „Minna von Barnhelm".
Oct.	17.	Erste Aufführung des Halm'schen Schauspiels „Wildfeuer".
„	31.	„ „ des Laube'schen Schauspieles „Der Statthalter von Bengalen".
Nov.	19.	„ „ des Benedix'schen Schauspieles „Aschenbrödel".

Dec. 11. Erste Aufführung des Birch-Pfeiffer'schen Schauspieles „Das Testament eines Sonderlings".

1868.

Jan. 1. Erste Aufführung von „Politische Grundsätze" und von „Drüben".
„ 9. „ „ des Mosenthal'schen Schauspieles „Der Schulz von Altenbüren".
„ 12. „ „ von „Vom norddeutschen Reichstage".
Febr. 1. „ „ der Posse „Die Mottenburger".
„ 27. „ „ des Scholz'schen Schauspieles „Gustav Vasa".
März 6. Erste Gastrollen des Frl. Anna Glenk: Hedwig in „Sie hat ihr Herz entdeckt"; „Anna-Lise".
„ 26. Erste Aufführung des Laube'schen Schauspieles „Böse Zungen".
April 12. „ „ von „Saus und Braus".
„ 13. „ „ von Frohbergs „Holländsgänger".
„ 30. „ „ von „Der Autographensammler".
Mai 3. Frl. Hedwig Raabe beginnt ihr Gastspiel als Marie in „Feuer in der Mädchenschule" und als „Margarethe Western".
August 1. Erstes Auftreten der Frls. Sperner und Martorel.
„ 2. „ „ des Frl. Wienrich.
„ 7. „ „ des Frl. Pauser.
„ 15. „ „ der Frau Zipser.
„ 18. „ „ des Frl. Glenk.
„ 28. Festvorstellung zu Ehren des siebenten deutschen Juristentags in Hamburg.
Sept. 20. Festvorstellung zu Ehren der Anwesenheit Sr. Majestät des Königs von Preußen in Hamburg.
Oct. 5. Erstes Auftreten des Frl. Bachner.
Nov. 9. Jubiläum des fünfundzwanzigjährigen Bestehens des Thalia-Theaters und der ebenso langen Directionsführung des Herrn Chéri Maurice.

IV.

Gastspiele und Debüts.

(Die in Klammer befindliche Ziffer bezeichnet die Zahl des Auftretens.)

1843.

Pianist Rudolf Wilmers. (2)
Herr Th. Burmeister vom Königstädtischen Theater in Berlin: Pfeffer.

1844.

Herr Th. Burmeister: Groscanon in Rataplan; Abbé de l'Epée; Franziscus in Die Mäntel; Steffen in Der Korb. (2)
Herr Wallner vom Josephstädter Theater in Wien: Windmüller; Schnüffler in Das Mädchen aus der Vorstadt; Valentin in Der Verschwender (2); Schlichtmann und Martin in Vater und Sohn (5); Vorlesung österreichischer Volksgedichte.
Concertmeister Carl Müller aus Braunschweig. (3)
Vortrag des Stabstrompeters und Hofcapellisten F. Sachse aus Hannover. (2)
Frl. Bertin von Bordeaux: Phöbe in Die kleinen Flüchtlinge; Zephyrine in Die Benefizvorstellung.
Herr Schlögell von Freiburg im Breisgau: Fröhlich (2); Jacob in Der Verräther.
Frau Schreiber-St. Georges vom Hoftheater in Hannover: Vicomte Létorières (2); Marianne in Die Verirrungen; Lenore; Elsbeth in Das Tournier zu Kronstein (3. Act); Elisabeth in Dr. Wespe.
Herr Räder vom Hoftheater zu Dresden: Pimpernuß (2); Titus Feuerfuchs; Adam in Dr. Wespe; Purzel (13); Bacälus in Der Wildschütz (Scenen); Menzler in Endlich hat er es doch gut gemacht (2); Hackauf in Dienstbotenwirthschaft; van Bett in Czaar und Zimmermann (3); Godivet in Drei Frauen auf Einmal (2); Staberl in Staberls Reiseabenteuer.

Herr von Lehmann vom Hamburger Stadttheater: Hippolyte Hyper in Der Enthusiast; Sansquartier in 16 Mädchen in Uniform (3); Schelle in Die Schleichhändler.

Herr Edmüller vom Stadttheater zu Altona: Jeremias Klagesanft (7); Fröhlich; Lasienius in Der Hofmeister in tausend Aengsten; Heimann Levy in Paris in Pommern; Schewa: Petzold in Der Dachdecker; Palm in List und Phlegma; Pedro in Preciosa; Bizot in Der Pariser Taugenichts.

Frl. Schmidt vom Stadttheater in Altona: Ludwig in Weltumsegler.

Herr Rathgeber vom Hoftheater in Schwerin: Tanz in Die Maskerade; Tanz in Robert Macaire.

Frl. Waßmann vom Stadttheater in Augsburg: Minna in Drei Frauen auf Einmal (Debüt).

Frau Kißner: Salome in der Talisman (Debüt).

Herr Hassel vom Stadttheater in Frankfurt a. M.: Pudding in Die Benefizvorstellung (2); Peter in Der Kapellmeister von Venedig; Hampelmann in Die Landpartie nach Königstein (2); Batel in Der Ehrgeiz in der Küche (3); Naßi in Till Eulenspiegel; Hampelmann im Eilwagen; Christoph in Vater und Sohn; Hampelmann in Sucht ein Logis.

Herr Diegelmann vom ständischen Theater in Prag: Eulenspiegel.

Claviervirtuose Ferd. Friedrich aus Paris (1)

Frau Peroni-Glasbrenner vom Hoftheater in Strelitz: Margerethe Western; Julie in Die Schwäbin (2); Vicomte von Létorières (2); Louis in Der Pariser Taugenichts; Sololustspiel mit einem Epilog (3); Lucie in Das Tagebuch; Louise von Schlingen in Wiener in Berlin; Mirandolina (2); Caroline in Die Vorleserin (2); Capricciosa (2); Christoph in Christoph und Renate; Betti in Der Weiberfeid; Cläre in Der Heirathsantrag auf Helgoland; Franziska in Liebe kann Alles.

Herr Kläger von Kassel: Robert in Die Leibrente; Pfeffer (2); Lorenz Kindlein in Der arme Poet; Balken in Die Schachmaschine; Hans Jürge; Elias Krumm in Der gerade Weg der beste; Bock in Richard Wanderer.

Herr Gomansky von Köln: Carl von Ruf in Die Schachmaschine (2); Richard Wanderer; Jean Champereux in Die junge Pathe (3); Hinko (3); Knecht in Das war ich; Ernst Hellwald in Von Sieben die Häßlichste.

Herr Dietrich: Schulmeister in Der gerade Weg der beste; Hirsch in Der Jude.

Herr Ludw. Wollrabe von Leipzig: General Morin; Graf in Die schelmische Gräfin; Zigeunerhauptmann in Preciosa (2).

Frl. Lina Höfer von Pesth: Louis in Der Pariser Taugenichts (2); Preciosa (4); Frau von Lucy in Die junge Pathe (2); Cläre in Der Heirathsantrag auf Helgoland (2); Louise in Mariette und Jeanneton (2); Mathilde in Zurücksetzung; Marie in Muttersegen (2); Frau von Uhlen in Die eifersüchtige Frau; Elisabeth in Dr. Wespe; Julie in Die Schwäbin.

Optische Nebelbilder des Prof. Buck aus London (6).

Frl. **Heigel** von Köln: Marie in Zurücksetzung; Vicomte von Létorières; Hedwig (v. Körner); Markitta in Hinko (2); Betty in Der Weiberfeind (2); Base in Das war ich; Ernestine in Von Sieben die Häßlichste.

Herr **Kunst**: General Morin; Rudolf in Hedwig; Regierungsrath von Uhlen in Die eifersüchtige Frau; Wenzel in Hinko (13); Wittelsbach (2); Friedrich Wilhelm I. in Zopf und Schwert (3); Zigeunerhauptmann in Preciosa.

Frl. **Weiß**: Tanz.

Herr **Feltscher**: Julius in Hedwig: Wenzel in Otto von Wittelsbach (2).

Herr **Vogel** von Lübeck: Jobst in Hinko (3).

Herr **Scholz** von der Wien: Augustin in Die Entführung vom Maskenball (3); Deckel in Hutmacher und Strumpfwirker; Fett in Liebesgeschichten und Heirathssachen (2); Melchior in Einen Jux will er sich machen; Klapperl in Die schwarze Frau; Peter in Der Färber und sein Zwillingsbruder; Eulenspiegel: Tatlhuber in Die verhängnißvolle Faschingsnacht (2); Körndl in Müller und Schiffmeister; Zwirn in Lumpacivagabundus.

Französische Mitglieder des königl. Theaters unter Delcour (5).

Violinvirtuose Bazzini aus Mailand.

Herr **Baum** von Magdeburg: Parlamentsrath in Der Vicomte von Létorières; Duval in Das Ehepaar aus der alten Zeit. (Debut.)

Frl. **Julie Herrmann**: Margarethe in Die Liebe auf dem Lande; Guste in Köck und Guste; Adrienne. (Debut.)

Frl. **Polletin** von Danzig: Tanz.

Herr **Gern** von Berlin: Schelle in Die Schleichhändler (4); Emmerling in Die gefährliche Tante (2); Lina in Ein Stündchen vor dem Potsdamer Thore (5); Kalinsky in Humoristische Studien; Murr in Die Einfalt vom Lande; Fegesack in Der Geizige; Schelle in Der Nasenstüber: Eugen in Die Wiener in Berlin.

Herr **Julius Schramm** von Hannover: Michel Perrin (3); Petzold in Der Dachdecker; John Gentle in Die Juristen.

Herr **Christeinicke** aus Lübeck zeigte die von ihm verbesserten Gas-Mikroskope (6 mal).

Herr **Reinhardt** von Köln: Emmerling in Die gefährliche Tante; Batel (2); Cantal in Der Fabrikant; Don Cesar in Graf Jrun (2). (Debut.)

1845.

Herr **Schirmer** von Schwerin: Karl XII. auf der Heimkehr; König in Des Königs Befehl.

Herr **Amberg** von Köln: Elias Krumm. (Debut.)

Herr **Schramm**: Abbé de L'Epée; Lafargue in Madame Lafargue (6); Master Quilpin-Nelli; Lorenz Kindlein (2); Zohrab (3); Herr von Salzbach in Der Prozeß um ein halbes Haus (2); Swieten in Alter schützt vor Thorheit nicht (3); Ruffiano in Der Barbier von

Lerchenfeld (7); Stein in Mutterherz und Gattenliebe (3); Präsident in Werner (3); Myron in Der Sohn der Wildniß (3); Michel Angelo in Dornen und Lorbeer; Petzold in Der Dachdecker; Toretto in Canova's Jugendliebe (2); Melchior in Molière (2); Steffen in Hans Sachs; Hammerschlag in Drei Frauen und keine (3); Zündorf in Dr. Wespe; Gutholz in Der Encyklopädist; Dr. Murr (3); Bock in Richards Wanderleben; Berger in Der Verräther (2); Michel Perin (2); Loustalot (3); Hobern in Die Schwäbin (3); Malesherbes (2); Pomponius in Der Vicomte von Létorières (2); Chateauneuf in Voltaires Ferien (2); Raschler in Das Tagebuch (2); Lord Blunt in Die Engländer in Paris; Walter in Die Herrin von der Else; Oberst in Capricciosa; Hofrath in Die Liebe auf dem Lande (4); Reisender in Mirandolina; Graf von Wange in Der reiche Mann (2); Commissär Wallemann in Die Aussteuer; Antonio in Der Kaufmannn von Benedig; Zigeunerhauptmann in Preciosa; Zacharias von Lieberkühn in Die Schule der Verliebten (2); Don Arias in Herr und Sclave; Adolf v. Nassau in Pfeffer-Rösel; Wathfield in Die beiden Nachtwandler; Biberstein in Der alte Student (3); Schreibichaus in Die Benefizvorstellung (2); Liborius in Die Reise auf gemeinschaftliche Kosten; König in Ein Pagenstückchen (4); Amtmann in Die Jäger; Just in Minna v. Barnhelm (2).

Herr J. Meyer von Kiel: Alsdorf in Das bemooste Haupt; Clermont in Der Maler.

Herr Hendrichs: Garrick, Cäsar von Freimann (3); Heinrich von Jordan in Werner (3); Ingomar (2); Baron in Der Freimaurer (2); Stella; Canova in Canova's Jugendliebe (2); Eduard in Eduard aus der Vorstadt; Molière (2); Hans Sachs.

Herr Louis Schneider: Fritz Flott (3); Mauser (2); Doctor Wespe; Peter in Der Capellmeister von Venedig (3); Carl Weiß in Der Encyklopädist; Cäsar von Zierl; Fröhlich; Jean in Die schöne Müllerin; Juan in Spanische Vaterlandsliebe (6); Kurmärker (6); Desaunier in Michel Perin (2).

Dem. Schulz vom Hoftheater zu Berlin: Dolores in Spanische Vaterlandsliebe (6); Marie in Der Kurmärker und die Picarde (6); Tanz. —

Herr Peters von Schwerin: Purzel (2); Kalinsky; Amandus in Der Zweikampf im dritten Stock (2); Thomas in Das Geheimniß; Wall in Des Schauspielers letzte Rolle; Balthasar in Der artesische Brunnen; Petermann in Wohnungen zu vermiethen; Titus Feuerfuchs.

Mad. Gottermann von Schwerin: Nettchen in Des Schauspielers letzte Rolle; Schall; Ludwig in Der Weltumsegler wider Willen.

Die französische Schauspielergesellschaft des Herrn Faugère.

Frl. Charlotte v. Hagn: Margarethe Western (2); Julie in Die Schwäbin; Susette in Die Rosen des Herrn von Malesherbes; Hedwig in Der Ball zu Ellerbrunn (2); Vicomte von Létorières; Julie in Romeo und Julie (Scenen); Parthenia; Arouet in Voltaires Ferien (2); Lucie in Das Tagebuch (2); Dame in Ein Herr und eine Dame; Helene in Die Herrin von der Else; Sabine in Die Einfalt vom Lande; Celestine in Er muß aufs Land; Clärchen in Egmont

(Scene); Christophe in Christophe und Renate; Künstlerin in Schauspielhaß und Reue (2); Capricciosa; Mirandolina; Margarethe in Die Liebe auf dem Lande.

Herr Baumeister vom Hoftheater zu Schwerin: Jacob in Der Ball zu Ellerbrunn (2); Romeo in Romeo und Julie (Scenen); Ingomar; Wiese in Das Tagebuch (2); Clermont in Der Maler; Gustav von Wallstein in Die Herrin von der Else; Egmont (Scenen).

Herr Carl Müller vom Hoftheater zu Schwerin: Baron in Das Tagebuch; Mann in Nehmt ein Exempel dran; Eduard in Die Engländer in Paris. (Debuts.)

Optische Nebelbilder des Professor Laschet aus Wien (7) und 1 Vorstellung in Physik und Magie.

Herr Jente vom Hoftheater zu Oldenburg: Elias Krumm (2); Stracks in Der Sänger und der Schneider; Pfeffer; Brennike in Die Reise auf gemeinschaftliche Kosten (3); Heymann Levy (3); Franciscus in Die Mäntel; Desperrieres in Der Vicomt von Letorieres.

Herr La Roche: Lorenz Kindlein (4); Capitain in Die Vorleserin (2); Geheimrath in Erinnerung; Graf Klingsberg, Vater (3); Commerzienrath von Glittern in Der reiche Mann (2); Amtmann in Die Aussteuer; Shylok in Der Kaufmann von Venedig.

Gesangsvorträge der Damen Vietti, Mollini, der Herren Benedetti, Mei, Crivelli und Paltrinieri. (3).

Frl. Auguste Miller vom Hoftheater zu St. Petersburg: Charlotte in Capitain; Charlotte; Chonchon; Sophie in Die Aussteuer; Adolfine in List und Phlegma; Preciosa.

Englische Schauspielergesellschaft des Herrn Davenport (11).

Mad. Günther-Bachmann vom Stadttheater zu Leipzig: Vicomte von Letorieres; Rustika in Die Schule der Verliebten; Regimentstochter (5); Sabine in Die Einfalt vom Lande.

Herr Günther vom Stadttheater zu Riga: Trouillon in Die Regimentstochter (5).

Dem. Winter vom Hoftheater zu Hannover: Clärchen in Der Berräther; Susanne in Die Rosen des Herrn von Malesherbes.

Dem. Höfer: Julie in Die Schwäbin. (Debut.)

Herr Scholz von der Leopoldstadt: Herr von Mollich in Der Zigeuner (2); Zwirn (3); Faustin in Stadt und Land (4); Augustin in Die Entführung vom Maskenball; Damian in Zu ebener Erde und im ersten Stock (5); Sebastian Faden in Die beiden Nachtwandler; Wirth in Hinüber - Herüber; Walzl in Unverhofft; Tatlhuber in Die verhängnißvolle Faschingsnacht (2); Lassenius in Der Hofmeister in tausend Aengsten.

Herr Grois von der Leopoldstadt: Forkoß in der Zigeuner (2); Knieriem (3); Sebastian Hechfeld in Stadt und Land (4); Matthias in 's letzti Fensterl'n (3); Johann in Zu ebner Erde und im ersten Stock (5); Fabian Strich in Die beiden Nachtwandler; Gevatter in Hinüber — Herüber; Herr von Ledig in Unverhofft; Lorenz in Unverhofft; Lorenz in Die verhängnißvolle Faschingsnacht (2); Matthias in Drei Jahre nach dem letzti Fensterl'n.

Herr Pohl von der Leopoldstadt: Said in Herr und Sclave;

Herr von Glatt in Stadt und Land; Herr von Goldfuchs in Zu ebner Erde und im ersten Stock (5); Bardini in Pfeffer-Rösel; Pfifferling in Die Seelenwanderung; Rennebohm in Der Edenstetzer Rennebohm; General Morin; Heimann Levy.

Frl. Koven: Pfeffer-Rösel; Base in Das war ich (erste Versuche).

Vorstellung des Volksdichters und Sängers J. B. Moser mit Gesellschaft aus Wien.

Herr F. Schrader vom Stadttheater zu Nürnberg: Pfeffer; Schelle in Der Nasenstüber; Brennicke in Die Reise auf gemeinschaftliche Kosten; Zweckert in Der Freund in der Noth. (Debuts.)

Dem. Krüger vom Stadttheater zu Rostock: Margarethe in Die Liebe auf dem Lande. (Debut.)

Vortrag des Pianisten Johann Strauß.

Dem. Chevalier: Tanz

Herr Hessen vom Hoftheater zu Wiesbaden: Baron Ringelstern.

Vorstellungen der Pantomimisten und Tänzergesellschaft Lehmann (8).

Gesangsvorträge der Sngra. Marietta Alboni aus Mailand und des Sgr. Crivelli.

Herr Strampfer vom Hoftheater zu Weimar: Hans Sachs.

1846.

Vorstellung des Physikers und Magiers Prof. Julius Laschott und Vorführung von dessen Nebelbildern (5).

Herr Strampfer: William in Der Heirathsantrag auf Helgoland.

Herr Carlschmidt: Jakob Renneyert in Der ewige Jude (2. Theil)

Herr Neumann von der Leopoldstadt in Wien: Rentheim in Das Alpenröslein (3); Das Patent und der Shawl; Matthias in 's letzte Fensterle (2); Anton in Die Jäger.

Dem. Schrader: Suschen in Ein Stündchen incognito (erster Versuch) (2).

Die Violoncellistinnen Dem. Lise und P. Christiany aus Paris (3).

Herr Grunert: Essighändler; Nathan der Weise; Lied von der Glocke.

Herr Emil Devrient: Robert in Memoiren des Teufels; Bolingbroke in Glas Wasser (3); Graf Irun; Bruno in Mutter und Sohn (2); Heinrich in Lorbeerbaum und Bettelstab (3); Paul von Scharfeneck in Der Majoratserbe (3); Garrick (2); Baron Nordeck in Die seltsame Wette (2); Baron Harleigh; Baron Abendstern in Nach Sonnenuntergang.

Herr Ferdinand Lang von München: Valentin in Der Verschwender (3); Wilhelm in Der verwunschene Prinz (2); Staberls Reiseabenteuer in Frankfurt und München (4); Müller in Müller und Miller (2); Damian in Zu ebener Erde und im ersten Stock; Staberl in Die Bürger in Wien; Titus Feuerfuchs; Franziskus in Die Mäntel; Zwirn (2).

h

Gastvorstellungen der Sänger Sgra. Donatelli und der Sgri. Rossi, Benedetti und Crivelli.

Solotänzerin Dem. Pelin und Herr Gasperini von Berlin: Tanz (10). Dem. Pelin: Adele in Alte Sünden (3); Marie in Der Kurmärker und die Picarde (5); Lalotte in Kosak, Franzose und Vierländerin (2); Lise in La Béarnaise. — Herr Gasperini: Pierre in La Béarnaise; Christian in Kosak, Franzose und Vierländerin (2); Peter in La fille de l'air.

Mad. Thomé von der Wien: Susanne in die Hammerschmiedin aus Steiermark; Fidelia in Der Kobold (4); Chonchon.

Dem. Münther von Königsberg: Gräfin Mirgaut und die Laune in La fille de l'air; Margarethe Western.

Dem. Baumeister von Hannover: Franziska in Mutter und Sohn; Rustika in Die Schule der Verliebten; Richelieu in Der erste Waffengang; Lotte in Der Weiberfeind (2); Julie in Die Bekenntnisse (2); Marie in Ein Weib aus dem Volk.

Tänzer- und mythische Pantomimistengesellschaft des Herrn Carl Price.

Herr Fichtemann von der Leopoldstadt: Gustav in Der Weiberfeind. (Debut.)

Herr Carl La Roche: Oberförster in Die Jäger; Cromwell in Die Royalisten; Commerzienrath von Glitter in Der reiche Mann; Reisland in Der alte Magister (4); Franz Bertram in Die Versöhnung; Klingsberg, Vater; Kuh v. Kuhdorf in Zwei Tage aus dem Leben eines Fürsten; Cromwell in Cromwells End. (Hauptscene); Capitain Colbridge.

Herr Grobecker von der Königstadt: Purzel (2); Balthasar in Der artesische Brunnen; Sebastian Lechfeld in Stadt und Land; Köck; Dümmerl in Sie ist verheirathet; Palm in List und Phlegma; Zwerglein in Der Industrielle; Duval in Wer ißt mit?

Mad. Grobecker: Ludwig in Weltumsegler; Schalk in Artesischer Brunnen; Apollonia in Stadt und Land; Tinchen in Sie ist verheirathet; Adolfine in List und Phlegma; Line in Eingesperrt; Gesangvortrag.

Dem. Dambök von Hannover: Marie in Mutterfegen; Anna in Das Glas Wasser; Czarin in Die Gefangenen der Czarin; Mirandolina (2); Ernestine in Von Sieben die Häßlichste; Christine in Die Königin von 16 Jahren.

Vortrag des Correpetitor vom Hoftheater zu Hannover Anton Wallerstein (3).

Mad. Perroni-Glaßbrenner: Lucie in Das Tagebuch; Capricciosa (2); Marie in Ein Weib aus dem Volke; Aronnt in Voltaire's Ferien; Christine in Das goldene Kreuz (2); Fräulein Waldern in Vor dem Balle (3); Vicomte von Létorières; Betty in Der Weiberfeind; Hedwig in Der Ball zu Ellerbrunn; Guylielme in Der Hirsch; Franziska in Liebe kann Alles; Cölestine in Er muß auf's Land; Françoise; Dumesnil in Die Schauspielerin; Margarethe Western; Mirandolina.

Herr Urban von Nürnberg: Ferdinand in Er muß aufs Land.

Dem. Löffler von der Josephstadt in Wien: Rosel in 's letzte Fensterln; Rosel in Drei Jahre nach'm letzten Fensterln; Fidelia in Der Kobold.

Dem. Feigl von Wiesbaden: Chonchon; Rosa in Der Verschwender; Rose in Die weibliche Schildwache.

Dem. Eisenmenger von München: Julie in Die Bekenntnisse.

Herr Landt: Hippolyt von Biberstein in Ich bleibe ledig; Purzel in Köd und Guste.

Herr Gern: Matz in Das Intermezzo; Lina in Ein Stündchen vor dem Potsdamer Thore (3); Köd in Der Platzregen als Ehrprocurator; Schelle in Die Schleichhändler (2); Herr von Langsalm in Der Wirrwarr; Flips in Der Verstorbene (2); Benedictus Six in Die feindlichen Brüder; Marocco in Der Bär und der Bassa (3); Freiherr von Simmerling in Die gefährliche Tante; Bonveil in Ich irre mich nie; Freudenfeier in Der Spiegel des Tausendschön; Schelle in Der Zeitgeist; Kalinsky in Humoristische Studien.

Jlarische Spiele des Herrn Thomas Price und seines Sohnes Charles aus London (3).

Tänzer- und Pantomimistengesellschaft des Hrn. C. Prince (18).

Gesangvorträge des Herrn G. Pigall aus Wien (3).

Herr Woltereck von Dresden: Steffen Langer.

Vortrag des Waldhornvirtuosen Eugèn Vivier aus Paris (2).

1847.

Herr Dawison von Warschau: Zolky (7); Hans Jürge (5); Graf Jrun; Sir Harleigh; Ferdinand von Drang in Er muß aufs Land; Janitzky in Der Pole und sein Kind (3); Flottwell in Der Verschwender (3r A.); Kean (3); Molière in Das Urbild des Tartüffe (3); Garrick (2); Tscherikoff in Jelva.

Herr August Koch von Köln: Petzold in Der Dachdecker; Fröhlich.

Herr Räder: Purzel (2); Peter in Der Sohn auf Reisen (2); Köd in Doctor und Friseur (2); Oskar in Graf Buckskin (2); Sancho Pansa in Der Ritter Don Quixote; Valentin in Der Verschwender (3r A.); Balthasar in Der artesische Brunnen (2); Jupiter in Jupiters Reiseabenteuer (3).

Ungarische Tänzer- nnd Pantomimengesellschaft des Hrn. Beßler Sándor (9).

Dem. Antonie Härting von Stettin: Emilie in Emiliens Herzklopfen; Felix in Schülerschwänke (2).

Dem. Amalie Härting von Stettin: Richelieu in Der erste Waffengang; Louise in Die Schauspielerin; Jenny in Die Liebe im Eckhause; Julie in Die Bekenntnisse.

Herr Marr von Leipzig: Lamoignon (3); Schewa; Gautier in Das goldene Kreuz; Brissac in Rokoko (2); Tartüffe; Jacob in Die Macht der Vorurtheile (2); Benjamin in Die Valentine (2).

Vortrag der Geschwister Neruda (3).

Dem. Polin: Marie in Kurmärker und Picarde (2); Tanz; Adele in Alte Sünden.

Hofballetmeister Tescher mit seinen Eleven, dem 30 Personen starken Ballet von Darmstadt (13).

Mad. Peroni-Glaßbrenner: Marie in Ein Weib aus dem Volke; Margarethe in Die Liebe auf dem Lande; Franziska in Liebe kann Alles; Arount in Voltaire's Ferien; Mirandolina; Lucie in Das Tagebuch; Jelva.

Herr C. Meixner von Leipzig: Freising in Der Weiberfeind; Wilhelm in Der verwunschene Prinz (2); Baron Ringelstern.

Mad. Haizinger-Neumann von der Hofburg: Katharina in Die Frau im Hause (3); Baronin in Der aufrichtigste Freund (3); Madame Bernard in Das Räuschchen (2); Katharine in Ich bleibe ledig; Amalie Blase in Großjährig.

Dem. Louise Neumann: Frau von Lucy in Die junge Pathe (2); Genoveva in Das Versprechen; Almir Rosen in Die Frau im Hause (3); Gretchen Lieblich in Die Schwestern (2); Wilhelmine in Das Räuschchen (2); Adele Müller in Die gefährliche Tante; Helene in Ein unbekannter Beschützer (2); Karoline in Ich bleibe ledig; Leopoldine in Der beste Ton; Auguste in Großjährig.

Herr Feltscher: Ströber in Tante und Nichte. (Debut.)

Herr Wilhelmi von der Hofburg: Kaufmann Busch in Das Räuschchen (2); Freiherr von Emmerling in Die gefährliche Tante (2); Durocher in Ein unbekannter Beschützer (2); Rautenkranz in Ich bleibe ledig; von Strehlen in Der beste Ton; Blase in Großjährig (3); Klippfisch in Die Brandschatzung; Doctor Berg in Ein Mann hilft dem andern (2); Amtsrath Herbert in Der Wollmarkt; Kammerrath Hippelsanz in Das Epigramm; Gouverneur von Hardenstern in Glück bessert Thorheit.

Herr La Roche: Hyppolyt von Biberstein; Magister Reisland (2); Lorenz Kindlein (2); Klingsberg, Vater (2); Commerzienrath von Glittern; Justizrath Murvall in Der Brief aus Cadix; Capitain Cobridge; Magister Lassenius in Der Hofmeister in tausend Aengsten.

Donische Spiele des Herrn Amodio Neupert vom Astleytheater in London (3).

Vorlesung des Baron Klesheim (3).

Dem. Ahner von der Wien: Jenny in Die Liebe im Eckhouse.

Violoncell-Virtuose Max Bohrer.

Herr Nestroy von der Leopoldstadt: Schnüffler in Das Mädchen aus der Vorstadt; Natzi in Till Eulenspiegel (2); Sansquartier in 12 Mädchen in Uniform (4); Titus Feuerfuchs; Gottlieb Herb in Der Schützling (3); Lustig in Die falsche Catalani (2); Kilian Blau und Hermann Blau in Der Färber und sein Zwillingsbruder; Ali Hatschi in Der Bär und der Bassa; Blasius Rohr in Die Geheimnisse des grauen Hauses (Scene).

Gastspiel der Geschw. Friederike, Julie und Hedda unter Leitung ihres Vaters, des Schwed. Hofkapellmeisters Joh. Berwald aus Stockholm (4).

Herr Scholz von der Leopoldstadt: Faustin in Stadt u. Land (3); Zwirn (3); Tatlhuber in Die verhängnißvolle Faschingsnacht; Damian in Zu ebner Erde und im ersten Stock (4); Herr von Mollich in Der Zigeuner (3); Staberl in Der Parapluimacher Staberl.

Herr Grois: Sebastian Hochfeld (3); Knieriem (3); Lorenz in Die verhängnißvolle Faschingsnacht; Johann in Zu ebner Erde und im ersten Stock (4); Korporal Horgeß in Der Zigeuner (3); Matthias in 's letzte Fensterln; Hans in Der Parapluimacher Staberl; Matthias in Drei Jahre nach 'm letzten Fensterln.

Dem. Elena Angri, Kammersängerin aus Oesterreich: Gesangvorträge.

Dem. Schulz vom Stadttheater zu Potsdam: Rose in Die weibliche Schildwache; Guste in Köch und Guste; Jeanneton in Die Heirath vor der Trommel; Rose in Die gefährliche Tante; Waltraud in Doctor Faust's Hauskäppchen.

Herr Bachmann von der Wien: Emmerling in Die gefährliche Tante; Matz in Das Intermezzo.

Ungarische Nationalopernsängergesellschaft der Herren Michael Havi und Josef Szabó (5).

Dem. Arens: Adolfine in List und Phlegma; Felix in Schülerschwänke. (Debut.)

Hofball-Musikdirector Strauß aus Wien (5).

Die Negersänger.

Geschwister Neruda (6).

1848.

Frl. v. Pistrich von Dresden: Jeannette in Die beiden jungen Frauen.

Soirée der ägyptischen Magie des Prof. Ludw. Winter. (6).

Mad. Lübeck: Declamation; Frl. Stein in Der junge Onkel und der alte Neffe; Herzogin von Sennterre in Die reiche Erbin.

Herr Emil Devrient: Rubens (2); Reinhard in Dorf und Stadt (2); Garrick; Paul von Scharfeneck in Der Majoratserbe (3); Heinrich in Lorbeerbaum und Bettelstab (2); Baron Norbeck in Die seltsame Wette (2); Rudolf in Der Landwirth; Robert in Die Leibrente.

Dem. Armbrecht vom Hoftheater zu Berlin: Pauline in Versuche (3).

Herr Herrmann von Posen: Hans in Die Rückkehr ins Dörfchen.

Dem. Jacques: Gesangvortrag.

Herr Hendrichs: Ingomar (2); Schiller in Die Karlsschüler; Rolla in Dornen und Lorbeer; Garrick (2); Bolingbroke in Die Marquise von Villette (2); Christoph Columbus (2); Cesar in Donna Diana.

Frl. von Tannecker vom Stadttheater zu Freiburg: Franzisca in Liebe kann Alles; Mirandolina.

Herr Balletmeister Martin von Lissabon: Leonelle in Des Malers Traumbild (4); Tanz (18).

Mad. Martin-Zimmann: Amandine in Des Malers Traumbild (4); Tanz (18).

Mad. Birch-Pfeiffer: Madame Brunn in Eine Familie (2); Bärbel in Dorf und Stadt (2); Apollonia in Der Pfarrherr (13).

Herr Otto Stotz von Danzig: Jeremias Klagesanft; Keck in Doctor und Friseur; Siegel in Der Vetter; Balthasar in Der artesische Brunnen.

Herr Louis Schneider: Fritz Flott; Peter in Der Kapellmeister von Venedig; Doctor Wespe; Theaterdiener in Versuche.

Dem. Soldanski von Königsberg: Tanz (2).

Dm. Germann von Lübeck: Lorle in Dorf und Stadt; Agnes in Die Tochter des Gefangenen; Jenny in Die Liebe im Eckhause.

Herr Carl La Roche: Magister Reisland (1); Justizrath in Ein höflicher Mann (6); Klärenburg in Vaterliebe; Hubert in Industrie und Herz; Kammerrath Engelhaus in Verirrungen; Klingsberg Vater (2); Capitain Cobridge (2); Antonie Tantori in Verbot u. d. Befehl; Lorenz Kindlein; Commerzienrath von Glittersdorf in Der reiche Mann.

Herr Hensel von der Königstadt: Fröhlich (2); Doctor Maischel in Die Liebe im Eckhause; Jacob in Der Verräther; Pierrot in Muttersegen.

Fr. Louise von Hagen von Strelitz: Polixena in Kunst und Natur (3); Adolfine in List und Phlegma; Marie in Der Kurmärker und die Picarde (5); Margarethe Western (2); Lorle in Dorf und Stadt; Klärchen in Der Verräther; Martha in Verbot und Befehl.

Mad. Kissen in Bremen: Jeanneton in Mariette und Jeanneton (2); Guste in Wer ist mit?; Salome in Der Talisman (2); Hans in Ein Stündchen in der Schule; Betti in Doctor und Friseur; Chonchon in Muttersegen; Guste in Köck und Guste (2); Rose in Die weibliche Schildwache (2); Rosa in Der Verschwender.

Mad. Plock: Artemisia in Kunst und Natur (2).

Mad. Schütze: Frau Wunschel in Die beiden Klingsberg.

Herr Dolt von Prag: Lorenz Wind in Sie ist verheirathet; Matthias in 's letzte Fensterln (2); Natzi in Till Eulenspiegel (2); Titus Feuerfuchs (2); Valentin in Der Verschwender.

Herr Schütz von Braunschweig: Herzog Carl in Die Carlsschüler; Hofrath Reinhold in Die Liebe auf dem Lande; Bertrand in Die Vernunftheirath (2); Leopold von Dessau in Vor hundert Jahren (2); Gautier in Das goldene Kreuz (2); König in Zopf und Schwert.

Mad. Schütz von Braunschweig: Franziska in Die Carlsschüler; Margarethe in Die Liebe auf dem Lande; Mad. Pinchon in Die Vernunftheirath (2); Mademoiselle Schnell in Die Proberollen (2); Leonore von Waldburg in Das letzte Abenteuer (2); Christine in Das goldene Kreuz; Adele Müller in Die gefährliche Tante (2); Frl. v. Sonnsfeld in Zopf und Schwert; Therese in Die zweite Frau.

Dir. Carl: Balletmeister Rosenbaum in Die Figurantin; Staberl in Staberls Reiseabenteuer.

Herr Brüning: Richard Wanderer; Theaterdiener in Versuche; Brissac in Die Mönche (2); Palm in List und Phlegma; Adolf von Zinnburg in Die Bekenntnisse.

Mad. Brüning: Pauline in Versuche; Adolfine in List und Phlegma.

Herr Marr: Lamoignon; Karl in Die Karlsschüler; Ranzau in Minister und Seidenhändler.

Herr Joh. Fenzl, Balletmeister aus Stuttgart mit Herrn Franz Fenzl, Dem. Sophie und Auguste Fenzl gastiren in folgenden Ballets: Der Nachtwandler (6); Fiorella (4); Peri (5); Der Zauberfisch (11).

Vortrag des 7jährigen Adolf Groß aus Hamburg (Violinist).

Dem. Gerber von Oldenburg: Emilie in Emiliens Herzklopfen (2); Marie in Der Kurmärker und die Picarde; Betty in Der Weiberfeind; Rose in Die weibliche Schildwache.

Dem. Auguste Fenzl: Louis in Der Pariser Taugenichts (4); Marie in Der Kurmärker und die Picarde; Lorle in Dorf u. Stadt (2).

Dem. Sangalli von Leipzig: Sarah in Die Macht der Vorurtheile.

Herr Danielson von Bremen: Alsdorf in Das bemooste Haupt; Hauptmann Wiese in Das Tagebuch (Debut).

Herr Pauli von Breslau: Theaterdiener in Versuche; Samuel in Der Pfarrherr; Vollner in Der Sohn auf Reisen; Jacob in Der Hofmeister in tausend Aengsten; Heinrich in Die Rückkehr ins Dörfchen (2).

Dem. Antonie Leopold von Danzig: Lucie in Das Tagebuch (2); Gustav in Wer ist mit?; Wilhelm in Der Vetter; Adolfine in List und Phlegma.

Dem. Meixner: Base in Das war ich. (Debut.)

Holtei's dramatische Vorlesung von Julius Cäsar. 3. Act.

Herr Nesmüller von Magdeburg: Jean in Die schöne Müllerin (3); Hinz in Die weibliche Schildwache; Lorenz in Zwei Herren und ein Diener; Peter in Der Sohn auf Reisen; Jeremias Klagesanft (2).

Herr de Marchion von der Wien: Hans in Die Rückkehr in's Dörfchen (5); Liedervortrag (8); Kurmärker (3); Farinelli (6); Mauser (2); Franzl in 's erste Busserl (2); Franz in Die Wiener in Berlin (2); Peter in Die Kunst, geliebt zu werden (5).

Dem. Höfer: Lise Pomme in Der Weg durchs Fenster (2); Hans in Ein Stündchen in der Schule (2); Rosel in 's erste Busserl; Rosel in 's letzte Fensterln; Rosel in Drei Jahre nach 'm letzten Fensterln; Diavolina in Die Töchter Lucifers (2); Louise von Schlingen in Die Wiener in Berlin.

1849.

Herr de Marchion: Peter in Die Kunst, geliebt zu werden (5); Liedervortrag (3); Dorval in Der Schatzgräber (3); Von Lernau in Der Unsichtbare; Minnewart in Das Donauweibchen (1. Theil) (10); Franz in Die Wiener in Berlin; Schulze in Der Kurmärker und die Picarde (2); Minnewart in Das Donauweibchen (2. Theil) (7); Pierrot in Muttersegen (2); Saint Phar in Aline; Loisl in 's Versprechen hinterm Herd (12); Gustav in der Polenfeind (2); Marquis Zuckerbrodt in Die Schwestern von Prag (2); Farinelli.

Herr Hendrichs: Reinhard in Dorf und Stadt; Bernhard Martens in Der Pfarrherr; Reinhold in Badekuren.

Dem. Therese Herrmann: Louise von Schlingen in Die Wiener in Berlin; Marie in Der Kurmärker und die Picarde; Nettchen in des Schauspiels letzte Rolle (1); Adele in Die ersten Koketterien; Chonchon in Muttersegen (2); Aline.

Dem. Michalesi: Gesangvortrag.

Dem. Labbnigg: Gesangvortrag.

Herr Ditt: Gesangvortrag.

Herr Reinhard von Köln: Baron Gleisenburg in Vatersorgen (2).

Mad. Brue vom Kgl. Hoftheater zu Berlin: Tanz; Zephyrine in Tänzerin auf Reisen.

Mad. Walter, Herr Wachtel und Herr Scharff: Gesangvortrag. Duett d. Almaviva und Figaro aus Barbier. Arie des Alamir (2). Romanze des Numarins. Arie des Tamino.

Herr Brue vom Hoftheater zu Berlin: Tanz.

Dem. Laura Ernst von Mainz: Sabine in Die Einfalt vom Lande; Frau in Nehmet ein Exempel dran; Dorine in Tartüffe; Königin Anna in Glas Wasser; Evchen in Der verwunschene Prinz.

Herr Klischnig: Mamok in Der Affe und der Bräutigam (9); Jocko (5).

Mad. Nesmüller: Griseldis.

Herr Moritz Rott: Danville in Die Schule der Alten; Orgon in Tartüffe, Kriegsrath Dallner in Dienstpflicht.

Vortrag des Pianisten Wehli.

Herr Döring: Banquier Müller (6); Commissionsrath von Frosch (6); Ferdinand in Ferdinand der Seefahrer (3); Ferdinand von Meißen in Die Drillinge; Elias Krumm (5); Leyer-Kaspar; Fegesack in Der Geizige; Baron Skarabäus (3); Lorenz Kindlein (2).

Dem. Lachenwitz: Wilhelm in Der Vetter; Rose in Die weibliche Schildwache; Pauline in Versuche.

Herr Dessoir von Carlsruhe: Bolingbroke in Glas Wasser (2); Garrick; Carl von Ruf in Die Schachmaschine; Zolky; Ferdinand in Er muß aufs Land; Heinrich in Lorbeerbaum und Bettelstab.

Dem. Louise Neumann: Lorle in Dorf und Stadt (4); Marie in Im Walde (3); Marie in Die kleine Cousine (4); Beatrice in Viel Lärm um Nichts (3); Lucie in Das Tagebuch (4); Jenni Eichfeld in Geistige Liebe (4); Gretchen Lieblich in Die Schwestern; Frau von Luch in Die junge Pathe.

Die Tänzerfamilie Price unter Leitung der Herren Charles Price und Brunner gab 9 Vorstellungen.

Herr Köckert: Richard Wanderer; Paul von Scharfeneck in Der Majoratserbe (2); Aubry in Die Ehescheidung.

Herr Dir. Carl: Staberls Reiseabenteuer (3); Pauzel in Der Tanzmeister Pauzel (3); Keck in Doctor und Friseur; Rosambeau in Die Figurantin; Troxillon in Marie, die Regimentstochter.

Dem. Fanny Elsler: Helva.

Mad. Fidy-Hoch: Marie in Zurücksetzung; Sophie von Halden in Der Bräutigam ohne Braut.

Herr Scholz: Faustin in Stadt und Land (3); Zwirn (2); Herr von Moulich in Der Zigeuner (2); Augustin in Die Entführung vom Maskenball; Damian in Zu ebner Erde und im ersten Stock (2); Tailhuber in Die verhängnißvolle Faschingsnacht.

Herr Grois: Sebastian Hochfeld (3); Knieriem (2); Korporal Horgoß in Der Zigeuner (2); Matthias in 's letzte Fensterln; Matthias in Drei Jahre nach 'm letzten Fensterle; Johann in Zu ebner Erde und im ersten Stock (2); Lorenz in Die verhängnißvolle Faschingsnacht.

Herr Grabowsky von Petersburg: Baron Ringelstern.

Dem. Viereck: Anna von Oesterreich (4); Hedwig in Der Ball zu Ellerbrunn (2); Jolanthe in König René's Tochter; Marion in Die Marquise von Villette (2); Vicomte von Létorières (2); Baronin Waldhall in Das letzte Mittel; Lucie in Das Tagebuch.

Herr Bürde von Riga: Rolla in Dornen und Lorbeer; Tristan in König René's Tochter; Reinhard in Dorf und Stadt.

Herr Onngar: Poustalot; Doctor Murr.

Dem. Marie Fabricius von Meiningen: Chouchon; Sabine in die Einfalt vom Lande; Marie in Der Kurmärker und die Picarde.

Dem. Würl von Danzig: Lise Pomme; Jenni in Geistige Liebe; Lorle in Dorf und Stadt; Laura in Die Karlsschüler.

Herr Grosse von Oldenburg; Schiller in Die Karlsschüler.

Herr Schröder von der Wien; Robert in Die Leibrente; Fritz Flott.

Herr Preumair: Melchior in Einen Jux will er sich machen.

Herr von Heßling von Lemberg: Hilarion in Weltreise eines Capitalisten (7); Lustig in Die falsche Primadonna in Krähwinkel; Weinbein in Einen Jux will er sich machen.

Herr Dir. Pichler von Detmold: Franziscus in Die Mäntel (2); Strizow in 's Versprechen hinterm Herd; Schultze in Die Rückkehr des Landwehrmannes (2); Pedro in Preciosa; Lorenz in Zwei Herren und ein Diener.

Dem. Louise Schmidt aus Berlin: Regina in Familienzwist und Frieden (1. theatr. Versuch); Therese in Drei Frauen u. keine (2).

Dem. Fuhr: Lorle in Dorf und Stadt.

Dem. Senger: Käthchen Gutsmuths in Die falsche Primadonna in Krähwinkel.

Violinist E. Reményi aus Ungarn.

Dem. Polixena Heusser: Franziska in Mutter und Sohn.

Dem. Emilie Heusser: Selma in Mutter und Sohn.

Gesangvortrag von Petro Tozzoli von Bucharest.

Herr F. Mollenhauer von Göttingen, Violinist.

1850.

Welt-Tableaux der Herren Brill und Siegmund (6).

Japanisch-athletisch-plastische Akademie von Charles Rappo und Gesellschaft.

Dem. Aug. Fenzl von München: Arount in Voltaire's Ferien (2);

Louis in der Pariser Taugenichts; Madeleine in Ihr Bild; Marie in der Kurmärker und die Picarde.

Gastvorstellung des bayrischen Hofballetmeisters Fenzl mit Familie (10).

Herr Emil Devrient: Bolingbroke in Das Glas Wasser; Paul von Scharfenek in Der Majoratserbe (2); Arthur Derwood in Ein Arzt (3); Baron Nordek in Kurzer Roman (2); Robertin in Die Memoiren des Teufels (2); Petruchio (2); Theodor in Sohn und Enkel; Gustav Bremon in Besser früher wie später; Herfort in Warum; Heinrich in Lorbeerbaum und Bettelstab; Richard Wanderer.

Dem. Wagner von Dresden: Baronin Freimann in Der Wildschütz.

Mr. and Mrs. Alfred Osmond, late Miss Waverley Scott.

Magier Herrmann aus Hannover (25).

Dem. Vilatta von Berlin: Lorle in Dorf und Stadt; Käthchen von Heilbronn.

Herr Carl La Roche: Cantal in Der Fabrikant; Adam in Der zerbrochne Krug; Michel Perin; Fein in Der höfliche Mann; Hypolit von Biberstein (3); Baron Ostburg in Die Lästerschule (2); Kammerrath Engelhaus in Verirrungen.

Mad Haizinger: Bärbel in Dorf und Stadt (2); Louise von Schlingen in Geistige Liebe; Katharina in Die Frau im Hause (2); Katharina in Ich bleibe ledig (3); Magdalena in Die Tante aus Schwaben (2); Kammerräthin in Verirrungen; Emilie von Werdenbach in Der Zögling; Madame Duval in Das Ehepaar aus der alten Zeit (2).

Dem. Louise Neumann: Lorle in Dorf und Stadt (2); Jenny Eichfeld in Geistige Liebe; Alma Rosen in Die Frau im Hause (2); Lucie in Das Tagebuch (2); Caroline in Ich bleibe ledig (3); Baronesse von Ostburg in Die Lästerschule; Marianne in Verirrungen; Madame Klapper in Das Ehepaar aus der alten Zeit (2); Marianne in Die Geschwister (2).

Dem. Mathilde Wildauer: Rosel in 's letzte Fensterln.

Tänzerfamilie Price (19).

Admiral Tom Pouce: Däumling in Californien (6); Dimier, Kellner, Doctor in Die Späße des Zwerges; Teufelchen, Apotheker, Leibgardist in Das Teufelchen (5); Max Großmann in Stündchen in der Schule (3).

Mlle. Rachel mit Mitgliedern des Théatre français und des Odéon von Riga (5).

Herr Butterweck: Gerard in Alte Sünden (3); Ferdinand, Ferdinand der Seefahrer, Ferdinand von Meißen in Die Drillinge; Rath Presser (2); Duval in Wer ißt mit? (2); Robert in Die Leibrente (2); Pfeffer; Fröhlich (3).

Dem. Kral von Bremen: Sabine in Die Einfalt vom Lande (3); Marie in Der Kurmärker und die Picarde (2).

Herr Tidemann von Bremen: Robert in Die Leibrente.

Herr Bachmann: Brummer in Familienzwist und Frieden.

National-Concert der 40 französischen Bergsänger unter Mitwirkung des Herrn Azéma, erster Solo-Bariton des französischen Conservatoriums.

Dem. Höffert von Mannheim: Hedwig in Der Ball zu Ellerbrunn.

Herr Caspar von Köln: Flamberg in Die Kinder des Regiments; Peter Lütje; Fritz Flott.

Herr Stotz: Balthasar in Der artesische Brunnen (2); Stuhlmüller in Einmalhunderttausend Thaler (2); Theaterdiener in Versuche; Knieriem (2); Purzel in Der Weltumsegler wider Willen (2).

Mad. Stotz: Schalk in Der artesische Brunnen (2); Wilhelmine in Einmalhunderttausend Thaler (2); Pauline in Versuche; Miranda in Lumpacivagabundus (2); Ludwig in Der Weltumsegler wider Willen (2).

Dem. Zeller: Pauline in Versuche (2); Hans in Ein Stündchen in der Schule.

Herr L. Köckert von Olmütz: Eduard in Die junge Pathe.

1851.

Dem. Löwe von Dessau: Preciosa.

Mimisch-plastische Vorstellung des Herrn Carlo de Pasqualis, Ballettänzer vom Hoftheater zu Turin mit seiner Gesellschaft (3).

Herr Kunst von Braunschweig: Hinko.

Dem. Stölzel von Augsburg: Betty in Der Weiberfeind.

Dem. Antoine Calliano von Grätz: Rosel in 's letzte Fensterln; Julie in Eine Posse als Medicin; Susanne in Unter der Erde; Judienne in Die Tanzstunde in der Dachstube (3); Betti in Doctor und Friseur (2); Rosine in Herr Purzel in Spanien (3).

Concert der Loczer ungarischen Musikgesellschaft des Kapellmeisters Johann Kálodzy (6).

Mad. Starke: Margarethe Western (Debut).

Herr Räder: Hans Bierschrot in Unter der Erde (2); Keck in Doctor und Friseur (2); Zephirin in Die Tanzstunde in der Dachstube (3); Kazi in Till Eulenspiegel; Purzel in Spanien (3); Godinet in Drei Frauen auf einmal (2); Purzel in der Weltumsegler wider Willen; Theodor in Die Engländer auf Reisen (2); Mengler in Endlich hat er es doch gut gemacht.

Die Kinder Amalia, Cäcilie, Anna und Ferdinand Wollrabe in Nur Ruhe (4), in 's letzte Fensterln (2) (Anna und Ferd.), Der Kurmärker und die Picarde (Anna und Ferd.).

Dem. Alexandrine Calliano: Clara in Zurücksetzung.

Herr Rathmann von Magdeburg: Freiling in Der Weiberfeind.

Herr Döring: Banquier Müller (2); Elias Krumm (2); Frosch (2).

Der 5jährige ungarische Tänzer Herrmann Königsbaum (4).

Herr **Wilhelm Kunst** v. d. Wien: Otto von Wittelsbach (2); Götz von Berlichingen; Wnzel in Pinto.

Herr **Rott** von Linz: Pinto.

Herr **Cranolini** von Darmstadt: Matthias in Der Kiarridah; Fröhlich (2); Valentin in Der Verschwender; Lustig in Die falsche Primadonna in Krähwinkel (2); Matthias in 's letzte Fensterln.

Mad. **Mitterwurzer** von Dresden: Bertha in Die Helden; Madame Hirsch in Der Kammerdiener.

Herr **Dawison**: Garrick; Harleigh; Rouget de Lisle; Graf Zawisza in Das Fenster im ersten Stock; Bonjour in Die Wiener in Paris (3); Reinhard in Dorf und Stadt; Jolly Jürge (2); Zolky (2).

Herr **Scholz**: Zwirn (2); Herr von Mollich in Der Zigeuner (2); Faustin in Stadt und Land (3); Grimmig in Junker u. Knecht; Schippel in Mein Freund (2); Damian in Zu ebner Erde u. im ersten Stock (2); Brillmann in Verrechnet (4).

Herr **Grois**: Knieriem (2); Korporal Horgoß in Der Zigeuner (2); Sebastian Hochfeld (2); Michel in Junker und Knecht; Hochlinger in Mein Freund (2); Johann in Zu ebner Erde und im ersten Stock (2); Lois in Verrechnet (4).

Herr **Brüning**; Jacob in Der Ball zu Ellerbrunn; Hans in Hans und Grete; Baron Palm in List und Phlegma (2); Herr von Dunst in Eine Posse als Medizin; Richard Wanderer.

Dem. **Steinau** von Königsberg: Gretchen in Die Schwestern; Sabine in Die Einfalt vom Lande; Julie in Des Königs Befehl.

Herr **Börner**: Kluck (2); Flüsterleis in Die Benefizvorstellung.

Mad. **Weiß** mit 48 jungen Tänzerinnen (56).

Dem. **Höfer** aus Breslau: Louis in Pariser Taugenichts; Nandl in 's Versprechen hinterm Herd; Lorle in Dorf und Stadt; Linchen, Minchen, Trinchen in Die weiblichen Drillinge; Susanne in Unter der Erde; Trini in Die Kinder des Regiments; Margarethe in Der Dorfrichter und die Almerin; Lorle in Ein Berliner im Schwarzwalde; Hans in Ein Stündchen in der Schule.

Herr **Wallner**: Keck in Doctor und Friseur; Steidele in Die Schwäbin (3); Fritz Horbach in Der verwünschte Brief (2); Schulze in Der Kurmärker und die Picarde (2); Sebastian Hochfeld; Rappelkopf; Windmüller.

Mad. **Wallner**: George in Die Stumme von Ingouville; Julie in Der verwünschte Brief (2); Marie in Der Kurmärker und die Picarde (2); Appollonia in Stadt und Land; Annette in Der Kammerdiener.

Herr **Krieg** von Cassel: General Morin; Groscanon in Rataplan.

Dem. **Molendo**; Rataplan.

Herr M. **Zenopolsky** vom Nationaltheater zu Warschau: Plastisch-mimische Studien.

1852.

Frau **Stolte** von Braunschweig: Sololustspiel von Saphir; Frau in Nehmt ein Exempel dran! Franziska in Mutter und Sohn.

Kaiserlich persische Hofgymnastiker Huissein-Beck u. Hassan Aga Alif mit ihrer Akrobatengesellschaft Karamat, Ditaroff und Bolla. (5).

Die Perser gastiren noch 8 mal.

Dem. Höfer: Susanne in Unter der Erde; Julie in Eine Posse als Medicin; Lorle in Dorf und Stadt; Rustika in Die Schule der Verliebten; Hans in Ein Stündchen in der Schule.

10 Kalmyen aus der Wüste Sahara unter Mahomed Ben Said.

Dem. Kowalsky von Görlitz: Rose in Schwarzer Peter; Guste in Guten Morgen Herr Fischer; Betty in Der Weiberfeind; Lotte in Wenn Leute kein Geld haben.

Französische Schauspieler des Armand (12).

Frau Schnsella-Brüning aus Wien: Pauline in Versuche (2); Emma in Sie will sich trennen; Indienne in Die Tanzstunde in der Tanzstube (2); Nandl in 's Versprechen hinterm Herd; Letti in Doctor und Friseur.

Frl. Seebach: Nandl in 's Versprechen hinterm Herd; Louise von Schlingen in Die Wiener in Berlin; Salome in Der Talisman.

Herr Hendrichs: Lamberini in Ein alter Musikant; Doctor Hagen; Philipp Heyder in Die Amerikanerin; Cölestin in Im Walde (2); Stephan Foster (2); Cesar in Donna Diana (2); Bruno in Mutter und Sohn (2); Ingomar; Cesar von Freimann; Rolla (2); Ferdinand in Kabale und Liebe; Fürst Tscherikoff.

Frl. Kleb: Jeanne Gasparde in Wie man Häuser baut; Marie in Muttersegen.

Frau Elisabeth Schröder-Schmidt: Marie-Anne.

Herr Detz: Alsdorf in Das bemooste Haupt.

Frl. Daun: Helva (2); Rosamund von Kronau; Sebastian und Viola.

Englische Gymnastiker Roselli und Connor nebst Söhnen und Herren Bolla und Ditaroff (3).

Herr Wentzel von Stuttgart; Hans Sachs; Garrick; Reinhold in Badekuren; Cesar in Donna Diana.

Frl. Ziegele: Gesangsvorträge (3).

Frl. Seebach von Cassel: Lorle in Dorf und Stadt; Franziska in Mutter und Sohn; Preciosa.

Frau Schaub: Bärbel in Dorf und Stadt.

Frl. Janauschek: Eugenie in Die Geschwister; Donna Diana.

Herr Pischeck: Gesangsvortrag.

Frl. Henriette Müller von Mannheim: Antonie in Die Hochzeitsreise; Marie in Zurücksetzung.

Herr Carl Treumann von Wien: Julius Hase in Rothe Haare (2); Schulze in Der preußische Landwehrmann und die französische Bäuerin (5); Crescendo in Der Gang in's Irrenhaus (2); Heymann Levy auf der Alm (4); Pierre Mauclerc in Ihr Bild (2); Hilarion in Paperl (7); Gervinus in Der Narr von Untersberg (Scene 1); Anton in Der Fabrikjunge; Kott in Ein Filz als Prasser (2).

Frl. Aug. Fischer: Eugenie in Die Geschwister (1. Versuch).

Herr Wilhelm Herrmann von New-York: Ernst Hellwald in Von Sieben die Häßlichste; Fritz Dusel in Der Confusionsrath; Puffer in Eine Nacht auf Jamaica; Jean in Die schöne Müllerin; Elias Krumm; Mr. Thongson in Guste in Amerika.

Herr Weirauch v. d. Friedrich-Wilhelmstadt: Stuhlmüller; Carmagnole; Hieronymus in Mönch und Soldat (2); Hamster in Die verhängnißvolle Omelette (2); Kindler in Die Maskerade im Dachstübchen; Reck in Doctor und Friseur; August in Wenn Leute Geld haben (2); Liborius in Die Reise auf gemeinschaftliche Kosten; Lorenz in Lorenz und seine Schwester.

Mimisch-plastische Bilder des Prof. L. Keller vom Hoftheater zu Petersburg.

Herr Günther vom Hoftheater zu Berlin: Fritz Flott; Hauptmann Wiese.

1853.

Icarische Spiele des Professor H. Cottrely nebst seinen vier Brüdern (7).

Frl. Antonie Herrmann: Rose in Die weibliche Schildwache (1r Versuch) (2); Jeanneton in Mariette und Jeanneton; Gretchen in Die Kunst, geliebt zu werden.

Herr Reichardt: Gesangvortrag.

Herr Julius Herrmann: Peter in Die Kunst, geliebt zu werden.

Frl. Siegmann vom Stadttheater zu Köln: Adolphine in List und Phlegma (3); Trim in Die Kinder des Regiments; Guste in Köck und Guste (2); Guste in Guten Morgen, Herr Fischer; Auguste in Nr. 23 (6); Linchen Minchen Tinchen in Die weiblichen Drillinge (2).

Frl. Boßler vom Hoftheater zu Bernburg: Jeanne Gaspard in Wie man Häuser baut; Rosamund von Kronau in Rosenmüller und Finke (4); Hanna in Deborah.

Fräulein Elise Chorherr vom Stadttheater zu Magdeburg: Rose in Die weibliche Schildwache (3); Nandl in 's Versprechen hinter'm Herd (5); Marie in der Kurmärker und die Picarde (3); Adolphine in List und Phlegma; Leuchen in Das Mädchen von der Spule (3); 's Lorle in Ein Berliner im Schwarzwald (2); Chonchon in Muttersegen (2); Hanne in Hans und Hanne (3); Netti in Der Reichthum des Arbeiters (2); Schall in Der artesische Brunnen.

Frl. Antonie Grahn: Deborah.

Sennora Pepita de Oliva; La Madrilenna (6) und El Ole (6).

Concert der Gebrüder Louis, Leopold u. Gerhardt Brassin (2).

Herr Schule von Bremen: Balthasar in Der artesische Brunnen (4); Doctor Hippe (2); Stuhlmüller.

Herr Hendrichs: Rochester (2); Doctor Raymund in Der Armen-Doctor; Franz in Ein seltenes Weib (2); Cesar in Donna Diana; Rolla, Tristan in König René's Tochter; Sigismund in Das Leben ein Traum; Reinhard in Dorf und Stadt; Egmont.

Frau Burggraf von Hannover: Baronin Holmbach in Stille Wasser sind tief.

Frl. Hendrichs a. d. Friedrich-Wilhelmstadt: Jolanthe in König René's Tochter; Mary in Doctor Robin: Margarethe in Die Liebe auf dem Lande: Lorle in Dorf und Stadt.

Frl. Mathilde Schott: Betty in Der Weiberfeind; Emma in Eigensinn (1r Versuch); Louis in Der Pariser Taugenichts.

Herren Franz und Carl Doppler, Kapellmeister vom Nationaltheater zu Pesth: Concert.

Herr Schwiemer: Oranien in Egmont.

Herr La Roche: Commerzienrath von Glitter in Der reiche Mann; Magister Reisland (2); Capitain Cobridge (2); Klingsberg, Vater; Justizrath Fein in Ein höflicher Mann.

Herr Carl Treumann vom Carltheater: Lustig in Die falsche Primadonna in Krähwinkel (2r Act) (4); Heymann Levy auf der Alm (5); Reck in Doctor und Friseur (3); Zephyrin in Die Tanzstunde in der Dachstube (3); Anton in Der Fabrikjunge (2); Hilarion in Paperl (6); Sturmvogel in Eine Freundin und ein Freund (6); Schulze in Der preußische Landwehrmann und die französische Bäuerin (3); Schauspieler Wall in Des Schauspielers letzte Rolle (2).

Frl. Wilhelmi von Stuttgart: Marquise Pompadour in Keine Jesuiten mehr; Hedwig in Der Ball zu Ellerbrunn; Anna von Oesterreich (2); Valentine (2); Marie-Anne.

Frau Frieb-Blumenau: Madame Leipziger in Luftschlösser (9); Rosaure Klagesanft in Dreiunddreißig Minuten in Grüneberg (5); Landräthin in Die Stricknadeln (2); Frau Geresbach in Mathilde; Adolfine in List und Phlegma; Katharina in Die Frau vom Hause (3); Fräul. von Helmbach in Ein kleiner Irrthum; Generalin in Mutter und Sohn.

Frl. Susanne Göthe: Rosa in Die weibliche Schildwache (1r Versuch).

Gebr. Hutchinson, Gymnastiker vom Drurylanetheater (2).

Herr Ulram von Linz: General Morin.

Herr L. Günther von Köln: Jean in „Die schöne Müllerin; Peter in Der Kapellmeister von Venedig (3); Schulze in Der Kurmärker und die Picarde; Schulze in Die Rückkehr des Landwehrmannes.

Saphirs musikalisch-deklamatorische Academie und humoristische Vorlesung.

Frau Braunecker-Schäfer von Prag: Schalk in Der artesische Brunnen; Julie in Eine Posse als Medicin; Nandl in 's Versprechen hinter'm Herd; Belrose in Liebesgeschichten eines Chevauxlegers; Minna in Der Engländer in der Klemme (2); Cesarine in Rum; Susanne in Unter der Erde; Adrienne in Die Tochter der Jacqueline; Pauline in Versuche.

Herr Emil Hahn von Karlsruhe: Jobst in Die Schule der Verliebten; Tristan in König René's Tochter; Reinhard in Dorf und Stadt; Palm in Die Eifersüchtigen.

Senora Petra Camara, erste Tänzerin von Madrid mit Gesellschaft.

Herr Treumund v. d. Wien: Ferdinand Raimund (6); Valentin in Der Verschwender (3).

Herr Ludwig Schmidt: Hans von Birken in Das Intermezzo (2).

1854

Herr Hendrichs: Rochester.

Frl. Antonie de Kloot: Deborah (1r Versuch).

Frl. Josephine Baison: Suschen in Der Bräutigam aus Mexiko (2).

Frl. Emma Nemêth von Gratz: Susanna in Unter der Erde; Pepita in Ein Reiseabenteuer Pepita's (14); Tanz; Nandl in 's Versprechen hinterm Herd.

Frl. Liebhardt v. d. Hofoper zu Wien: Liedervortrag (2); Nandl in 's Versprechen hinterm Herd (2); Marie, Regimentstochter (2).

Herr Räder: Zephyrin in Die Tanzstunde in der Dachstube (4); Hans Klotz in Nur Wahrheit; Theodor in Die Engländer auf Reisen (2); Fischer in Signor Pescatore (4); Schelle in Graf Schelle; Purzel in Spanien (3); Johannes Muckebold in Ein Prophet (4); Mengler in Endlich hat er es doch gut gemacht (2).

Saphirs musikalisch-declamatorische Academie und humoristische Vorlesungen.

Herr Heyl: Reinhold in Badekuren.

Chinesische und indische Zauberei des Herrn Philippe aus Paris (6).

Frl. Auguste Fuchs von Rostock: Carl II. in Der Hof Carls des Zweiten; Sabine in Die Einfalt vom Lande; Rose in Rose und Röschen.

Magier Herr Hermann (3).

Herr Hanisch: Reinhardt in Dorf und Stadt.

Frl. Wichmann: Lorle in Dorf und Stadt.

Herr Menzel von Leipzig: Elsterwitz; Bückeburg in Durch; Doctor Hippe; August in Wenn Leute Geld haben; Purzel im Weltumsegler.

Frl. Rudloff von der Hofburg: Anna in Der Sonnwendhof (2); Jane Eyre (2).

Frl. Schmidt: Ludwig in Der Weltumsegler wider Willen.

Herr Marr von Weimar: Marquis von Seiglière (2); Menzinger in Der Kaufmann; Oberst Berg in Die Journalisten (6); Brissac in Rokoko; Rangard in Minister und Seidenhändler (2).

Herr G. Sievers von Hannover: August Hohendorf in Er ist nicht eifersüchtig.

Herr La Roche: Klingsberg Vater; Lorenz Kindlein; Magister Reisland; Capitain Cobridge.

1855

Frl. Goßmann von Königsberg: Marianne in Die Geschwister (2); Christine in Das goldene Kreuz (2); Hannchen in Die

Dienstboten; Agnes in Gänschen von Buchenau; Marie in Der Kurmärker und die Picarde (Debuts).

Frl. Gretchen Hartmann von der Hofburg: Therese in Das goldene Kreuz (2); Rose in Schwager Peter; Louise in Badekuren (Deb.)

Herr Isoard von Riga: Gautier in Das goldene Kreuz (2); Baron von Hetzfeld in Ein Fuchs (Deb.)

Frl. Kratz von Basel: Lorle in Ein Berliner im Schwarzwalde (2); Adolphine in List und Phlegma (Deb.)

Frl. Hintz von Dresden: Christoph in Christoph und Renata (2); Cäcilie in Er ist nicht eifersücht'g; Denise in Die schöne Müllerin; Franziska in Aufgeschoben ist nicht aufgehoben (Deb.)

Frl. Miller von Petersburg: Baronin in Christoph und Renata; Antoinette in Die Dienstboten; Frau von Zartenau in Ein Fuchs; Marquise in Die schöne Müllerin (Deb.)

Frl. Amalie Rennert von der Königstadt: Renata in Christoph und Renata; Clotilde in Ein Fuchs (Deb.)

Herr Triebler von Kroll: Pudel in Ein Fuchs (2); Hans in Hans und Hanne; Schulze in Der Kurmärker und die Picarde (Deb.)

Herr Grunert von Mainz: Eduard in Ein Fuchs (Deb.)

Herr Tschorni von Stettin: Reinhold in Badekuren (Deb.)

Frl. Doris Krempien: Walpurgis in Goldschmieds Töchterlein (erster Versuch); Frau in Nehmt ein Exempel dran.

Miß Lydia Thompson von Drurylane: Tanz (7).

Herr Hauisch von Stettin: Reinhold in Badekuren.

Herr Levasseur und Mademoiselle Tessire vom Théatre du Gymnase in Paris (6).

1856

Frl. Elisabeth Mejo von Riga: Angelika in Der Salzdirector; Anna in Fröhlich; Omelette in Theatralischer Unsinn (Deb.); Julie in Die Bekenntnisse; Adelaide in Sennora Pepita, mein Name ist Meyer!

Frl. Stoltenberg: Antonie in Die Hochzeitsreise.

Herr Theodor Loewe von Mainz: Lieberkühn in Die Schule der Verliebten (Deb.)

Herr Stephan von Riga: Brandheim in Der reisende Student (Deb.)

Herr Niemann: Veit in Ein Stündchen Incognito (erster Versuch).

Sennora Pepita de Oliva: Marie in Der Kurmärker und die Picarde.

Frl. Adele Bruckbräu von Linz: Tantchen Unverzagt (Deb.)

Herr Heinrich Groß von Pest: Reinhold in Badekuren; Valmy in Geistige Liebe. (Deb.)

Sennorita Antonia Salvador et Sennor Piédra von Madrid, Tanz. (2).

h

Frl. Marie Geistinger: Clementine in Die Braut aus Pommern (3); Omelette in Theatralischer Unsinn; Chonchon (Antrittsrolle).

Herr Carl Wille: Doctor Hippe (4); Henne in Ein Stündchen in der Schule (2); Sebastian Hochsfeld; Michel Quantner in Das Versprechen hinterm Herd.

Die Kinder des Herrn Rottmayr in Die Puppe (2); in Der Vetter aus Bremen; in Wie denken Sie darüber? in Die beiden Billette; in Der grade Weg der beste.

1857.

Frau Eichenwald, geb. Hartmann: Antoinette in Stille Wasser sind tief. (Antrittsrolle.)

Frl. Amalie Schultz: Guste in Köck und Guste (1r Versuch); Charlotte in Der sächsische Schulmeister und die Berliner Näherin.

Herr Wille: Desperrieres in Der Vicomte von Létorières (10); Henne in Ein Stündchen in der Schule (3); Joseph Hubert in Die Wiener in Berlin (4).

Frl. Bertha Gottschald: Lonis in Der Pariser Taugenichts (1r Versuch).

Die Violin-Virtuosen Geschwister Friedrich, Sophie und Victor Razeck (3).

Herr Dawison von Dresden: Harleigh (1); Bonjour (2); Gautier (2); Arthur von Norden in Plauderstunden (2); Gustav (2); Gottfried Lebrecht und Hyppolyte Falk in Die Geschwister; Graf Thorane (2).

Frl. Marie Seebach: Valérie (2); Lorle in Dorf und Stadt (1. Abth.) (2).

Frl. Lanner von Wien: Henriette in Saltarello (3); Stella, die Gauklerin (5).

Herr Franz Fenzl von München: Georg in Saltarello (3); Petrillo in Stella (5).

Herr Levasseur von der großen Oper zu Paris: Saltarello (3); Marquis Narciß in Stella (5).

Herr Anton Ascher von der Friedrich-Wilhelmstadt: Bornheim in Er weiß nicht, was er will (3); Georg Holly in Ein Bräutigam, der seine Braut verheirathet (2); Meister in Der dreißigste November (4); Valentin Willert in Romeo auf dem Bureau (2); Bußrig in Einmalhunderttausend Thaler; Vicomte in Der Ritter der Damen (3); Otto Bellmann (6); Graf Thorane (2); Alfons in Ein Don Juan in Wiesbaden (2); Edgard Therenot in Biedermann und Consorten (6); Doctor Peschke (7); Edward Strong in Eine Braut auf Lieferung.

Frau Rosa Dibbern von Altona: Wolfgang Goethe in Der Königslieutenant (2); Marie in Chonchon; Die Savoyardin; Schauspielerin in Komm her! Elvire in Tartüffe.

Herr Marr von Weimar: König in Des Königs Befehl (2); Girolamo in Des Malers Meisterstück (2); Klingsberg Vater; Baron Scarabäus; Ranzau in Minister und Seidenhändler (2); Tartüffe.

Frl. Melchior: Adele Müller in Die gefährliche Tante (2); Julie in Des Königs Befehl; Julie in Die Bekenntnisse: Hedwig in Der Ball zu Ellerbrunn. (Debut.)

Frl. Bertha Koch von Hannover: Hanne in Hans u. Hanne (2); Guste in Guten Morgen Herr Fischer. (Debut).

Herr Marr: Hofrath Wacker in Das Portrait der Mutter; Montrichard in Ein Damenkampf; König in Des Königs Befehl. (Deb.)

Frl. Auguste Miller: Doris in Eine kleine Erzählung ohne Namen. (Debut.)

Frl. Dardennes von Graz: Julie in Die Schwäbin; Gräfin in Damenkampf; Anna in Die Bekenntnisse. (Debut.)

Frl. Marie Winter: Léonie in Damenkampf. (Debut.)

Herr Kühn von Carlsruhe: Flavigneul in Damenkampf. (Debut.)

Herr Carl Baum von Kroll: Grignon in Damenkampf; Johann in Ueberall Irrthum; Silberling in Das Gänschen von Buchenau; Bitter in Die Bekenntnisse; Amandus in Guten Morgen Herr Fischer. (Debut.)

Frl. Schüler: Agnes in Gänschen von Buchenau. (Debut.)

Herr Wohlbrück: Robert in Die Leibrente; Commissionsrath Zucker in Der Ball bei Ellerbrunn.

Frl. Höfer von Petersburg: Julie in Eine Posse als Medicin (2); Gustchen vom Sandkrug; Richelieu in Der erste Waffengang; Nandl in 's Versprechen hinterm Herd (2).

Frl. Amalie Wollrabe von der Königstadt: Polixena in Kunst und Natur; Julie in Klatschereien. (Debut.)

Herr Hungar vom Carltheater zu Wien: Hyppolit von Biberstein. (Debut.)

Herr Hendrichs: Cäsar in Donna Diana (3); Graf Thorane (2); Molière in Das Urbild des Tartüffe (2); Baron in Der Freimaurer (2); Hagen in Das Gefängniß (2); Cesar von Freimann; Garrick.

Frau Eichenwald: Julie in Die Schwäbin. (Antrittsrolle.)

Senora Albina di Rhona: Tanz (3); Marie in Der Kurmärker und die Picarde (3).

Französische Schauspielergesellschaft der Herren Brilot und de Chapiseau (14).

Geschwister Sarah, Elisabeth und Helene Gunnisch vom Drurylane tanzten 7 mal.

Pantomimen- und Kinderballet des Herrn Krämer (1)

1858.

Herr Levassor vom Palais Royal: Komische Scenen (4).

Die drei Zwerge Jean Piccolo, Jean Petit und Kiss Jozzi in Der Pelzpalatin und der Kachelofen; in Die Milch der Eselin; in Bruder Liederlich; in Wem gehört die Frau? in Ein gesunder Junge (beide Jean); in Die Leiden eines Choristen (Piccolo) (5); in Das Auffinden der Zwerge (12); in Doctor Faust's Hauskäppchen (2); in Lumpacivagabundus (3); in Das Haus der Confusionen (5); in 10 Mädchen in Uniform.

Herr Fr. Devrient von Hannover: Jules Franz in Am Clavier (2); Garrick (2); Gibbon (6); Molière in Das Urbild des Tartüffe (2); Graf Thorane (2); Robert in Die Memoiren des Teufels (2); Bolingbroke in Das Glas Wasser (2); Richard Wanderer (3); Hauptmann in Der Hauptmann in der Runde; Jacob in Der Ball zu Ellerbrunn.

Die Zouaven vom Feldtheater bei Inkermann in der Krim (4).
Die Franzosen unter Briol und Chapiseau (4).
Frl. Fanny Heller von Zürich: Amalie in Mit den Wölfen muß man heulen (3); Wilhelm in Der Vetter (4).
Frl. Anna Schramm von Braunschweig: Louis in Der Pariser Taugenichts; Gretchen in Faust und Gretchen; Hanne in Hans und Hanne; Adolfine in List und Phlegma.
Herr Dawison: Harpagon in Der Geizige (2); Perin in Donna Diana (2); Gottfried Lebrecht (2); Hippolyte Falk und Charles Faucon in Die Unglücklichen; Graf Thorane; Hans Jürge (2); Bonjour (2); Hagen in Das Gefängniß.
Herr Sonntag von Schwerin: Reinhold in Badekuren; Don Cesar in Donna Diana; Wallbeck in Das Gefängniß.
Herr A. Schultze von der Königstadt: Hyppolit von Biberstein; Fischer in Guten Morgen, Herr Fischer; Neumann in Eine Berliner Höferin.
Frl. Paula Krieg von Königsberg: Karoline in Ich bleibe ledig; Helena in Die weiblichen Studenten (3); Betty in Der Weiberfeind; Katharina von Rosen in Bürgerlich und Romantisch; Lise Pomme in Der Weg durchs Fenster.
Frl. Elise Härting von der Friedr.-Wilhelmstadt: Karoline in Eine Berliner Höferin (1); Marie in Der Kurmärker und die Picarde; Agnes in Gänschen von Buchenau; Molly in Wurm und Würmer; Sabine in Die Einfalt vom Lande; Guste in Guten Morgen, Herr Fischer; Lorle in Ein Berliner im Schwarzwalde; Röse in Die Jagd.
Herr Wüst von Königsberg: Silberling in Gänschen von Buchenau; Zierl in Die Einfalt vom Lande.
Herr Hiltl von Coburg: Bolz in Die Journalisten.
Frl. Banini: Marie in Zurücksetzung (Deb.); Frau v. Lucy in Die junge Pathe.
Frl. von Petrikowska: Mathilde in Zurücksetzung; Cäcilie in Bürgerlich und Romantisch (Deb.).
Frl. Hofmann: Rosa in Ein gebildeter Hausknecht (Deb.).
Herr Schmidt: Baron von Heeren in Zurücksetzung (Deb.).
Frl. Krieg: Katharina von Rosen in Bürgerlich und Romantisch; Louise in Badekuren; Jenni Eichfeld in Geistige Liebe (Deb.).
Frl. Härting: Guste in Guten Morgen, Herr Fischer; Karoline in Die Berliner Höferin; Betty in Doctor Peschke (Deb.).
Herr Hahn: Ringelstern in Bürgerlich und Romantisch (Deb.)
Herr Wallbach: Reinhold in Badekuren; Eduard in Die junge Pathe (Deb.).
Die Solotänzerinnen Frl. Jenny und Emilie Osmond (3).
Frl Bußler, Elevin der Frau Frieb-Blumauer: Lorle in Dorf und Stadt (1r Theil) als erster theatralischer Versuch.

Frl. Schütz von Pesth: Warscha in Das Fest der Handwerker.
Herr Reichenbach vom deutschen Theater zu Amsterdam; Jacopo in Die Blutrache; Peter in Der Capellmeister von Venedig (3).
Herr Emil Devrient: Robert in Die Memoiren des Teufels; Bolingbroke in Das Glas Wasser (3); Paul von Scharfeneck (3); Robert in Die Leibrente (2); Bolz in Die Journalisten; Perin in Donna Diana (2); Nordeck in Die seltsame Wette (2); Cato von Eisen (2); Richard Wanderer; Molière in Das Urbild des Tartüffe (2).

1859.

Herr Wilke: Henne in Ein Stündchen in der Schule (5); Doctor Hippe (2); Joseph Hubert in Wiener in Berlin (3).
Herr Fr. Richter von Königsberg: Silberfranzel in Die Zillerthaler; Magister Lassenus in Der Hofmeister in tausend Aengsten.
Frl. Carlsen von Altona: Jenny in Die Liebe im Eckhause.
Herr Döring: Elias Krumm (2); Christian Timotheus Bloom in Rosenmüller und Finke (2); Frosch in Der Verschwiegene wider Willen (2); Magister Reisland (2); Banquier Müller in Das Liebesprotokoll (2); Adam in Der zerbrochene Krug (2); Lämmchen in Krisen (2); Pernet in Der Copist (2); Friedrich II. in Zwei Heirathen unter Friedrich dem Großen; Scarabäus.
Die Violin-Virtuosinnen Virginia und Caroline Ferni.
Frl. Rabe: Rosa in Schwarzer Peter (1r Versuch).
Frl. Goßmann: Cora d'Anville in Ueber's Meer (2); Margarethe Western (2); Rustica in Die Schule der Verliebten (2); Sabine in Die Einfalt vom Lande (2); Julie in Sie schreibt an sich selbst; Anna-Lise; Polyxena in Kunst und Natur; Jeanne in Lady Tartüffe (2); Hannchen in Der Wollmarkt (2); Agnes in Gänschen von Buchenau; Marie in Der Kurmärker und die Picarde (2); Eveline in Fata Morgana (2); Suschen in Der Bräutigam aus Mexiko; Marketenderin vor der Hochzeit.
Herr W. Drost von Düsseldorf: Bückling in Des Friseurs letztes Stündlein; Lerchenschlag.
Frl. Caroline Sigl vom Stadttheater in Augsburg: Leopoldine von Strehlen, als Debüt. Cäcilie in Er ist nicht eifersüchtig.
Frl. Julius vom Stadttheater in Stettin: Lise Pomme in Der Weg durch's Fenster (Debut).
Herr Carl Röth vom Stadttheater in Aachen: Randolph in Der Weg durch's Fenster. (Debut)
Frl. Mathilde Koch vom Stadttheater in Königsberg: Kurt in Die Verschwörung der Frauen (Debut); Agnes in Gänschen von Buchenau.
Herr Pohl vom Stadttheater in Görlitz: Hohendorf in Er ist nicht eifersüchtig. (Debut)
Herr Siegrist vom Hoftheater in Oldenburg: Rohr in Das Mädchen vom Dorfe (Debut); Heinrich in Otto Bellmann.
Herr Reinhold Richter: Alfred in Eigensinn.

Herr J. Lotto, Violin-Virtuose (2).

Frau Niemann-Seebach vom Hoftheater in Hannover: Anna-Lise; Catharina in Die Widerspenstige (2); Bertha in Am Klavier (2); Marie in Chouchon (2).

1860.

Herr Carl Wille: Henne in Ein Stündchen in der Schule (5); Sebastian Hochfeld in Stadt und Land (3); Philipp Rüstig in Der hundertjährige Greis; Jack Trolle in Der Heirathsantrag auf Helgoland (2); Dr. Hippe.

Herr Jauner vom Hoftheater in Dresden: Ferdinand von Rahden in Magnetische Kuren (3); Katzmeier in Die Virtuosen (2); Girolama in Des Malers Meisterstück; Valentin Willert in Romeo auf dem Bureau; Ferdinand von Trang in Er muß auf's Land (2), Jules Franz in Am Klavier.

Frl. Karg vom Hoftheater in Meiningen: Chouchon; Nand'l in 's Versprechen hinter'm Herd (2); Lorle in Ein Berliner im Schwarzwalde; Elisabeth in Tannhäuser.

Frl. Raberg vom Hoftheater in Meiningen: Sabine in Die Einfalt vom Lande.

Herr Raberg: Anselm in Die Einfalt vom Lande.

Frl. Hoppé van Stettin: Elise in Das Räthsel. (Debut)

Frl. Berthold von Dresden: Anna-Lise (Debut); Frau von Lunz in Die junge Pathe; Léonie in Ein Damenkampf.

Frl. Widmann von Bamberg: Röschen in Die Kunst geliebt zu werden. (Debut)

Herr Scheibe von Braunschweig: Eduard in Die junge Pathe. (Debut.)

Herr Tannhof von Lübeck: Jean Champenoux in Die junge Pathe. (Debut)

Frl. Stritt von Wiesbaden: Jenny in Geistige Liebe (Debut); Cäcilie in Er ist nicht eifersüchtig.

Herr Werner von Leipzig: Hohendorf in Er ist nicht eifersüchtig. (Debut)

Herr Lanius von München: Reinhold in Badekuren (Debut); Leonhard in Das Lügen.

Frl. Weber von Breslau: Nand'l in 's Versprechen hinter'm Herd; Guste in Guten Morgen Herr Fischer; Caroline in Der Actienbubiker.

Frl. Puls von Cassel: Katharina von Rosen in Bürgerlich und Romantisch; Adele Müller in Kunst und Natur; Viola und Sebastian in Viola; Margarethe in Ein ungeschliffener Diamant; Madelaine in Ihr Bild; Bertha in Am Clavier (Antrittsrolle).

Frl. Clara Schmidt: Eugenie in Orpheus in der Hölle (1r Versuch) (5).

Frl. Anna Schramm v. d. Friedrich-Wilhelmstadt: Chouchon; Eurydice; Frau Ronge in Die Maschinenbauer; Betti in Doctor und Friseur (2); Adolgisa Stolperkrone in Der Jongleur (4); Louise in Kieselack und seine Nichte (6).

1861.

Frl. Schramm: Lene in Er kann nicht lesen (3); Louise in Kieselack und seine Nichte vom Ballet (2); Leuchen in Das Fest der Handwerker (5); Eurydice in Orpheus in der Hölle (2); Adalgisa in Der Jongleur (3); Frau Rouge in Die Maschinenbauer (3); Charlotte Zeisig in Der sächsische Schulmeister und die Berliner Näherin (5); Caroline in Die verhängnißvolle Omelette (3); Jettchen Freundlich in Eine Sylphide außer Dienst (4); Gretchen in Faust und Gretchen; Louise in Herr Dunst (2); Omelette in Theatralischer Unsinn.

Herr Härting von Hannover: Bolingbroke in Das Glas Wasser; Robert in Die Memoiren des Teufels; Petruchio.

Herr Doppel: Pastor Seebach in Die Jäger (5).

Herr Bogumil Dawison: Benedict in Viel Lärm um Nichts; Bonjour.

Herr Levassor und Frl. Teisseire (3).

Herr Julius Hübner von Cöln: Bolz in Die Journalisten; Schiller in Die Karlsschüler (2); Petruchio; Schiller (Ant.ittsrolle).

Frl. Elise Brand v. d. Friedrich-Wilhelmstadt: Jane Eyre (2); Marie in Zurücksetzung.

Frl Sobotka aus Wien (Schülerin der Haizinger-Neumann: Lorle in Dorf und Stadt (1r Versuch) (2); Klärchen in Der Verräther.

Herr Haase von Petersburg: Klingsberg, Vater (2); Arthur Derwood; Graf Thorane (3); Meister in Der dreißigste November; Pietro Tartini in Ein alter Musikant; Harleigh (2); Rocheferrier in Eine Partie Piquet (3); Siegel in Der Vetter; Bornheim in Er weiß nicht, was er will; Fein in Ein höflicher Mann; Lassenus in Der Hofmeister in tausend Aengsten.

Frau Kupfer von Pesth: Generalin in Mutter und Sohn (Debut) (2).

Herr Dreßler vom Hamb. Stadttheater: Bruno in Mutter und Sohn (Debut) (2).

Herr August Schulz von Olmütz: Erbförster (Debut)

Frl. Wolter vom Victoriatheater: Adrienne Lecouvreur (7); Jane Eyre (4); Deborah (2); Marie-Anne (3).

Frl. Kraft von Cassel: Pauline in Versuche (Debut) (4); Frau Rouge in Die Maschinenbauer (2); Guste in Guten Morgen, Herr Fischer.

Herr Köckert: Rochester (2); Moritz von Sachsen (2); Leonidas in Ein Wintermärchen (7); Ramiro in Die Schule des Lebens (2).

Frau Friederike Goßmann: Hermance in Ein Kind des Glücks; Clotilde in Wenn Frauen weinen; Marie in Feuer in der Mädchenschule; Julie in Ein Autograph; Fanchon Vivieux in Die Grille.

1862.

Herr Osten vom Victoriatheater: Ramiro; Rochester; Leontes,
Frl. Marie Singer aus Dresden: Deborah.
Frl. Auguste Götze aus Leipzig: Deborah (1r Versuch).

Herr Simon vom Carltheater in Wien: König in Zopf und Schwert; Devonshire in Kean (2); Doctor Treufels in Die Schule der Verliebten.

Frau Friederike Goßmann: Fanchon Vivieux; Margarethe Western (2); Gretchen Lieblich in Die Schwestern; Lorle in Dorf und Stadt (2); Rustica in Die Schule der Verliebten; Vicomte von Létorières; Marie in Der Kurmärker und die Picarde.

Ballettänzergesellschaft des Directors Carlo de Pasqualis (2)

Frl. Bechtel von Mainz: Mathilde (Benedix); Donna Diana; Catharina in Die Widerspenstige.

Frl. Bernadelli v. d. Friedrich-Wilhelmstadt: Louise in Zwei junge Wittwen; Afra in Der Goldbauer (Debut).

Herr Emil Hahn; Falkentoni in Der Goldbauer (Debut).

Frau Gieß von Meiningen: Tantchen Unverzagt (Debut) (2); Fürstin in Die Anna-Lise.

Herr Dietrich von Danzig: Rath Pilzig in Tantchen Unverzagt (Debut) (2)

Frl. Größer von Dresden: Caroline in Die Vorleserin (2); Beatrice in Viel Lärm um Nichts; Donna Diana; Katharina von Rosen in Bürgerlich und Romantisch (Debut).

Frl. Furlani von Preßburg: Evchen in Der verwunschene Prinz (2); Floretta in Donna Diana (Debut)

Herr Treller von Görlitz: Don Juan in Viel Lärm um Nichts; Föhse in Die Anna-Lise (Debut)

Frl. Claussen von Liegnitz: Anna-Lise (Debut)

Frl. Wolff von Görlitz: Mathilde (Benedix, Debut) (2); Françoise Dumesnil in Die Schauspielerin (Debut).

Frl. Caroline Singer von der Wien: Marianne in Die Geschwister (Debut)

Frl. Door von Magdeburg: Alte Jadet in Die Grille; Generalin in Mutter und Sohn (Debut)

Gastvorstellung der Violinvirtuosinnen Juliette und Julia Delépiere (9 und 16 Jahre alt) aus Paris (13).

Herr Franzmüller von Königsberg: Gautier in Das goldene Kreuz (Debut).

Frau Jachmann-Wagner: Iphigenie; Porzia in Der Kaufmann von Venedig (2); Hermine in Ein Wintermärchen (2).

Frau Kupfer-Gomansky: Pauline in Ein Wintermärchen (Antritt).

Frl. Genelli vom Victoriatheater: Lorle in Dorf und Stadt; Jolanthe in König René's Tochter.

Frau Niemann-Seebach: Jane Eyra; Valerie (2); Katharina in Die Widerspenstige (2); Mathilde; Bertha in Am Clavier.

Herr Stritt von München: Reinhold in Badekuren; Julius in Der Ahn auf Reisen.

1863.

Frl. Satran von Hannover: Marie in Feuer in der Mädchenschule; Dorothea in Hermann und Dorothea (Töpfer); Marie in Zurücksetzung; Hermance in Ein Kind des Glücks.

Frl. Delia von Pesth: Cäcilie in Ein kleiner Dämon; Marie in Zurücksetzung; Julie in Die Schwäbin.

Frl. Talmar von Olmütz: Deborah; Donna Diana.

Frl. Wolter: Adrienne Lecouvreur; Hermine; Marguerite (4); Valérie (2); Eugenie in Der Fabrikant; Anna Rey in Die Eine weint die Andere lacht (2); Eglantine (3); Gabriele von Belle-Isle (2); Conradine in Die deutschen Komödianten (2); Jane Eyre (2); Gertrud in Graf Waldemar (3); Katharina von Rosen in Bürgerlich und Romantisch.

Violin-Virtuose Camillo Sivori. (2)

Frl. Homann von Dessau: Preciosa; Alwine in Der Störenfried; Jenny in Die Liebe im Eckhause.

Herr Tomann von Lübeck: von Bern in Die unterbrochene Whistpartie.

Frl. Schneeberger von Mannheim: Anna in Der Hausspion; Julie in Die Schwäbin; Louis in Der Pariser Taugenichts; Rose in Schwarzer Peter.

Herr Dessoir als Ludwig Devrient in Ein Abenteuer Ludwig Devrients (5); Walter in Der Präsident (3); Der musikalische Engländer; Der Tanzmeister; Karl Lietze in Unruhige Zeiten (2); Dreese in Bädeler; August in Hermann und Dorothea; Windmüller in Der Vater der Debütantin (3); Melchior in Einen Jux will er sich machen (3); Abraham Meier in Man sucht einen Erzieher; Baumann in Er ist nicht eifersüchtig; Hippe in Guten Morgen, Herr Fischer.

Frl. Augsberger: Catharina in Die Widerspenstige; Mary in Doctor Robin.

Frl. Zitt vom Stadttheater in Riga: Donna Isaura in Die Schule des Lebens (2); Königin Anna in Das Glas Wasser (3); Leonore in Die Stiefmutter (2).

Frl. Satran von Hannover: Lucy in häusliche Wirren (Deb.).

Herr Auburtin vom Hoftheater zu Berlin: Dornau in häusliche Wirren (Deb.).

Herr Jacobi von Aachen: Hans Jürge (Deb.).

Frl. Augsberger von Neustrelitz: Mathilde (Deb.).

Herr Görner vom Stadttheater: Isidor Girodot in Das Testament des Onkels.

Frl. Lemcke von Leipzig: Herzogin in Glas Wasser (Deb.) (3); Franziska in Die Karlsschüler (2); Beatrice in Viel Lärm um Nichts (Deb.)

Herr Pochmann von Düsseldorf: Silberkalb in Die Karlsschüler (Deb.).

Frl. Weinberger vom Treumanntheater in Wien: Finke in Flotte Bursche. (Deb.).

Frl. Ränftle: Lise Pomme (Antrittsrolle).

1864.

Frl. Schneeberger: Lorle in Dorf und Stadt (Deb.) (2); Tony in Ein weißes Blatt; Adele in Ein geadelter Kaufmann.

Herr Bergmann von Königsberg: Landry.

Herr Zern vom Carltheater in Wien: Baron Aumann in Die Schraube des Glücks (2); Graf Ludwig Wallach in Der Kaufmann (2); Barrille in Marguerite.

Herr Scholz von Aachen: Wirth in Die Schraube des Glücks (2); Fürchtegott Lebrecht in Der Kaufmann (2).

Frl. Wolter: Marguerite (2); Adrienne Lecouvreur (2); Hermione (2); Jane Eyre (2); Deborah (4); Marie-Anne; Camilla in Eine vornehme Ehe (4); Anna Rey in Die Eine weint, die Andere lacht; Maria Stuart; Iphigenie; Conradine in Die deutschen Komödianten; Valérie in Die deutschen Komödianten (2).

Herr Herzfeld von Brünn: Trevelyan in Eine vornehme Ehe (4).

Herr Johannes von Neu-Strelitz: Fallentoni in Der Goldbauer; Georg Holly in Ein Bräutigam, der seine Braut verheirathet (2); Reinhard in Dorf und Stadt.

Herr Becker von Basel: Baron von Sanft in Das bin ich. (Antrittsrolle.)

Herr Schmidt: Flavigneul in Ein Damenkampf (Debut).

Herr Borgmann von Detmold: Landry (Debut)

Herr Lanius: Didier in Die Grille (Debut)

Herr Neumann von Königsberg: Reinhard in Dorf und Stadt (Debut) (2); Petruchio (2); Fürst in Die Valentine (3).

Frl. Herrlinger von Bremen: Adrienne Lecouvreur; Donna Dana; Catharina in Die Widerspenstige (2); Herzogin in Das Glas Wasser.

Frl. Buse v. d. Friedrich-Wilhelmstadt: Lorle in Ein Berliner im Schwarzwalde (3); Minna in Pech-Schulze (3).

Frl. Fehringer von Danzig: Guste in Wer ißt mit?

Compagnie Parisienne unter Mitwirkung des Herrn Laferrière (9)

Frl. Schwelger: Emma (1r Versuch).

1865.

Frl. Wolter: Deborah; Anna Rey in Die Eine weint, die Andere lacht; Jane Eyre; Prinzessin Montpensier (6); Marguerite (2); Hermione (2); Adrienne Lecouvreur.

Frl. Schwarzenberger von Heidelberg: Betti in Doctor und Friseur.

Frl. Eichberger von Breslau: Frike in Flotte Bursche; Marie in Der Kurmärker und die Picarde; Guste in Wer ißt mit? Ludmilla in Namenlos.

Herr Ellmenreich von Riga: Leopoldine in Die Anna-Lise.

Herr Hegel von Königsberg: Chalisac in Die Anna-Lise.

Frl. Irschik: Deborah (Deb.); Helene in Feenhände (4); Lucy in Eine Frau.

Frl. Eichberger: Ludmilla in Namenlos (Antritt).

Frl. Beck von Innsbruck: Frau in Nehmt ein Exempel d'rau (Deb.); Marie in Krethi und Plethi (2).

Frl. Noeldechen: Bertha in Wenn Frauen weinen (2); Agnes von Sternfeld in Krethi und Plethi (2).

Frl. Retter von Mainz: Jane Eyre.

Frl. Becker von Danzig: Minna von Barnhelm (2); Marie in Zurücksetzung.

Frau Niemann-Seebach: Eugenie in Die Geschwister; Adrienne Lecouvreur; Helene in Feenhände (2); Prinzessin von Montpensier; Baronin in Eine Tasse Thee; Katharina in Die Widerspenstige; Hortense in Plauderstunden; Mathilde in Benedix Mathilde; Jane Eyre.

1866.

Frl. Wahlmann von Graz: Deborah; Conradine in Die deutschen Komödianten; Königin in Das Glas Wasser; Cäcilie in Eine Familie.

Frl. Ulrich: Jolanthe in König René's Tochter (3); Leopoldine in Der beste Ton (4); Philippine Welser (4); Vicomte von Létorières; Helva (3); Hortense in Plauderstunden (3); Caroline in Die Vorleserin (2); Adele Miller in Die gefährliche Tante (2); Katharina in Die Widerspenstige; Elise in Im Wartesalon erster Classe; Helene in Feenhände! Donna Diana (2); Eugenie in Der Fabrikant; Elise in Er experimentirt; Sebastian und Viola in Was Ihr wollt.

Herr Gutherth von Lübeck: Nikolaus in Der beste Ton; August in Hermann und Dorothea.

Herr Lorzing von Lübeck: Rudolf in Der Weg durchs Fenster; Carl in Hans Jürge.

Herr Würzburg: Gottfried Lebrecht Falk, Hippolite Falk, Charles Faucon in Die Unglücklichen; Hans Jürge; Garrick.

Frl Ritzing: Marie in Der Kurmärker und die Pikarde (2); Cäcilie in Er ist nicht eifersüchtig.

Frl. Garlieb von Bamberg: Theobula in Die Familie Benoiton (2).

Frl. Zipser von Königsberg: Königin in Das Glas Wasser;

Frl. Ferdinande Stolle von der Friedrich-Wilhelmstadt: Christel in Ihr Retter (5); Dörthe in Hermann und Dorothea; Guste in Guten Morgen, Herr Fischer; Marie in Doctor Peschke (6); Dörthe in Der Jongleur.

Herr Thomas v. d. Friedrich-Wilhelmstadt: Jean Fanfaron in Ihr Retter (3); Kälbchen in 1733 Thaler 22½ Sgr. (3); August in Hermann und Dorothea.

Herr Patonay vom Wallnertheater: Buchheim in Der Vetter (2).

Herr Müller vom Wallnertheater: Abraham Meyer in Man sucht einen Erzieher; Fischer in Guten Morgen, Herr Fischer.

Frl. Minna Wagner vom Actientheater zu München: Adolfine in List und Phlegma (2); Liesel in 's Liesserl; Rosalinde in Beckers Geschichte; Ludmilla in Namenlos (2); Pauline in Versuche; Dame in Eine verfolgte Unschuld (2); Adalgisa in Der Jongleur (2); Guste in Im ersten Aufgebot.

Herr Ueberhorst vom Actientheater in München: Freiherr von Vernigobre in Wie man Häuser baut.

Herr Reichenbach: Kiewe in Namenlos (Antrittsrolle).

1867.

Mechaniker Hagedorn und Fischer produciren die von ihnen verfertigte Wunderfontaine, genannt Kalospinthechromokrene (6).

Frl. Ulrich: Adrienne Lecouvreur (2); Beatrice in Viel Lärm um Nichts (2); Adelheid in Die Journalisten (2); Valentine (3); Bertha in Wenn Frauen weinen; Isaura in Die Schule des Lebens (2); Gabriele von Belle-Isle (3); Catharina in Die Widerspenstige (2); Franziska in Guten Abend; Laura in Die Frau in Weiß; Helva (3); Eugenie in Der Fabrikant; Leopoldine in Der beste Ton.

Frl. Steiner von Hannover: Thusnelda in Die zärtlichen Verwandten; Laura in Die Karlsschüler; Prinzeß Marie in Die Valentine (2).

Herr Staegemann von Hannover: Bugslaff in Hans Lange; Claudio in Viel Lärm und Nichts (2); Stein in Wenn Frauen weinen; Baron in Im Wartesalon erster Classe; Flavigneul in Ein Damenkampf.

Frl. Schnetz von Hannover: Cäcilie in Er ist nicht eifersüchtig; Louise in Der beste Ton; Rosa in Rosa und Röschen.

Frl. Palma: Iba in Die Cheftifterin (5).

Frl. Julie Herrlinger von Pesth: Jolanthe in König René's Tochter (4); Julie in Die Bekenntnisse (4); Lorle in Dorf und Stadt; Mathilde in Zurücksetzung; Katharina in Die Widerspenstige; Cäcilie in Bürgerlich und Romantisch (2); Leopoldine in Der beste Ton (2); Cölestine in Er muß auf's Land.

Herr Stägemann: Bitter in Die Bekenntnisse (2); Fürst in Dorf und Stadt; Fichtenau in Ein Lustspiel.

Frl. Hedwig Stein von Breslau: Marie in Zurücksetzung; Agnes in Ein Lustspiel (2); Katharina von Rosen (2); Louise in Der beste Ton (2); Louise in Gringoire; Richelieu in Der erste Waffengang (2); Louise in Badekuren.

Frl. Setty von Chemnitz: Dörthe in Der Jongleur (2).

Frl. Rottmayer von Prag: Hedwig in Sie hat ihr Herz entdeckt; Agnes in Gänschen von Buchenau; Geneviève in Unsere braven Landleute; Fanchon Vivieux in Die Grille.

Frl. Mariot von Königsberg: Hortense in Plauderstunden; Madelone in Die Grille.

Frl. Helene Hoffmann: Agnes in Mamsell Uebermuth; Wirthin in Die Reise auf gemeinschaftliche Kosten; Marionette in Das Jahrmarktsfest zu Plundersweilen (8); Elvira in Eine leichte Person (5).

Frl. Martorel von Potsdam: Gertrude Rubach in Das Mädchen vom Brunnen (2); Genneviève in Unsere braven Landsleute.

1868.

Frau Becker von Coburg: Rosalinde in Beckers Geschichte; Hanne in Hans und Hanne.

Frl. Petzold von Lübeck: Elise Wackernagel in Die Mottenburger (10).

Frl. Glenk vom Hoftheater zu München: Hedwig in Sie hat ihr Herz entdeckt; Anna-Lise; Hermance in Ein Kind des Glücks; Marianne in Die Geschwister; Sabine in Die Einfalt vom Lande.

Die Compagnie Française du Théâtre Royal de Berlin (10).

Herr Drost: Snaalenkopp in Eine (letzte) Nacht auf Wache. (4).

Frl. Raabe von Petersburg: Marie in Feuer in der Mädchenschule (2); Margarethe Western (2); Hedwig in Sie hat ihr Herz entdeckt (2); Louis in Der Pariser Taugenichts (2); Aschenbrödel (2); Betty in Der Weiberfeind; Anna-Lise (2); Lorle in Dorf und Stadt; Hermance in Ein Kind des Glücks; Richelieu in Der erste Waffengang (3); Gundula in der Herr Studiosus; Margaretha in Die Liebe auf dem Lande (2); Fanchon Bivieux in Die Grille (2); Mathilde in Gleich und Gleich; Clotilde in Wenn Frauen weinen (2); Cäcilie in Ein kleiner Dämon (2); Lorle in Dorf und Stadt; Lieschen Wildermuth; Röschen in Ein schöner Traum.

Frl. Sophie Köhler von Königsberg: Philippine Welser; Magdalene Werner in Aus der Gesellschaft; Helene in Feenhände (2).

Inhalt.

	Seite
Vorwort	3
Einleitung. Hamburg und dessen Bedeutung für die Schauspielkunst	6
Maurice und das Thalia-Theater	8

Erste Abtheilung. Historischer Theil.

Die Vorläufer des Thalia-Theaters	19
Rückblick auf das Steinstraßen-Theater unter den verschiedenen Directionen	21
Das Thalia-Theater von der Gründung bis zur Vereinigung	24
Das Thalia-Theater während der Vereinigung	40
Das Thalia-Theater nach der Vereinigung bis zur Erweiterung der Concession	51
Das Thalia-Theater seit Erweiterung der Concession bis zur Gegenwart	61
Das Thalia-Theater in seinem gegenwärtigen Bestande	71

Zweite Abtheilung. Statistischer Theil.

Personalverzeichniß der Mitglieder des Thalia-Theaters vom Jahre 1843—1868	3
Verzeichniß sämmtlicher Stücke, die seit dem 9. November 1843 bis zum Jubiläumstage aufgeführt wurden	15
Zahl und Gattung der aufgeführten Stücke	64
Verzeichniß der Autoren und Bearbeiter	68
Historischer Kalender	76
Gastspiele und Debüts	100

Druck von M. Rosenberg in Hamburg.

www.ingramcontent.com/pod-product-compliance
Lightning Source LLC
Chambersburg PA
CBHW031956230426
43672CB00010B/2172